香港抗爭者基本裝備

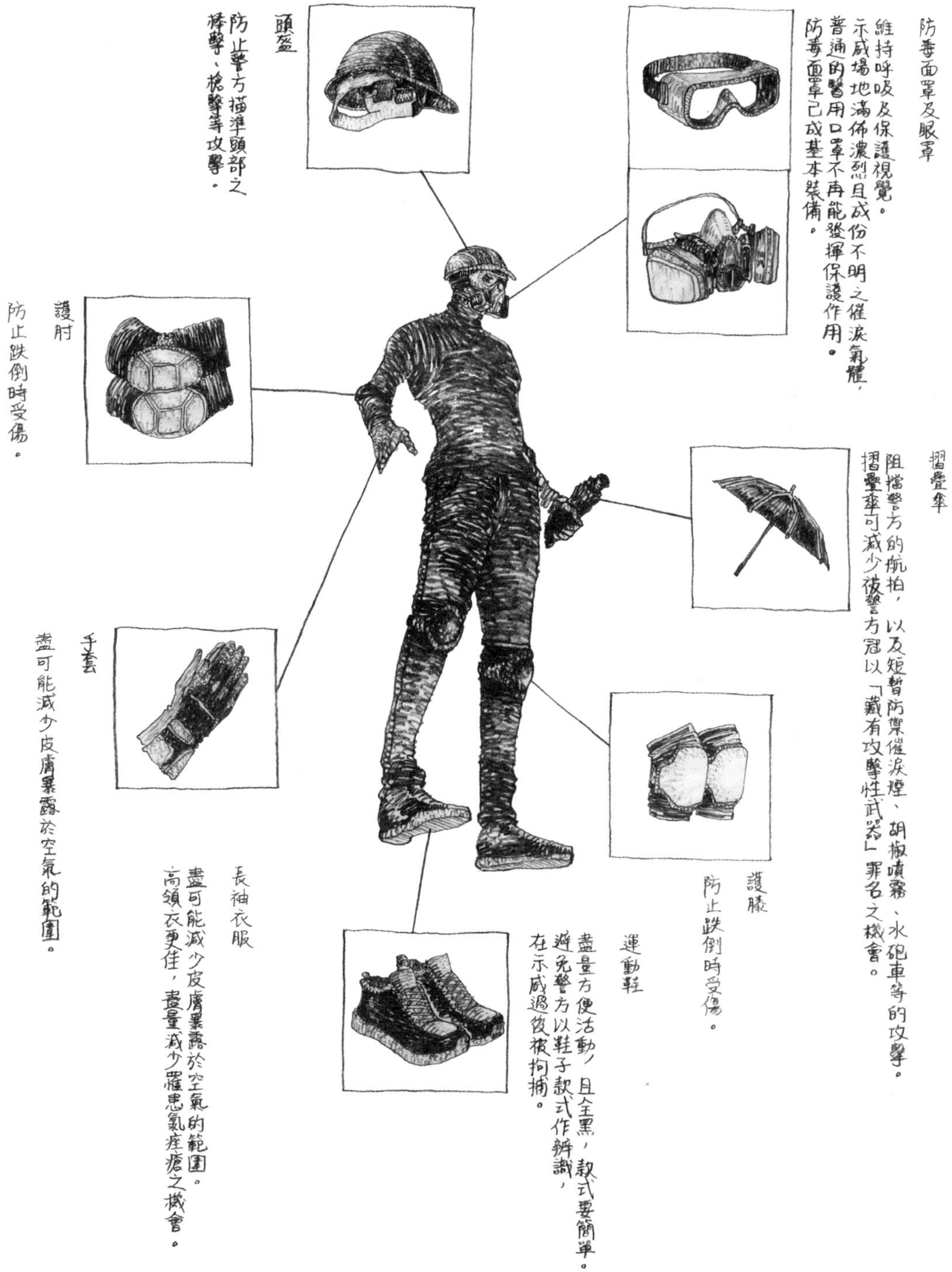
頭盔
防止警方描準頭部之棒擊、槍擊等攻擊。
防毒面罩及眼罩
維持呼吸及保護視覺。示威場地滿佈濃烈且成份不明之催淚氣體，普通的醫用口罩不再能發揮保護作用。防毒面罩已成基本裝備。
護肘
防止跌倒時受傷。
摺疊傘
阻擋警方的航拍，以及短暫防禦催淚煙、胡椒噴霧、水砲車等的攻擊。摺疊傘可減少被警方冠以「藏有攻擊性武器」罪名之機會。
手套
盡可能減少皮膚暴露於空氣的範圍。
護膝
防止跌倒時受傷。
長袖衣服
盡可能減少皮膚暴露於空氣的範圍。高領衣更佳，盡量減少罹患氯痤瘡之機會。
運動鞋
盡量方便活動，且全黑，款式要簡單。避免警方以鞋子款式作辨識，在示威過後被拘捕。

繪製：香港漫畫家　柳廣成

烈火黑潮

城市戰地裡的香港人

FIERY TIDES

The Hong Kong Anti-Extradition Movement and Its Impacts

策劃・主編——李雪莉

文字——李雪莉、楊智強、陳怡靜、洪琴宣、曹馥年、王曉玟、雨文、劉細良、許菁芳、楊不歡、路嶼、何桂藍、陳星穎、Shu Huang、Jim Huang

導讀——吳叡人

攝影——余志偉、陳朗熹、劉貳龍、吳逸驊、蘇威銘

海報・插圖——柳廣成

目錄

2 全城烽火
從反修例到反中，香港移交後劇變

3 我們反抗，我們存在
香港人集體意識的誕生

4 等待黎明

成為一個新香港人

編輯說明

《烈火黑潮》右翻為文集，
左翻為圖片故事、關鍵詞、大事記。

主編序

獻給在絕望中抵抗的人們

李雪莉——《報導者》總編輯——文

想到香港，你聯想到什麼？喧雜生猛的旺角、頭角崢嶸的中環、仗義的市井文化、超速競爭的國際都會，抑或是被中國的資本與人流逐漸淘洗的城市？

觀察過去二十年台灣媒體對香港的報導，幾乎都站在一個相當遙遠的距離。除了一九九七年香港主權移交中國前後，曾吸引世界包括台灣在內媒體的密切關注，但就像浮光掠影，一閃即逝。

香港移交過了二十二載，台灣媒體報導的框架大致不脫三個視角：一是仰望視角，從取經的角度看香港如何在英國殖民下，讓華人世界能出現一個法治和金融秩序傲視全球的城市；第二是共同在經濟賽局裡競爭的視角，以東亞「亞洲四小龍」的框架看待台港之間的競合關係；第三則是流行文化視角，透過梅艷芳、周潤發、周星馳、劉德華的香江文化符碼，理解小城香港如何向亞洲輸出強勢流行文化。

對於這個只距離我們七百公里的鄰居，我們一直是用「無關於己」的角度遠距觀察，偶爾以消費者的姿態關注，因而也不那麼接地。

但這幾個主流認識的框架，過時已久，不敷使用。

二十一世紀的第一個十年，我曾為《天下雜誌》寫過許多香港與中國的專題，結束兩年派駐北京的工作後，二〇一二年底來到香港中文大學中國研究中心擔任訪問學人，當時已強烈感受到，香港人曾在北京奧運期間達到高峰的中國認同，已跌至谷底。那些年，中國客帶動了經濟、炒高了房價、破壞了本地原有特色文化：名牌店取代茶館、普通話漸漸取代了廣東話、中國產婦和雙非嬰兒擠壓了生產和教育資源、元朗和上水充滿搶奶粉的中國客，而這些都讓港人苦惱，忿忿於自己無能劃定生活方式、資源分配的各種疆界。

撇不掉主權移交的事實，心中又有許多悶氣的香港人，一如他們文化裡的務實和彈性，只能用「強國人」語彙揶揄他們與口中內地中國人的差異。

二〇一二年香港年輕人上街反國教洗腦，二〇一四年為了爭取雙普選而有了佔領中環運動，一直到二〇一九年，因為抗議允許將港人引渡至中國的《逃犯條例》修例，而爆發了扭轉歷史軸線的反送中運動。一個台灣人毫不熟悉的香港，用震耳欲聾的方式向世界、向台灣展開自我。

危機中的城邦

二〇一九年六月九日反送中運動發生的當下，《報導者》採訪團隊在第一刻選擇進入香港採訪與記錄，運動的變化實在太快太強，從六月份開始認識和理解運動，到七、八月升高到進入城市戰爭的體感，之後的九月到十一月則見證學生、年輕人與警方的武裝對峙。

許多影像在我們心中揮之不去，像是穿著制服早晨上學時就串起人鏈呼喊「光復香港、時代革命」的中學生；辦公室裡和家裡各自有一套豬嘴、面罩、頭盔，隨時做好抗爭備的白領工作者；在陋巷裡協助手足躲避警方水砲車的前線衝衝子，在街邊社區裡給示威者掩護的管理員老伯；冒著被捕風險也要緊跟示威者的社工，拿著水為被催淚彈弄傷者洗眼的救護員。

我記得在香港東區裁判法院聽義務律師為一群被檢控者申辯，挺立站著的是極年輕的面孔；我也記得與摘下面罩口罩的勇武派訪談，罩後是清秀的臉龐，他的後背包裡放著護照和遺書；和勇武派告別時，我問他「港府持續不回應，而你們這麼疲憊了，為何堅持著」，他的回答絲毫沒有任何浪漫可言，他說：「我相信沒有人能承受那麼重（暴動罪）的後果，但我想問上一代，過去香港從英國轉給中國統治時，你們在做什麼？我不想下一代在二〇四七年問我，你們在當時做什麼東西？我們希望留一個更加好的香港。不是為了自己。」

我也記得訪問了一位一九八九年出生，三十歲的年輕護理師，她個性安穩，九年來在同一個公立醫院工作，願望是結婚養小孩，在繁榮香港平安生活，很少上街抗爭的她也在此次上到中前線擔任救護員工作；她描繪道：「香港人有時連切菜切傷也會好驚慌，但這次走上前的示威者好年輕……受傷的人好害怕，怕的不是去前線，怕的是進公立醫院，怕被警方調查。」

即便曾經在香港短暫生活，在記者生涯二十年間做過多次香港深度的專題，我都無法一時半刻勾勒和解釋香港的現貌。怎麼理解反送中運動半年來的現象背後，怎麼認識此刻隨時處於對峙狀態下的這座城市，我想對台灣而言，是一份遲來卻必要的功課。

重新閱讀香港的時刻到了

首先，是香港對抗強權的這門課。

台港雖各自長期面對中共幽靈的糾纏，但我們從未共同分享與反思自己在面對中國威權體制的經驗。中共近年在香港從無聲的淘洗到有形開挖和刨根的過程，連香港的中學生都已感受到並說出「深圳河以北沒有自由」。究竟從英殖民到中國殖民再到習近平領導下的強權，這塊土地經歷了怎樣有形與無形的入侵？

其次，香港面對難題時如何自處的這門課。

此次的運動，透過對香港的熱愛，香港人快速建構了公民意識和公共性。這次香港的運動之所以匯集前所未有的能量，是因為和理非與勇武派的交融、協作、分工、理解，而這集結的源頭來自於對香港的認同。無論是抗爭者被圍城時，中產階級挺身而出的「義載」，或是一方有難，八方支援的物資和心理協助，都體現一個共同體存續最重要的物質底氣和精神力量。

第三，香港如何號召出快速反省、應變、面對世界能力的這門課。

很多人遺忘了近代香港其實遭遇持續的險惡。一九四一年曾在日本侵略與殘酷統治下過了三年八個月，而二戰後香港前途持續動盪，仰息於英國與中國強權間。香港人的適應力強，過去數波中國渡港的移民奮力離開中國邊界，進入九龍，成為香港移民，在險惡的環境下淬鍊出強大的韌性，但也因為長年跟外來者打交道，香港人也很懂得在國際現實中找到槓桿。

不論是歌手何韻詩赴聯合國人權理事會發言、年輕的政治運動者周庭與黃之鋒分別以流暢日語和英語向世界意見領袖演說，以及大量有機知識份子透過藝術、法律、新聞等各自的專業介入運動，要世界關注邊陲，向世界說出香港人的訴求等等，在在顯見香港面對變局的能力。

香港人與其城邦一路走來，巔崖峻谷的歷程，需要被好好梳理；習近平政權領導下，中共強力地輸出天朝意識，擴張影響力，讓香港首當其衝。當不少台灣人仍對「一國兩制」抱有幻想之際，這是一門我們都必須閱讀的香港課。

二〇一九年六月九日，《報導者》從反送中運動發生的第一時刻選擇進入運動裡採訪與記錄，這是一場長達半年以上（而且仍持續中）的新聞戰，從新聞強度到動員的人力與規模，都超出我們的預期。高強度高頻率的跨國報導下，我們集結了一群對兩岸三地有在長期關注香港的台、港、中的寫手和攝影記者共同協作。

這個團隊是一群充滿記者魂的結合，大家在見證歷史的過程中，無間斷地報導了近七個月，對所有人都是一場體力、意志力、判斷力的大考驗。一方面記者暴露在辣椒水、實體流彈的威脅，而在遍地開花的衝突中，還要快速反應、梳理脈絡；香港特約攝影陳朗熹曾在僅有五公尺的近距離中，被水砲車的水柱衝擊後被撞翻，腳骨受傷；攝影劉貳龍在理大圍城的事件裡，足足在內待了近六十小時；到過現場的記者都吃過催淚煙，都閃躲過警方的盾牌和棍棒。這也是我們第一次要為記者們準備防彈背心、安排保險與律師，才能比較放心讓他們上前線採訪。

或許是貼得夠緊夠近，半年間我們產出了二十萬字的深度報導、數千張深刻的影像，其中不乏擲地有聲的文章和照片，透過網路向各地廣傳。當不少台灣和香港讀者開始鎖定《報導者》來理解香港這場運動時，我們決定將此系列「強權與反抗、絕望與希望」裡的文章，從更為系統和後設的角度，重新編輯成書，帶給讀者幾種理解香港的視角。

這本書之所以取名為《烈火黑潮：城市戰地裡的香港人》，是因為火焰是香港此次運動的重要意象，火魔法師在街頭在港鐵裡燃起的熊熊烈火，是憤怒是恐怖也是宣示；而黑潮則是指一身穿著黑衣戴著黑罩，如潮水般在大街在陋巷在校園甚至向山頭湧動的人龍。不論是烈火或黑潮，都與這場運動「Be water」的策略一樣，柔軟又剛強，流動而堅定，隨時爆發、隨處聚合。

此刻在城市戰地裡的港人，就像滾熱的烈火、源源不絕的黑潮，抱著不願散去的意念。

此書分四個章節，為了讓讀者感受這場運動在當時的脈絡，我們選擇忠實呈現當時現場的狀態，沒有改動太多。第一章呈現的是跨世代示威者的群像，帶讀者明白這場運動如何讓三百萬港人走出來並捲動整個香港。第二章則梳理香港在過去二十二年間，從英殖民到移交中國的過程中，港府各機構、四任特首、政商菁英，是怎麼一步步成為中共意志的管理者。第三章描繪運動中後期，香港市民是怎麼在抗爭中活出日常，怎麼透過選票與鈔票，實踐他們對香港願景的想像。第四章則是香港共同體的變貌，他們怎麼自我辨證，怎麼思考何謂「新香港人」的身分認同，以及香港和台灣在哪些層面深深交織和互動。

此書另一個重要特色是透過大事記、香港運動中的關鍵詞、即時感的視覺影像，讓可能不那麼熟悉運動始末的讀者，也能輕鬆閱讀。但對已緊跟香港議題的讀者，我則推薦由中研院台史所吳叡人老師為此書所做的香港導讀。叡人在二〇一四年傘運開始對港做深度研究，過去半年他經常為香港發生的事夜不成眠，但作為一個具前瞻視野、有厚實歷史縱深的政治學比較研究者，同時也是對命運共同體與民族自決有實踐熱情的倡議者，他長期被視為「危險人物」，進不了香港。但因為用功甚深，他反而能跳脫此刻的紛擾，提供我們一個理解香港變貌，甚至為「想像未來香港」提供理論框架。對於本土認同快速擴大，開始提出自決、自治、獨立等口號的香港朋友來說，我相信他的思索非常值得參考。

這本書的完成要感謝許多朋友的協助。最感謝過去半年一路走來的寫手和攝影記者們：智強、怡靜、馥年、曉玟、雨文、細良、菁芳、不歡、路嶼、桂藍、皓翔、映妤、星穎、Shu Huang、Jim Huang，以及《報導者》攝影主任志偉調度港台兩地攝影團隊：朗熹、貳龍、逸驊、威銘；運動過程中隨時待命的編輯與社群和行銷團隊：詩芸、思樺、琴宣、佳琦、禹禛、政達、儀君；其中，特別感謝琴宣為香港反送中運動製作的大事記，成為許多讀者重要的參考資料。香港政治漫畫家柳廣成對《報導者》的支持，授權「爆眼少女」的畫作作為海報，並為此書繪圖，也十分感謝。當然，更要感謝《報導者》創辦人榮幸和副總編輯惠君，對香港專題的支持和編務的分擔。

要感謝的人實在太多。謝謝許多在工作過程中曾經協助過我們的港台朋友們和眾多受訪者；要謝謝我們的讀者和支持者，如果不是你們持續在網路上分享我們的香港報導，甚至以行動捐款，告訴我們香港報導對你們的價值，以《報導者》的小規模，其實很難在同時守住台灣議題下，持續不懈地進入香港，深度剖析、帶回現場。而此書能夠在非常短的時間內出版，要謝謝讀書共和國出版集團創辦人郭重興先生，以及左岸總編輯秀如的力挺、設計師暐鵬的協力，謝謝你們讓更多人有機會站在報導者們的肩膀上，透視香港。

這不只是香港的變動，香港的故事，跨世代的香港人正牽動和影響台灣。

謹以此書獻給在絕望中抵抗的香港人。

導讀

致一場未完的革命

吳叡人｜中研院台史所副研究員——文

這次香港反送中運動展現出強烈的香港意識和香港人的國族認同，但傳統人文社會型的專業知識份子在這個運動裡面幾乎完全缺席。出面界定這場運動的就是運動者自身，他們並不是沒有受教育的人，相反地他們受教育的程度非常好，只是並非學院派的知識份子。我們看到他們大量地設計文宣、進行國際宣傳與遊說，裡頭充滿創意以及大量的知識內涵，這就是葛蘭西（Antonio Gramsci）所講的「有機知識份子」。有機知識份子指的不是一般我們所理解的專業知識份子階層，而是在每個專業內部扮演了知識份子角色，詮釋行動意義的人物，比方說工人運動有工人自身的知識份子，他跟這個運動產生有機連結，自然形成理念的發展；所以在這場運動裡，他可能是工人，是學生，是專業的金融人士，類似這樣的專業工作者，但是他同時可能也扮演了過去我們預期傳統專業知識份子要做的那些角色。

知識份子的缺席

這些有機知識份子界定整個運動的方式真的非常不傳統。我們沒有看到如同費希特

（Johann Gottlieb Fichte）[1]那樣寫出一篇《告香港國民書》，沒有看到傳統的大思想家寫一個重要的大文本來界定整個香港，沒有那些東西。看到的反而是大量的公民，用素樸的、非專業的方式不斷地自我界定，連國歌都出來了，而寫國歌的是一個二十出頭的年輕人[2]。

我比較好奇的是香港的專業知識份子在此運動裡的集體缺席。缺席的原因我觀察有兩個，一個是香港人文社會型知識份子的運動經驗非常少，非常地學院，他們是親西方的產物，一邊優越感很重，拚命掉洋書袋，一邊說自己是反殖民、後殖民，這種自我矛盾的意識非常明顯，讓他們陷入一個深度被殖民的意識裡而跨不出來。所以他們沒有辦法面對年輕人很生猛的東西，年輕人不一定讀過什麼《想像的共同體》或其他理論，但卻用實際的生命在日常生活進行鬥爭。這些事情其實是嚇壞了這些我稱為「葉公好龍」的知識份子。「葉公好龍」這個成語說的是，以前有一個叫做葉公的貴族非常喜歡龍，搜集了所有龍的畫，但一看到真正的龍現身卻嚇壞了。我覺得那些專業知識份子是葉公好龍，一天到晚在講激進、講革命，但真正革命爆發後，情況不是他們想像的那個樣子。我覺得他們跟不上革命。

第二個原因是，我覺得他們無法面對這次運動裡面，香港人爆發出來的港人集體意識，也就是說香港人覺得自己就是一個nation——或者不要用nation的話，可以用sovereign people，這個sovereign一般翻成「主權」，也可以翻成不受任何外來力量統治，是self-governing，就是「自我統治」。香港人覺得他們自己應該得到自我統治的權利（They think they deserve to be self-governing）。當然所謂「自我統治」有個光譜，可以從最高到「獨立」到「聯邦制」的高度自治。

這個東西你要叫它什麼都沒關係，叫nation、叫people，叫什麼都沒關係，但是事實上，這場運動展現出來的就是這個東西，也就是香港人的政治主體意識。這樣的意識裡最

1 費希特，18世紀末、19世紀初德國思想界巨子，在1807年底面對法國拿破崙大軍的入侵時公開發表演講，以期喚起德意志人民的自我意識。這場著名的演講就叫做《告德意志國民書》。

2 這首《願榮光歸香港》（*Glory to Hong Kong*）是2019年反送中運動參與者創作的歌曲，由化名為「Thomas dgx yhl」的香港音樂人作詞作曲，經連登討論區網民的協作修改，在運動中傳唱。此曲被黃絲稱為「國歌」；但也被部分港人和中國人認為是在散播「港獨」思想。

明顯的就是，作為一個sovereign people或者是作為一個nation是有邊界（boundary）的，它不可能是全人類。所以此次香港人起來抗爭有其限定的意義，在這個特定的歷史現場，香港這個共同體受到來自北京的壓力，北京試圖要吞噬香港。

我觀察到許多香港的專業人文社會知識份子，不願面對這種香港人民族或國族或政治主體意識爆發的事實，陷入了某種我稱為collective self-denial，也就是集體的自我否認的困境之中，以致於不知如何去面對這場革命，也不敢去承接歷史藉由這場革命向他們提出的任務，最終導致了集體缺席的狀況。

很多香港的知識份子如同徐承恩[3]所講的，陷入一種「虛幻的都會主義」。香港那些受西方教育的知識份子常常自以為香港是西方先進國家的一員，自以為自己是法國、美國或英國的一部分，屬於廣義最進步的歐美知識圈的一環，可是他忘了香港其實不過是中華帝國底下的一個殖民地而已，事實上只擁有極為有限的自治權，而且還不斷地被侵蝕。

過往的高度自治是一種被恩賜的善意

香港過去在港英時代享有的高度自由跟法治其實是一個過渡狀態，一個無法持久的現象，它必須建立在統治者的善意之上。英國統治者願意給你，你就有；他們走了以後，中國統治者不給你，你就沒有了。但是香港的知識份子還陷入一個幻想，以為那是他們固有的東西，但那個不是固有的，那個是被恩賜的東西。

在香港虛幻都會主義的知識份子眼中，追求政治主體的意識，比方說民族主義或者自決這類想法，長期以來被認為是右翼的、是保守的、是排他的、是壓迫性的。但西方知識份子在批評民族主義的想法時，他們已經達到了自治的階段，他們已經獲得了自治權；在獲得自我統治權之後產生了「過剩民族主義」（excessive nationalism）的現象，使得民族主義從抵抗的變成官方的民族主義，如此就會產生壓迫。

民族主義有兩面性，作為一種弱者的抵抗形式，它的正當性是很高的，例如左膠最喜歡談的法農（Frantz Fanon），就主張民族意識動員是反殖民運動必要而不可避免的過程。但是如果變成官方推動的民族主義就容易產生壓迫。一般在講的是這種以國家力量去壓迫差異、他者，對這種現象我們會批評它是一個過剩的東西。但是香港人連前者（自治權）都還沒得到啊！老實講，他們連百分之一的自治權都還沒拿到。

民族主義並非全部都是邪惡的，它善惡兼具，你要在每一個個案裡面去判斷，到底這個民族主義的特性是什麼。

香港這次的運動很明顯是一個抵抗性、防衛性的東西。在歷史的進程上，香港人還沒拿到自治權，所以他們想去奪取自治權（雙普選或獨立），至於拿到自治權後接下來會怎麼樣，包括以後如何界定香港人，包含對移民的態度，包含香港內部各族群之間的關係，資源分配等等，可以再討論。

香港「準國家」地位的形成與錯失

那回過頭來看，香港人怎麼形成？有沒有一個共同體的成形過程？

香港人的形成有幾個階段。第一個，英國劃定了香港領土邊界。英國一開始拿到香港本島，後來拿到九龍、新界、大嶼山島四大區，現在我們講的香港邊界是十九世紀後半在

3　徐承恩，醫生、業餘香港研究學者，研究範疇包括香港歷史、中國邊陲史以及國族主義。《香港，鬱躁的家邦：本土觀點的香港源流史》作者。

英國統治下形成的。

第二個，是劃定了香港人的邊界。特別是一九四九年以後，因為中國革命，香港在五〇年代就設定邊界不讓難民進來，他們發香港身分證，辨識誰是香港人，那是四九年革命以後的事情，確立了誰是香港人。

第三個，是英國各種建設。特別是一九六七年的「六七暴動」以後，到了七〇、八〇年代，當時的香港總督麥理浩（Crawford Murray MacLehose）[4]做了許多「我愛香港」的建設，希望強化香港人的認同。

在英國統治下，英國給香港殖民政府接近於獨立國家的權限。大英帝國對於自治領地通常給予類似準國家的身分，讓他們在國際上以一個政治實體的身分活動；所以香港可以跟其他國家簽條約，可以參加國際組織，有自己的國際通訊碼，有自己的護照，還可以在很多國家派商務代表。在很多面向看，香港幾乎可以說是一個準國家。

你可以看到的，不只是劃定領土的邊界，確立人民的邊界，然後創造認同，同時把整個香港人納入一個準國家的架構裡面。香港的市民不只是市民，香港的市民同時也具有國民的意義，香港人其實就是香港這個準國家的國民。

一九四七年，香港在二戰後的第一任總督楊慕琦（Mark Aitchison Young）[5]，當時有一個計劃想要強化香港人的認同，最重要的方法就是給他們參政權，不過這個計劃未實現他就離職了。五〇年代中英建交後，周恩來恐嚇英國人說，若讓香港人有參政權，就要打香港。為什麼？香港人一旦有參政權，就一定會獨立了，要是港人拿到參政權，就不會想要再被北京管了。

中共成立之後，跟大英帝國有一個彼此理解，就是不要給香港太多人權利，不要推任何自治。因為香港是一個軍事上無法防守的地方，但大英帝國又不想放棄在遠東的重要據點香港，為了保留香港就得取得中共的同意。這是香港為什麼沒有辦法像其他英國自治領地一樣有自治權，最大的原因就是中英之間的這個默契。

之後是一九七一年中國加入聯合國以後，中國最早做的一個動作，就是在一九七二年成功促使聯合國「非殖民化特別委員會」把香港從殖民地的名單中拿掉。中國在加入聯合國以前，香港還是在non-self-governing territory的名單上。當時根據聯合國的定義，如果你在這個名單上面，是有自決權的，而這些被聯合國認可的殖民地可以經由公投獨立或是託管獨立等過程，取得獨立的地位。中國進聯合國後的第一個動作就是把香港從這個名單拿掉。

你可以看到，兩次歷史的機會被拿走了。一次就是英國戰後初期，打算透過賦予香港人參政權的方式強化對香港的認同，但被北京阻止了。第二個是從國際法上，把香港作為殖民地所擁有的自決權拿掉了。

然後第三波就是中英談判，當時民間的多數民意其實是想繼續接受英國統治的，八〇年代中英談判的時候做過幾次民調，想要留在英國統治下的人數是最多的，遠遠超過回歸中國的人，但是沒有人出來表達這個聲音。而站出來為香港人發聲的知識份子，基本上把一切都賭在中國的民主化。這是有時代背景的，因為一九八〇年代是中國改革開放第一個十年，那是最自由的時代，劉曉波、甘陽那些所謂自由主義者就是在八〇年代成熟的。但到了八八年、八九年的學生運動爆發，中共卻做了一個決定，就是「我要鎮壓」。這是一個歷史的分歧點，中國如果決定經改、政改並進，今天中國就不一樣了。我認為當初八〇年代，包括李柱銘在內的很多香港知識份子，在參與中

4　麥理浩，英國外交官及殖民地官員。1971年至1982年出任第25任香港總督，任期前後長達十年半，先後獲四度續任，是香港歷史上在任時間最長的港督。

5　楊慕琦計劃（The Young Plan），是1946年時任香港總督楊慕琦所提出但最終未能實現的政治制度改革方案。二戰期間，英國在東亞及東南亞地區被日本擊敗，加速大英帝國的衰落，英國當局欲推行改革來恢復統治聲望。楊慕琦當時大膽發表一份政治制度改革方案，希望「香港市民有更多責任去管理自己的事務」，計劃當中建議香港應設立市議會，由30名議員組成，三分之二議員為民選，其餘三分之一則屬委任。但在1947年楊慕琦離任前，此案都未能在英國和香港取得共識。

英談判的時候，相當程度是賭在中共自由派領導人如趙紫陽等人身上，但是賭注失敗。

被中國「內地延長主義」搖醒的政治意識

香港人的政治化，也就是比較積極追求政治參與的想法，大概是九〇年代開始清晰的。嚴格講這是一個緩慢的過程，大概是從一九八九年六四天安門事件開始，英文叫rude awakening，好像硬被搖醒一樣。六四天安門事件突然讓香港人意識到他們必須要思考自己的命運，必須自救。所以在英國統治的最後五年，就是從一九九二年到一九九七年，彭定康（Chris Patten）努力地想要讓香港民主化，香港人也很積極想要追求民主，但為時已晚。彭定康做了一個香港有史以來最大的參政權賦予，雖還沒有到完全地賦權，但已經有很高程度的參與，可是這個幾乎接近於普選所選出來的第一屆立法會，卻在九七年之後馬上被解散，由北京另外派一個，香港局勢整個就被逆轉了。

而一切在九七年之後歸零。九七年是一次reset，重新來過。香港原本對中國還是期待，期待中共對一國兩制，對《基本法》的承諾，尤其是雙普選的承諾，結果沒有想到中國對普選的理解跟你完全不一樣，中國的普選是控制型的選舉。結果期待不同的雙方衝突慢慢開始顯露，到二〇〇三年最劇烈，也就是第二十三條國安立法引起的五十萬人大遊行，這是香港自決運動的第一次大規模動員。雖然中間有一個二〇〇八年北京奧運，突然之間中國的官方民族主義把香港人動員起來，產生一段短暫的親中過程，可是馬上就冷卻了，然後接著本土主義就整個爆發出來。

一開始是從民生層次爆發的，從民生、土地、房地產開始，主要問題在於香港人沒有辦法決定自己的命運。你可以明顯看到一個共同體無法控制自己邊界的結果，就是讓外部滲透進來，最終導致一個共同體的崩潰、瓦解。

現在我們偶爾看到香港人會在自己的土地上排斥中國水貨客或中國投資客，但是我們要理解排他的脈絡，為什麼會在這個時候排他？因為香港人覺得失去了對香港邊界的控制權。

第一個是移民政策，香港人無法控制，由北京控制。北京決定哪些人可以透過單程證移進來，二十二年來移進至少一百零三萬人；另外一個是觀光客，他們進到香港的這些頻率也是由北京控制。中港之間要整合到什麼地步，整合的速度要多快，也是由北京控制的，你可以看到大灣區的構想和規劃很早就開始了。換句話說，它從一開始就在預視把香港融進中國，是從全中國南方的區域發展角度、東南沿海的區域發展角度去設想香港的角色。香港本身的特殊性不重要，如何跟整個周邊融合更重要，於是才會搞出那一套類似「內地延長主義」的整合計劃。

日本統治時代對台灣的策略也是內地延長，目的在逐步把台灣整合到日本母國裡面。中國對香港的態度就是一種逐步的內地延長主義。內地延長導致各種後果，最嚴重的是人口結構的改變，「雙非嬰兒」[6]等政策是讓香港無法控制自己的邊界。這使得香港內部的資源分配受到嚴重的干擾，北京可以用各種後門重新創造新香港人，而整個過程沒有經過香港人的同意，是單方面決定的。

香港的社福資源原本就非常少，現在更慘，雙非嬰兒是一個，住宅的問題也很嚴重。至於水貨客，他們並沒有香港的永住權或者公民權，但是他們可以進來大量收購香港的民生用品，也嚴重干擾了香港人的生活。

6 雙非嬰兒，指中國居民以生育旅行方式在香港所生的嬰兒，由於父母雙方皆非香港居民而得名。2012年香港推動「零雙非」政策，要求所有私立醫院停止接受雙非孕婦。2013年以後，雙非孕婦到香港產子的數目大幅下降。中國人在香港所生的雙非嬰兒人數至2019年已經超過30萬人。由於人數很多，引起香港社會的強烈不滿。

我們看到了包括「光復屯門」、「光復上水」這一類的行為，其實是中港強制合併跟融合過程裡面，引發的較低端的、表面的衝突。香港人能夠做的事情也就是這樣而已，他們無法要求「你最起碼要先問我要不要同意」。香港人沒有辦法自我統治、沒有主權，無法控制自己邊界的結果，是導致了自己邊界不斷被侵蝕，整個社會不斷在崩解。

這裡面的崩解面向很多，還包括中國資本進來。那些資本進到香港，除了炒房地產之外，就是在香港開發跟投資，激烈地改變香港的生活型態。香港的各種街角地貌，各種老店、小店都消失，取而代之的是一堆迎合觀光客的大連鎖店，改變了原來香港的味道、原來的地景，香港之所以為香港的這一切都被改變了。那最終就是文化認同也會改變。

另外是粵語的問題，就好像日本當時在台灣一樣要消滅台語。中國在香港，很明顯要消滅港式粵語，所以它搞「普教中」[7]，你有沒有注意到現在香港年輕人的北京話好多了？這就是近年語言同化政策的成果，雖然廣東話還在。

我可以說，包含年輕人「光復上水」這一類的行動，其實是非常無奈、很低層次的抵抗。因為他們無法在源頭管控自己的邊界，他們只好直接用肉身去衝突、抵擋。

你可以看到北京跟香港一國兩制這二十年來，表面上是維持一國兩制，實質上是要用內地延長方式逐步把你同化、整合，把你消化到大灣區裡面。香港自身的特殊性完全不重要，對中國而言，香港最終就是要實質上融進大灣區，但形式上仍然維持一個特區，目的是當中國跟世界之間連結的白手套，接收資金，還有他們洗錢的管道。

如果你是香港人，你會怎麼想？香港可以說大概是從十年前開始，二〇〇八年北京奧運以後開始出現本土主義。從前面這個角度來理解，你可以看到這十年來香港本土主義的本質是防禦性的，一開始是一種很純粹地保護本土，到後來逐漸升高到民族主義自決，但從頭到尾都是想要抵抗北京的同化、整合壓力，防禦香港社會和認同。

其實香港菁英對這點是知道的，但對他們而言，最大的困難是你要不要跟一國兩制這個體制決裂，這是一個最大的問題。「政治決裂」的論述在後雨傘時代初期整個出來，並且達到了高潮，最具代表性的事件就是梁天琦[8]二〇一六年參選立法會新界東補選，喊出了「光復香港、時代革命」口號。從剛剛講的那個脈絡去看，本土主義會起來，一開始是在日常生活當中衝突，例如反水貨客或雙非，結果逼出了「蝗蟲論」的說法，這些很明顯都是防衛性的，但是只要你往深層去思考為什麼這些雙非、水貨客、觀光客會出現，當然就會注意到中國要把香港最終整合進去的政策了。梁天琦的主張，很明顯地是一種「香港是香港人的香港」的民族主義，但這是先前幾年本土主義抵抗北京整合壓力過程中，迅速政治化的必然後果。不過二〇一八年梁天琦被判刑入獄，香港民族黨被宣告非法之後，這條激進決裂的路線暫時被壓下來了。

中港融合的政策導致前面說的那些現象出現，先在末端產生衝突，接著再往上延伸。大家慢慢發現整個問題的根源原來是在政治，所以香港人要求拿回政治的決定權，香港人覺得當我們可以雙普選，可以控制立法權跟行政權，然後司法又是獨立的，北京就不能隨便送人進來了吧，北京做什麼都要跟我們協商。這是多數香港人的如意算盤，沒有要獨立，只要雙普選、一國兩制、《基本法》就好了，所以很多香港的知識份子把《基本法》當作他們的小憲法。但北京一點都不把它當成憲法，北京把它當成一個比一般條例還要低的東西啊！它可以任意干預，而且干預愈來愈強啊！

7　「普教中」，以普通話教授中文科的簡稱，是香港語文教育及研究常務委員會從2008年起推動的普通話推廣政策，提倡以普通話取代廣東話為主的母語教學，作為中國語文科的主要教學語言，比例逾50%。部分中學接受教育局資助，改以普通話教授中文科，引起「推普廢粵」的爭議。

8　梁天琦，港大哲學系畢業生，香港本土自決派「本土民主前線」前發言人，曾主張推動香港獨立運動。2016年1月，代表本土民主前線補選立法會議員，2016年2月因旺角衝突遭逮捕。他曾在選舉時提出「以武抗暴」、「光復香港，時代革命」、「時代革命，世代之爭」等競選口號。2018年被判暴動罪成立，處以六年有期徒刑。目前仍在獄中。

沒有自決，自由只是幻想

香港在過去，從一九八九年到現在的三十年當中，經歷了一次劇烈的變化，整個香港人的民族性從極度非政治的經濟動物轉化成政治動物，這就是我所謂政治化的過程。

首先是對於政治的態度，他們開始意識到必須參與，不能自外於政治；第二個是實際上對政治的認識，在三十年裡面有很大的成長。當你沒有任何政治經驗的時候，對政治是一無所知，但愈來愈參與就會愈了解。所以過去三十年當中，尤其是過去這幾年，香港的政治意識經歷了快速的成長。

第三個是對政治的主張，從對一國兩制寄予一種天真的信心，到逐漸幻滅、轉向自決、獨立。這一次的反送中運動到底算什麼？說運動者抱持著浪漫主義嗎，我倒不這麼認為，我認為這次運動不是浪漫主義，我認為這次運動在許多參與者心中是endgame，是終局之戰，是充滿了現實感的生存之戰。事實上，我覺得這個運動充滿了悲愴的，悲劇的意識。

這一次港人喊出「光復香港、時代革命」，這句話現在好像充滿了曖昧性，每個人都可以賦予不同的解釋，但那完全是香港人的策略。香港區議會參選人在選舉的時候，要向選舉主任交代自己的政見和想法，為了避免被DQ（剝奪參選資格），每一個人都吹牛講一大堆來把「光復香港、時代革命」這個口號給「合法化」，這些候選人當然知道自己不過就是在搞官樣文章，在表演而已。港人從二〇一四年雨傘運動時，曾經辯論到底要喊「命運自決」還是「命運自主」。當時主導學生運動的專上學聯秘書長周永康等人最初採用香港大學《學苑》[9]的「香港民族，命運自決」作為罷課口號，但後來又改成「命運自主」，就是因為怕「自決」會被人家認定為自決的獨立派。但其實「命運自主」跟「命運自決」意思都一樣，就是香港人自己要決定自己的命運，那就是自決。

從那個時候開始發展到現在，自決的想法當然不太可能倒退。現在香港人主張「命運自決」這個基本前提沒有任何改變，事實上只有更強化。但是在政治上該如何去處理？在現實政治上要怎麼樣表達自己的真實願望而不被判定為非法，被剝奪僅剩的一點參政權？所以香港人變得更有策略了，他們現在講這個事情的時候，很少人會承認自己是港獨，但不少人在心裡面想港獨，這是非常明顯的。

香港這個運動當中，激進派很明顯要追求獨立，溫和派要追求的是不獨立，而是在中國的聯邦式架構下追求一個準國家地位。溫和派為什麼要這個？他們想像的香港就是這樣，因為在英國統治下的香港就是這樣，給了香港自治領的地位，在國際上像是一個準國家。然而這是香港人另外一個虛幻的幻想，他們以為這個準國家也是固有的，卻沒有想到那個準國家是英國恩賜的，而且只有在大英帝國結構下才有可能。為什麼？

因為大英帝國的結構是多元的，是鬆散的，並且讓多數殖民地高度自治，這是大英帝國跟法蘭西帝國、日本帝國還有現在中華帝國最不一樣的地方。大英帝國從美國獨立革命以後，已經有了心理準備，隨時準備讓殖民地獨立，它不勉強把你留在帝國之內，如果殖民地堅持獨立，英國人會協助你做準備，讓你有一定的自治能力，最後才讓你獨立，獨立之後跟母國維持友好關係，就是後來的大英國協。這是典型商業民族的實用主義態度，非常英國式。全世界唯一一個跟前殖民地維持非常良好關係的就是英國。只有在大英帝國統治下才有可能維持香港人要的那個幻想，也就是準國家式的高度自治，又有法治。

中國就是不會給你，他們已經講得非常非常清楚，但是你還在幻想。現在反而是一般的庶民，包含年輕人，他們不需要那麼多理論，他們在現實生活當中直接意識到這下完蛋

9 《學苑》(*Undergrad*)，香港大學學生會刊物，以探討校園與社會議題著稱。2015年，時任行政長官梁振英在施政報告時批評《學苑》有港獨傾向，招致社會人士非議，指梁振英政府打壓言論、學術自由。

了，透過反送中，透過法律的整合，自由、法治，所有東西都會消失，於是他們做最後的抵抗。走到了這個地步，總算是把以前的那種幻想徹底打破了。

香港的年輕世代，或者香港這次參與整個反送中運動的這些市民們，用行動去打破了過去香港人，尤其香港知識份子的幻想，那個「先進國」的fantasy。香港如今早已不是先進國，你看警察穿著軍服在街頭隨便攔截人，已經到這個地步，那個是以警察之名實施的軍事統治，香港已經淪為第三世界的軍事獨裁統治了。

在這半年當中，看得最清楚、現實感最重的是這些實際參與運動的人，他們知道最起碼的自由都要透過鬥爭才能夠得到。

把「時代革命」放在全球化的脈絡裡

香港人在港英一百五十年統治的形塑下，作為一個政治共同體缺少的唯一一個元素就是參政權。參政權如果被賦予的話，香港人就會產生自我意識，成為真正的sovereign people，真正的nation了。北京就是怕這種東西，所以一直阻撓，導致香港人的政治主體意識晚了二十年才出來。傘運的時候，先是公民社會跟菁英層開始覺悟，但還沒有廣泛擴散到庶民層。運動雖然規模也不小，國際的能見度也很高，但是政治上最後失敗。傘運後，港大學生在《學苑》提出二次香港前途談判的主張，他們認為「一國兩制，五十年不變」原來是二〇四七年，但現在已經提前到了。這次香港人要參與，要發聲。其實香港人決定要追求作為一個自我決定的主體的集體意志，從二〇一四年的傘運一開始就已經表現得很清楚了。傘運就是香港人政治意識的一個轉捩點。

這幾年北京跟林鄭月娥真的以為香港人在傘運後已被降伏了，他們以為近年對立法會議員與參選人的DQ、對抗爭者的司法整肅、言論自由的緊縮等等鎮壓手段，已經有效地讓香港人喪失抵抗的能量了。所以他們才會得意忘形，搞出一個送中條例。送中條例一出來就完蛋了，因為這就是中港法律整合，而香港自由的最後一道防線就是司法。林鄭誤判香港社會的結果，就是引發了香港這麼巨大的抵抗能量。這一次不只是「命運自決」這樣的呼聲起來，連傘後被壓抑的激進口號「光復香港、時代革命」也整個抬頭了。

現在香港年輕人才來了一個遲來的抵抗。年輕人很誠實地面對自己的處境，因為他們要承擔這一切嘛。在體制裡面享受特權的這些人可以拍拍屁股走掉，但香港年輕世代現在是用盡全力要生存，所以他們講終局之戰不是開玩笑的，「攬炒」概念背後其實有很強、很悲愴的意念。他們就是要拿回香港，要阻止中國進一步融合香港到中國內部。

時代革命是什麼意思？梁天琦在二〇一六年選舉的時候說，因為大家都說雨傘是他們這個年輕世代的革命，他說不是世代、而是時代，是時代的召喚，召喚香港人去完成香港政治史上形成共同體的最後一個步驟，那就是獲取參政權。

作為一個共同體，香港在各方面都已經形成了，邊界形成了、認同也形成了，有一個共同文化，都有了。香港人共同意識都有了，但還缺一個東西：他們自己的自我決定權。所以「時代革命」在香港政治史上的意義，就是港英統治未完成的最後一個步驟，要由香港人自己去完成。香港人要從一個被動的、被統治的群體，轉化成一個積極的自我統治的群體。

「時代革命」還有另外一個意思。過去二十年來，從一九九〇年代末期，全球各地出現一波又一波的反全球化、反中心的運動。第一波是從西雅圖反WTO開始，然後就是拉丁美洲那個pink tide（粉紅浪潮），一批左翼政權起來，例如巴西的魯拉（Luiz Inácio Lula da Silva）、委內瑞拉的查維茲（Hugo Rafael Chávez Frías）等，雖然後來他們紛紛垮台了。接著就是茉莉花革命，你不要以為它只是民主革命，它還有反全球化的面向。也就是說，全球化造成許多國家產業外移，形成了百分之一對百分之九十九這種不平等的結構。換言之，全球化有利於一小撮資本家或是可以自由移動的知識菁英階層，但是對於大多數無法自由移動的勞動階層造成很大的影響。爆發茉莉花革命的中東諸國也受到了全球化的影響，出現這種不平等的現象。

接下來就是台灣跟香港。台灣的太陽花運動就是一種反全球化的運動，因為中國要利用全球化浪潮入侵台灣。在這裡，我們可以看到全球化的複雜面向。所謂資本主義的新自由主義全球化，簡單講，就是市場的基本教義（market fundamentalism），解除所有國家管制，讓市場去解決一切。但這樣的方式導致了巨大的災難，因為沒有國家的保護，各個社會赤裸裸地面對全球資本的肆虐，其中最直接的就是產業外移，再來就是社會貧富不均變得非常嚴重，然後資本進來（國內）以後，到處亂開發導致文化認同遭到摧毀，社會制度受到摧毀。但因為每個國家、地區的情況不一樣，出現反彈的型態也有差異。最糟糕的情況是，外來資本跟地緣政治、帝國侵略又結合在一塊，所以產生了一種對中心的反彈。

中國利用全球化的邏輯要對台灣進行侵略，跟台灣講說不要「鎖國」，要台灣接受全球化的命運，可是它進來的目的是要控制台灣，利用經濟要控制政治，因此引發台灣強烈的反彈。那些外來資本進來之後的變形，跟香港的情形很像，比方說，進來炒作房地產的很多就是中資。另一種則是對媒體的操控。你可以看到台灣從野草莓到太陽花運動這六年，就是公民社會對中國入侵反彈的總爆發。也就是說，中國利用全球化浪潮對台灣進行經濟侵略、最終達成政治支配，但結果激起了台灣全面的反彈和抵抗。同一個時間香港社會也出現了很類似的結構性因素。

從一九八九年到現在，三十年來，中國成為新自由主義全球化的最大受益者。一九八九年西方各國在華盛頓通過「華盛頓共識」，開始推動新自由主義全球化、結束國家管制等等。當時美國有一個很重要的外交戰略，就是要把中國拉進全球資本主義體系。這個背後的邏輯就是，只要中國資本主義化，就會像戰後的東亞四小龍一樣創造出中產階級，中產階級就會促進民主化。這就是從老布希到柯林頓再到歐巴馬政府以來美國對中國的態度，給予中國和開發中國家一些優待，讓它們變成世界工廠，而全世界市場又向它們開放。於是中國利用全世界的資金技術進入，全世界的開放市場，透過出口快速成長。《二〇四九百年馬拉松——中國稱霸全球的祕密戰略》作者白邦瑞（Michael Pillsbury）說，整個西方世界都被中國騙了，他說美國以為把中國拉進來中國就會改變，但是中國一點都沒有這樣的想法。你要全世界的市場向我開放，把資金送到我這裡來，這我當然非常高興，但我同時也要保持國家控制，這是你無法理解的。換句話說，賺錢可以，但中國不打算民主化。

「時代革命」更大的意義就在這裡。新自由主義全球秩序崩解，導致經濟民族主義興起，新的區域壁壘正在形成，而中國在這段時間因為全世界對它開放，使它快速地成長為一個區域經濟霸權。世界上很多國家受害於新自由主義全球化，包括台灣、韓國，例如我們的低薪資、青年貧困都和新自由主義脫離不了關係，但中國卻是最大受惠者，並因此累積了強大的軍事力量，變成經濟民族主義時代的一個區域霸主，更進一步發展成一個後進的帝國主義國家[10]。

中國在這幾十年裡出現了一些變化：第一個，在全球對它開放的有利情況下，利用國

10 關於新自由主義全球化與新帝國主義興起的關係，參見〈黑潮論〉，收於吳叡人著《受困的思想》（衛城，2016），頁323-343。

家操控來達到快速成長、快速累積資本。為了過剩的產能，它必須對外輸出和擴張。

第二個是民族主義的意識形態。中國經濟起來了，馬上就想要崛起，要復興，要對外擴張，要獲得世界的尊敬，這是百年受辱的民族主義心理的反彈。結果中國把資本輸出和地緣政治的擴張結合在一起，搖身一變成了帝國主義國家，所謂「一帶一路」就是，一方面解決中國內部的產能過剩，另一方面透過輸出產能、製造債務陷阱，來控制國際上這些重要的戰略地區。

那麼香港的角色又是什麼？用政治學者方志恆的講法來說，香港是中國的「紅色前哨站」。香港從清末以來，一直是中國跟西方之間的連結管道。冷戰時期中共被西方圍堵的時候，利用香港來獲取外部的資金、原料或是技術，同時也透過香港出口各種中國產品。當代中國內部不可能金融自由化，但它需要全世界的金融資本，需要錢，這就要透過香港進來。事實上，中國國內外資有七成是經由香港進入中國的。中國企業也必須在香港上市集資。另一方面，因為很多國家對中國實施禁運，所以中國需要的一些技術是從香港進口。此外，中國內部有很多貪汙的髒錢，要經過香港跟澳門的金融體系來洗錢。整體而言，北京的目的是要工具化香港，讓香港成為一帶一路向全球擴張的一個前哨站跟白手套。就像過去周恩來講的，中國對香港的基本政策是「充分利用、長期打算」，不收回來比收回來更有用。

總之，香港對中國而言就是一個徹頭徹尾的工具，北京根本不在乎香港人的認同、香港人的價值。當中國帝國主義、中國經濟民族主義、中國國家強盛的發展繼續擴張，香港就必須持續扮演吸引國際資本的角色，徹底被工具化。在中國國家大戰略之下，香港的民主法治毫無意義，北京只要維持香港作為形式上的國際金融中心的最低限度自由，能夠繼續為中國集資跟洗錢就好了。

香港人用犧牲與北京拉鋸

這場未完成的流水革命，未來會怎麼樣發展呢？這是一個雞生蛋、蛋生雞的問題，因為香港獲得參政權必須要北京同意，但是北京不會同意，所以香港不會獲得參政權。我認為這一場香港人與北京之間的Tug of War（拉鋸戰），會持續下去。

二〇一四年中國國務院公布香港白皮書，表明「中央政府對香港擁有全面管治權」，「香港的高度自治權不是完全自治，也不是分權，是中央授予的地方事務管理權」。中國已表明自己是一個單一國家，不是聯邦國家，所以香港沒有自身的權力，所有的權力是來自於北京，北京說收就收、說放就放。要讓香港擁有自主權同時又不獨立，其實就是聯邦，但中國已經正式否定聯邦制。所以真正的死結是來自中國。

簡單來說，目前是透過香港內部第一線群眾的犧牲跟和平示威，加上國際戰線這兩種方法，有效牽制了北京，讓北京沒有辦法進來，卡在這個地方。這場拉鋸戰的第一回合可以說香港人獲得了慘勝，因為他們付出了重大的代價才暫時擋住北京，同時讓《逃犯條例》的立法暫時被取消。接下來會怎麼樣還不曉得，因為習近平很硬，未來會是一個很複雜的過程。

現在不少左膠說香港被帝國主義利用來圍堵中國，但我覺得是香港人很明顯地在利用帝國主義。哪有一個地方的民族主義者高舉萬國旗呢？你以為他們拿著美國國旗、唱美國國歌就是真的親美嗎？我覺得香港的政治意識進化得很快就是這個意思。這都是策略。而在這個策略之中有很明顯的自主性，因為香港人不只舉美國旗、英國旗，也同樣舉加泰隆尼亞旗，也同時支持維吾爾人。

而且，中國早就背叛革命了，如今中國共產黨為了維持政權，連工農兵階級和少數民族也都全面鎮壓了。美國固然是帝國主義，但中國也是帝國主義，而且是更壞更壓迫性的帝國主義，香港作為弱小者，自主選擇結盟對象來圍堵中國帝國主義，又有什麼不對呢？

香港政治意識的演化速度很快，感覺上花了三個月時間就快速學習到，台灣過去可是花了三十年學習。

我不曉得是不是這個時代的關係。在這種「後後現代」年代裡，時間之流本來就很快，再加上通訊條件變得非常有利於傳播，不像過去在沒有快速傳播的條件下，人們的意識、人們對行動方式的學習，就是比較遲緩，都要慢慢去做，慢慢擴散。香港本身是一個極度國際化的地方，香港人長時間在做很實務性的事情，比方說服務業、金融業，因此資訊流通量與速度非常驚人，適應得非常快，學習速度也很快。另一個原因，或許是被逼得不得不如此迅速適應和演化，因為香港人面對的壓力非常大。

相較之下，台灣太好命了。首先，沒什麼好辯論的，台灣就是一個主權國家。台灣在一個主權國家保護的外殼下面，大家可以保持自由，甚至還容許有人支持民粹者的自由。但是香港是已經處在那種極度迫切的危機狀態之下，所以他們會做出很多不可思議的行動。即使被暴警抓了六、七千人，吃了兩萬顆以上催淚彈、被濫捕、被毆打、被強姦、被自殺，香港人還是前仆後繼。

我覺得他們的政治意識上也遠遠超過這一世代的台灣年輕人了，這是一種壓縮性的成長，被歷史情境逼迫而必須加速的成長。原因是上一代沒有做好他們該做的事情。我也很想原諒香港的上一代，但是他們處在那種優越幻覺中太久了，沒有辦法看透歷史。所以回過頭來講，知識份子還是很重要。

未來的香港需要什麼？

香港需要專業知識份子的歸隊。例如，香港需要國際法專家、國際關係專家，針對香港問題國際化提出論述，例如中國出身的新加坡學者鄭永年說香港要「二次回歸」，意思是說九七年只是象徵性移交，香港在世界上的地位還是半主權狀態。換句話說，中國還沒有完全拿到香港，那這件事在國際法上怎麼定義？香港應該有專業社群出來做這件事，讓自己在國際戰線上更有法理根據，港大不是最自豪他們那一大群的「普通法專家」嗎？這麼多人出不了一個能為香港講話的法律家、香港的西塞羅嗎？

此外，要有傑出的歷史學家，既同時把香港的歷史解釋得很清楚，同時把歷史裡面的教訓普及化。歷史意識很重要。香港的歷史意識是晚發的、遲發的。政治意識和民族主義不管再怎麼樣快速地發展，有一樣東西是快不了的，就是歷史意識，也就是一種植基於歷史感的深度自我認同，意識到：我是一個香港人，我從哪裡來，我現在處在一個什麼樣的地方，我未來要往哪裡去，這樣的感覺。香港人必須培養歷史意識，這需要傑出的而且是來自民間的歷史學家。

台灣人經過一百年的奮鬥之後，確實已經培養出某種程度的歷史意識。當我們從事民主運動、公民運動時，動不動就會引述蔣渭水、會談二二八、會談美麗島，但是香港人沒有，他們要談什麼？這也是因為香港民族主義還是一個年輕的民族主義，歷史意識是快不了的，需要時間去累積。現在香港確實有極少數的人在做這樣的事，例如徐承恩。年輕輩有幾個，但這需要時間。在現在這樣的歷史時刻，有時我會忍不住期待有更多香港的人文學者、歷史學家或哲學家站出來，期待能有一個香港的沙特或是費希特，敢在香港大學的講壇上發表一篇「致香港國民書」，或是獻給香港人的幾十場演講，引據歷史以凝聚香港意識，以詩歌鼓舞困境之中的香港人。然而這並不會發生，因為香港人是一個年輕的民族，擁有一個太年輕、躁動的靈魂，而詩人艾略特說：「唯有時間的經過才能克服時間。」

香港民族的優點也是他們的缺點，因為他們在本質上是一個和英國人一樣的商業民族（commercial people），但英國選擇成為這樣的民族是經過幾百年，慢慢演變而來的，所以在思想上還是有很豐富的累積。他們有一大堆哲學家，他們有亞當．斯密，他們有莎士比亞，他們有自己的議會主義和西敏寺民主，而那需要幾百年的沉澱。

另外一種知識份子類型是文學家。我覺得香港文學有比較特殊的地方。台灣有鄉土文學，如同愛爾蘭的國民文學，文學家透過鄉土文學、國民文學敘述一個群體的歷史經驗，而這對認同的建構非常重要，但這也需要時間。香港近年來有一些年輕人試圖創作本土文學，但是還在剛開始。

堅實的認同需要時間沉澱

不過我最近發現了一個新的本土文學形式，就是他們的流行歌歌詞。我覺得有必要去做一個研究，來看香港年輕人的想像和他們的口號都是從哪裡來的，很多是從歌詞來的。我這才發現香港的歌詞寫得非常棒啊。經由這些精采的歌詞，整個香港人的歷史經驗、生命都爆發出來了。

香港這次運動裡面有一大堆口號都來自流行歌的歌詞，像「生於亂世有種責任」[11]、像林夕譜的詞，還有Beyond《海闊天空》那首歌，「原諒我這一生不羈放縱愛自由／也會怕有一天會跌倒／背棄了理想／誰人都可以／那會怕有一天只你共我」等等的，就是香港人自由精神的絕佳寫照。還有另外一首歌，My Little Airport的《美麗新香港》的歌詞這麼說：「我知已走到盡頭／未來還要擔憂／這世界已不是我的地頭／就當我在宇宙漂流」。幾句簡潔的歌詞，就把九七之後香港人在自己的土地上逐漸變成異鄉人的境況痛徹地描寫出來了。

香港的大眾文化裡有非常多這樣的東西。像Beyond的歌曲《十八》，在描寫梁天琦的紀錄片《地厚天高》裡面有講到梁天琦非常喜歡這首歌，這首歌裡面有這麼一句話：「我發現這地球原來很大／但靈魂／已經敗壞」。當我聽到這裡，我不禁想像這些早熟、善感的香港青年面對香港汙濁現實的心情。我很少在台灣的流行歌曲裡面聽到這一種非常世故而滄桑的東西，或許正因為香港極度商業化，結果產生了某種批判商業文明的通俗文化吧，而香港新的民族文學說不定就是現身在這種通俗文學的類型之中。

一個民族很堅實的認同是需要花很長的時間才會慢慢形成的。香港認同其實已經形成有相當一段時間，至少從戰後。一般社會學家認為，香港人開始認為自己是香港人是從六〇年代開始，進來香港的移民開始穩定下來，開始生根了。如今已經經過半世紀了。從香港人形成、快速政治化、然後進一步發展成一個可以自決的主體，也就是一個民族形成的過程，其實速度算是很快的。儘管如此，還是有一些東西需要時間去累積。

但這條民族形成或共同體形成之路，對很多香港人來講確實是不實際的。為什麼？因為他們要面對的是北京，而北京是全世界目前最強大的獨裁政權。中國軍隊就駐紮在香港

11「生於亂世有種責任」，何韻詩《艷光四色》的歌詞。

裡面，你居然還要跟他鬥？一開始就註定這是一個非常不切實際的夢想。可是香港人為什麼仍要繼續鬥下去？不是為了浪漫，而是為了生存，因為他們不想放棄香港人認同以及圍繞著香港認同的一組價值、生活方式等等，還有一些對未來的想望跟願景。這些東西他們不想放棄，因為這是他們作為人的生存條件。

過去我們始終以為香港就是向世界跑，香港就是一個暫時的居住地、中途站。你現在發現情況已經改變，香港已經變成一個故鄉，一個生根的地方。當然，認同不是一切，也不能解釋一切，但是在看近年香港歷史發展的時候，你沒有把認同這個要素放進來，就很難解釋他們為什麼會選擇這條那麼不切實際的、飛蛾撲火的道路。

有趣的是，一旦你有了認同，然後從認同上產生信念，引導你開始堅持某些東西，有時候不可能確實會變成可能。香港人要是先放棄的話，國際局勢再怎麼變好都沒用的。從這裡，我們可以看到有兩個因素的偶然匯聚，讓香港可以在第一階段獲得慘勝。第一個就是香港人堅持不放棄，他們付出極大的代價要跟強權鬥爭，而正因為有這一場鬥爭，香港問題才能讓全世界看到。當然他們確實很爭氣，以血肉之軀和獨裁政權鬥爭了半年，才終於獲得全世界的尊敬。

剛剛好就在這個時間，國際政治的新壁壘也在出現。美國仍是最強大的國家，但是快速發展的中國想要取而代之，所以美中爭霸之勢非常明顯。此外，歐盟、印度還有俄羅斯也想做區域霸主，鞏固各自地盤。日本一方面雖從屬美國，一方面也想透過「跨太平洋夥伴全面進步協定」（CPTPP）來確立自己在東亞的霸權地位。我稱現在這個時代為「新帝國主義」的時代，大家都想要擴張，或者確立勢力範圍。

在某個意義上，香港人運氣很好，因為他們命運自決的鬥爭竟然碰上了美中對抗之局。

如今新自由主義的國際秩序瓦解了，美國已經完全放棄了那一套對中國天真的作法，開始防堵中國了。就在這個關鍵時機，香港人搞出來的這場驚天動地的鬥爭適時地成為美國和全世界圍堵中國最好的一張牌。

我這五年來慢慢一點一點從香港的歷史開始讀起，包括香港歷史、香港的人文與自然環境，我現在對香港的山也很熟悉，非常渴望有一天可以去香港「行山」（粵語的「爬山」）。我也開始嘗試學習香港話，並且從通俗文化去重新了解香港文化與香港人的心靈。很遺憾我現在被禁止入境，暫時沒有辦法去香港了，然而我的整個靈魂已經完全被這場偉大的史詩所魅惑了。我不在香港，但我常在香港。

台灣在過去三、四個月對香港報導應該超過過去三、四十年的總和。對台灣而言，這是一次絕佳的香港教育，台灣人應該要更了解香港。台灣跟香港要協作，第一點就要先相互認識。兩邊要互相認識，必須構築一些橋樑。我期待這本書會對台灣的香港教育有所貢獻。

最後，我想引用英國最後一任香港總督彭定康在一九九六年最後一次施政報告中的一段話，來送給為自由奮戰中的所有香港巴打、絲打、手足：

Hong Kong, it seems to me, has always lived by the author Jack London's credo:

"I would rather be ashes than dust,

I would rather my spark should burn out in a
Brilliant blaze than it should be stifled in dry rot;
I would rather be a superb meteor
With every atom of me in magnificent glow
Than a sleepy and permanent planet.”

Whatever the challenge ahead, nothing should bring this meteor crashing to earth, nothing should snuff out its glow. I hope that Hong Kong will take tomorrow by storm. And when it does, History will stand and cheer.

在我看來，香港一直在生活中實踐作家傑克・倫敦的信條：

「寧化飛灰，不作浮塵。
寧投熊熊烈火，光盡而滅；
不伴寂寂朽木，默然同腐。
寧為耀目流星，迸發萬丈光芒；
不羨永恒星體，悠悠沉睡終古。」

前路不管有何挑戰，都不會使這顆流星飛墜，光華從此消逝。我深願香港能奮然而起，征服未來。那時候，歷史也必為之動容，起立喝采。

抛棄一切左膠令人生厭的教條，我寧願相信這段美麗感人的話語不是出自於殖民者的懺悔，而是出自一個正直的人對香港和香港人真實、良善的情感。流水革命中手足們熱愛的那句「寧化飛灰，不作浮塵」是否源於彭定康講詞中所引用的傑克・倫敦（Jack London），我不知道，即使那是歷史的巧合，也是動人的巧合，但我確實知道香港人在舊殖民者離去、新宗主國君臨的二十二年後，實踐了這句箴言，並且釀起一場巨大的風暴，抓住了他們不確定的未來。而歷史，大寫的「History」，確實在這場偉大的風暴之中，起身，喝采。

願榮光歸香港！

（本文為《報導者》訪問稿改寫而成）

1

水火相交

跨世代示威者群像

二〇一九年六月九日，超過百萬名香港人走上街頭，要求香港政府撤回《逃犯條例》修例，一波又一波湧上街頭的黑潮，向世界宣告港人抵抗極權的決心。香港反送中運動，也被稱爲「反修例抗爭」，亦有媒體稱之爲「逆權運動」，有香港學者則以「自由之夏」形容從初夏開始延燒、沒有大台（領導者）的運動。

根據香港學者二〇一九年底的統計，超過三百萬名香港人曾參與反送中示威運動，抗爭在香港各地發生。這些運動裡的臉孔是誰？那幾乎是一整個香港的世代交融。年輕的 full gear 的前線勇武派、手拖手組人鏈的罷課中學生、午間穿著西裝套裝下樓抗爭的上班族、開私家車義載抗爭學子的中產階級、有來港多年的中國人，還有家長與老人家組成「守護孩子」連線，在抗爭現場捍衛年輕人。

從二〇一九年的夏天開始，在口罩與防毒面具之下，在水柱與火焰裡穿梭來回的香港人，以無名的面貌展示了他們的精神與意志。這些看不清的臉孔背後，他們其實成爲面貌更加清晰的「香港人們」。

中學生、水電工、劏房戶

三代港人反送中群像

路嶼——文　陳朗熹、蘇威銘——攝

時間：二〇一九年六月十六日
背景：兩百萬人大遊行

香港政府在二〇一九年四月三日向立法會提交《逃犯條例》修訂草案後，香港民間以「反送中」為口號的行動，包括連署、罷課、遊行、包圍立法會等等，已經持續數月之久。二〇一九年六月九日的百萬人大遊行將洶湧民情開始推向高峰，六月十日凌晨港警開始圍捕民眾，社會氛圍開始變化。運動在六月十二日進入新的階段，包圍、衝撞、憤怒的人群與港府的一百五十顆催淚彈、二十發布袋彈及數發橡膠子彈直球對決，導致六月十六日第三波大遊行人數翻倍至兩百萬。

運動初期，港人幾次佔領政府總部與立法會外的主要道路，形如「雨傘運動二·〇」，但運動模式卻又進化得超乎想像。人們不再如傘運時一般，用長達七十九天的時間紮營佔領馬路，而是以一日甚或一

夜為單位，遊走於警察暴力的空隙之間，隨時尋找進一步行動的機會，互相說著李小龍的一句名言：「Be water, my friend.」

過去五年間，香港的政治形勢一路變壞，社運領袖相繼被判入獄，民選議員被取消資格，香港警察的開槍行為被行政長官林鄭月娥稱為「天公地義」。香港人學會了用口罩、眼罩、面罩、保鮮紙、頭盔來保護自己，似乎闖出了一條突破後雨傘社運低潮的嶄新抗爭路線。

在無數關於胡椒噴霧、催淚彈乃至於開槍瞬間的現場畫面裡，我們觀察到一場真正的、流動的、瞬息萬變的跨世代抗爭。《報導者》記者於二〇一九年六月中旬訪問了三個世代的行動者，試圖從世代層面，看到不同時期、不同政治環境下孕育出的他們，如何理解、參與反送中運動，勾勒一幅跨世代的抗爭群像。

他們當中最年輕的，有十六、十七歲的中學生，對近年發跡的學運領袖周永康、岑敖暉、梁天琦，都只有非常模糊的印象。他們迷路在高樓林立、天橋縱橫的金鐘站，不知該如何紮鐵馬，眼睜睜看著警察把子彈上膛，卻又不懼於一次次回到現場。

中生代的雨傘運動親歷者，則有基層工人，曾在金鐘睡足七十九日，甚至在馬路上經營出社區感的大隻佬。傘運結束後聯絡漸少的幾十名佔領區鄰居，卻因反送中而重新聚集，互相保護，甚至加入唱聖詩的基督徒隊伍，成為現場留到最後的人。

更年長的一代，有一九八九年曾親上北京見證六四屠殺的前學聯（香港專上學生聯合會）成員，在催淚彈的煙霧瀰漫中趕赴現場，回想起當年中彈的北京學生，同樣的憤怒延燒到今天。老一代裡也有怒斥警察的熱血旺角街坊，質問警察為何傷害年輕人，擋在兩者中間。

三代人的身影交織在一起，成為空拍畫面中的點、線、面，用各自的方式告訴政府，香港人為何如此憤怒。如受訪者所說，這或許是一九八九年以來，香港最大的危機時刻，但同時，也即將迎來香港最熱烈的社運年代。

後雨傘一代：社運素人、中學生、目睹子彈上膛的人

（以下為受訪者自述）

阿雪／十七歲／中學生

我們是看中國綜藝的一代，但我們不要中共統治香港。

這一代中學生許多是玩抖音、喝喜茶[1]、看《中國好聲音》、講普通話而不是廣東話的學生，但我不是。我們玩ＩＧ，不怎麼看臉書。我對中國不反感，會看中國綜藝，但不想中共統治香港。

雨傘運動時，我在傳統女校讀初中，不太知道發生什麼事，隱約覺得要做些什麼，就參與罷課。但整間學校也只有二十幾人罷課，那是我第一次知道「政治冷感」是什麼意思。我還有個朋友是支持警察的藍絲帶。

我不知道周永康、岑敖暉是誰，直到有個大我一、兩年的朋友說他們很帥，又很興奮地畫他們的漫畫頭像，我才知道他們是雨傘運動的領袖。我只在非常和平的時候，去過金鐘看了一次。我媽會看電視罵學生搞事，但我看到的是警察打學生。魚蛋革命時，我在電視上看到示威者扔磚頭，我媽罵他們暴力，我卻問：「為什麼妳不先想想，這些人為什麼

要扔磚呢？」在那之後，我看新聞知道了梁天琦和本土派、勇武派，再到後來看到他們被判刑，我對這個政府和警察就徹底失去信任。

二〇一九年六月九日去遊行，我本來只是想多個人頭，沒想過真的要去衝。我本來以為這麼多人遊行完，政府怎樣都會推遲一下，沒想到還是要直接二讀，連樣子都不做了。那一刻我真的呆了，覺得「殺到埋身（指危險已經非常接近）」。六月十一日晚，我有朋友去唱了一小時halleujah（哈利路亞），但他不是教徒。那些基督徒唱了整晚，才讓現場沒有衝突。他們分了三個聲部，真的像一個合唱團。

到六月十二日早晨五點多，朋友叫我去做後勤支援，記錄每個去現場的同學的名字、身分證號碼，以防他們被捕，我們就可以去保釋他們；還要每半個小時確認一次他們的安全和位置。我突然變成了所有人的媽媽。

六月十二日下午，放催淚彈和橡膠子彈的時候，我在直播看到警察裝彈，從口袋掏出來，然後一顆，兩顆。我緊張大喊，朋友問我是什麼彈，我沒見過，答不出。我瘋狂給每個同學傳訊息問他們在哪，但他們都報不到自己的位置，因為太混亂。我們這些中學生都不認識金鐘的路，我想告訴他們怎麼逃，但自己也不知道。有一個同學中了催淚彈打來，從政府總部的樓梯跑下來，但分不清駐港解放軍總部和中聯辦（駐港解放軍就在政府總部旁），卻以為自己跑向中聯辦。也有同學打來，說：「喂！我……」就突然之間沒了聲音。

我朋友說，她爸媽覺得她被洗了腦。他們不知道他們自己才是被洗腦的。

已經過好幾天了，我們還是要求同學每半個小時報一次平安。學校周圍有幾架警車每天巡邏，幾乎是戒嚴的狀態。我有想過未來，但想一想就不想了，今日不知明日事，無力感太重。現在我們說「血債票償」，要登記做選民，用選票懲罰建制派。

1　喜茶（HEYTEA），中國連鎖茶飲品牌，總部在深圳，2018年底進軍在香港開分店，年輕人大排長龍。

小白／十六歲／中學生

魚蛋革命時我都還在大陸讀書，但這次我是真心撐香港！

我的經歷有些特別，近年才由大陸來香港讀書，媽媽還在大陸。來之前我就看電視知道，香港人叫我們做「蝗蟲」。來香港之後，我第一次介紹自己在大陸讀書，有的人真的用很嫌惡的表情看我。

我來到香港之後才知道六四（指天安門事件）具體是怎樣一回事。但雨傘運動、魚蛋革命發生時，我都還在大陸，只知道學生搞事，有些「暴徒」。來香港以後，我被老師介紹到社區組織做環保義工，然後我才慢慢知道那些議員、學生領袖是誰。我是看《地厚天高》紀錄片才知道有梁天琦這個人。

二〇一八年七一遊行是我人生第一次遊行，第二次是守護東大嶼遊行。我還沒有去過六四維園燭光晚會。二〇一九年五月的一次校內討論會，有同學解釋《逃犯條例》是怎麼回事，我就加入，一起做罷課、聯署、文宣，每天都開會，準備六月九日遊行的橫幅和道具。那個星期我本來要期末考，但因為罷課，現在要補考兩科。

六月九日遊行那天，我留到晚上十一點，我爸一直打來問我什麼時候回家。我爸也反送中，但他不會出來。但如果我媽知道的話，她一定會反對。不過，其實就算家長不讓子女出去，我們也一定會出去的。很多同學都跟父母吵架，有人的爸媽說，專制有什麼不好？

之前有一段時間，我因為身分認同的反覆，有時覺得自己是香港人，有時又覺得自己是中國人，情緒好低落。但我現在好像看開了，我是以香港人的身分去看反送中這件事，這次我是真心出來撐香港的。

我們老師說，這是一場長久戰，我們要有希望。

雨傘一代：藍領大隻佬、知識菁英、紮鐵馬的人

阿進／三十五歲／水電工

我們在雨傘運動的時候聚集了一班佔領區的鄰居，有個小社群，最多時有四十多人。因為我們七十九日都睡在金鐘，每天睡醒說一聲「Hi」，就像家人一樣，所以運動結束後，很多人接受不了，整天一群人在街上流連。後來慢慢，我們都要回到現實生活，上班的上班，有的有家庭要顧，自然就疏遠了。

但這一次，全部人都重新出來了。

佔中以後，很多人都灰心絕望，他們過去五年都說，「我以後都不出來了」、「打死都不出來了」。結果還是出來。大家心底都明白，一有這些大是大非的時候，我們就一定會再見面，就像以前雨傘那樣。

我們一起出來，只是希望身邊人不要受傷。大的看住小的，不要被警察打，沒有想得很複雜。六月九日遊行完到深夜，人們還留在那裡，我們就判斷可能有衝突，希望用以前佔領的經驗幫到他們。我們就負責觀察這些，通常警察都是三面包圍留一邊給你走，如果你不走的話就要收網拘捕。通常是白衣服的警察先去下指令，完了之後就開始慢慢佈防。來來去去警察都是這樣。

六月十二日早上，我見到夏慤道被佔領的時候，整個感覺都回來了，意志非常高漲，忍不住流了兩行眼淚下來。我們回來了！終於。真的呀，我好感動，我不知道怎麼講。

這次的催淚彈衝中環和灣仔兩邊放，夾擊金鐘，玩維港煙花匯演呀？我第二次吃催淚彈了。用香港的譚仔米線辣度去講，雨傘時是小辣，這次是五小辣，再吃多一點就清湯了[2]。我們這些麻甩佬（粗人）真的不怕催淚彈，有些做裝修、地盤、基層工人，平時搬搬抬抬，受傷都很多。

我見到好多小朋友素人在最前排，大家都好勇敢，我非常敬佩他們的勇氣，我今時今日再走出來都不敢走到最前排去頂住警棍。暴動罪過去幾年判刑太重，抗爭成本太高了。而且太多佔領區老友拉住我，好照顧我，好緊張我，我很感恩。放催淚彈那日，當我知道立法會示威區開槍，我瘋了一樣無論如何都想衝過去，跟這幫警察拚死一搏，想隨便拉一個過來扭斷他的脖子，我心裡面的仇恨已經到了這個地步。但我被身邊的人拉住了。我們的感情就是這樣出來。

這次的年輕人其實很厲害，知道用水淋熄催淚彈，真的學到外國那種抗爭模式，最起碼應對催淚彈不是只會逃走。有些人還有豬嘴那種防毒面罩，從eBay上買的。

但某程度上他們都判斷不到警察會做什麼，紮鐵馬也不知道怎麼紮，我們就衝到前面去教他們怎麼紮。有的人把幾個鐵馬並排放，我們建議的做法是三個鐵馬紮成一個三角形，然後翻過來，鐵馬的腳要朝上，這樣才方便移動。如果真的有二十個這樣的三角形推出去，警察都會被你推後。這個也不能怪他們，因為我們上次雨傘的時候長期佔領在那裡沒事做，就慢慢研究這些鐵馬，研究出來方法。但這次完全不同，警察再不會讓你佔，一晚就要清你，很快。

一個好正（很好）的變化是，不同抗爭路線的人這次都很團結。如果有些年輕人要衝，真的可以衝，要唱詩歌就唱。抗爭路線不一定要選邊站，要衝的就只能衝，要左膠的就左膠，其實你只要在那一刻覺得是適合的方法，就可以做。我自己心目中，武力抗爭不是問題，問題是成效，但你對著警隊，升斗小民的武力怎樣上升都不夠他打，他水砲車還沒出，解放軍也還沒出，都還沒出真槍。你如果真的用武力對比，永遠都輸給他。

我想我們都要思考一些更靈活和低成本的抗爭方式。因為警察已經進化了，手法愈來愈兇狠，報復式的，養了五年兵，就是為了等你這一日。香港人從來都是轉速快，要變就變，適應環境的能力好強。我希望未來的抗爭可以走向「睇餸食飯」（指視乎情況調整），警察打你，你就唱聖歌哈利路亞；警察回家，你就衝。

我也想過移民，不用說政治環境了，首先房子我肯定是買不起了，公屋我又不知道排到幾時，我賺來賺去都存不到錢，只是剛剛夠生活。我當然想走，隨便移民去哪裡。如果再有運動，必要時回來再死過咯（必要時再回來跟它以死相搏），搭飛機好方便。就算我移民到外面，我也會好在乎這個地方，因為始終我根在這裡。

我的朋友很多都這樣，而且多了很多人千方百計想走。政治、民生、經濟密不可分。多些香港人醒覺，就會多些人走入政治。

阿軒／三十四歲／學者、藝術工作者

在這場運動裡沒人再搞什麼藝術花樣了，要的是直球對決。

我從十七、十八歲就對香港政治很留意，很多選擇都是因為社會運動，關心政治所以大學讀香港中文大學政治系，還做過中大聯合書院的學生會會長。後來參與很多城市空間、城市發展的社會運動，我才會去讀地理學的研究所。

二〇一四年，新界東北所謂衝擊立法會的時候，是我人生最痛苦的時候，寫博士論文

2 譚仔米線湯底辣度從強到弱，分為雙特辣、特辣、大辣、中辣、小辣、二分之一小辣、三分之一小辣、四分之一小辣、五分之一小辣、十分之一小辣，以及清湯。此處是指吃得愈多愈沒感覺。

寫到最後關頭卻發生這麼嚴重的事。到雨傘運動佔領前一個星期，學生罷課第一日，我還在英國做畢業論文答辯，答辯通過立刻回來，每天都去金鐘佔領區。

其實雨傘運動時，我就覺得自己站得很後面。你們來清場我就走了，反正我們都做了，我是那類人。既然佔領，有分工合作，那我就做一些比較soft（軟性）的事情，例如寫東西，做藝術作品，做了佔中打氣機投影在政府總部的連儂牆，播出全世界對雨傘運動的支持留言。後來清場前，我又做雨傘運動視覺庫存，把佔領區的藝術作品都保存下來。這些都是很書生的事情。

但這次的運動，我覺得一個書生藝術家在這樣的時候是沒什麼用了。可能我已經很老了，好像卡在中間，沒有老到有些權力，像大學校長出來說支持學生，但又沒有年輕到出來衝。

這次的行動者不會做太多餘的事，例如以往我們做的soft事。他們直接往目標走過去，不會搞花樣。六月九日，發起遊行的民陣並沒有叫大家要做什麼，現場不需要議員或任何領袖去說，大家很快就發展出一個默契。他們其實很成熟，知道參與一個運動是什麼意思，包括心理準備，知道遊行散了還留在那裡是什麼意思，知道被捕是什麼意思，但他們也不想被捕。

我覺得不可以說這是雨傘二・〇。你可以感覺到年輕人不只在說反送中，而是新仇舊恨加在一起。你想想這兩年發生的所有事，會生氣到震。這次已經不是為了爭取什麼，而是「不要什麼」，是為了尊嚴，是鄙視政府。

我一開始很討厭反送中這個口號，覺得很簡單化，把議題變成反中。我很不喜歡看到一些排外的東西。結果真的動員了這麼多人，你會見得到，這個東西仍然是香港身分很重要的一部分。有年輕人會對上一代說，你們都是怕共產黨才來香港的，還真的可以說服到。

有學者說我們是防守型的公民社會，只知道守住原來有的東西，不會要去建立什麼。我覺得這個說法都很悲觀。反送中好像給我們一點信心，可能香港變壞的速度沒有我們想像中那麼快。可能就像《時代》週刊（*TIME*）說的，這場運動其實是自由世界和極權世界的抗爭。

八九這一代：六四親歷者、阿叔劏房戶、為年輕人怒斥警察的人

陳sir／五十五歲／六四親歷者、社工

記住，三十年來，我們的敵人都是同一個中共。

我是一名社工。八九民運期間，我是香港學聯成員，去了北京聲援學生，結果見證六四屠殺，李卓人（前香港立法會議員）在醫院找到我，我才安全返港。

我覺得我們這一代在這次運動中的角色，就是把三十年前的記憶和氛圍和今天扣連起來，讓年輕人知道，其實我們的敵人一直都沒變過，都是同一個中共，我們一直面對同一種恐嚇。

二〇〇三年七一遊行，因為SARS之後突然要推《基本法》第二十三條立法，五十萬人上街，是一九八九年百萬香港人上街聲援北京學生之後，香港最大規模的遊行。那次背後的是誰也很清楚，用國家安全的名義打壓香港人，其實就是中共在背後。

到這次反送中運動的百萬人與兩百萬人遊行，比當年反對第二十三條更多人。中間還有二〇一四年雨傘運動，當時，香港人佔領了七十九日都爭取不到民主普選。其實邏輯都是一樣的，就是中央不要香港有三權分立、不要西方民主，它要的是一黨專政的黨國，從來都沒變過。大家不惜犧牲自己的個人自由、身體，都是為了反對這件事。

二〇一九年六月十二日，我是在警方發出第一顆催淚彈射出以後才去現場的，我要去看看現場的朋友和社區的青少年如何。我不覺得任何人需要面對橡膠子彈，但如果你選擇留下，我尊敬你、支持你，如果你想走，我幫你走。

但這次最恐怖的事情是，特首林鄭月娥清清楚楚告訴香港人，和平集會，她是不會理的。你百萬人遊行又如何？要衝突之後才會暫緩修例，也就是說每一次我們都要有衝擊，有死傷，有橡膠子彈。未來的社運如果都這樣，我好擔心。

我年紀大，不少朋友都在商界，有的還做一些頗重要的位置。但最近連這些最溫和、有利益關聯的人，都覺得很氣憤，不接受暫緩條例，因為覺得林鄭月娥在警察暴力之後的回應太過分。我三十年來第一次見他們這樣。

這些平時親中的人，其實在香港比例一直不小，我永遠記得二〇一四年放了催淚彈之後，港大做了一個民調，有百分之二二．一的民眾覺得警察放催淚彈是對的。這個數字對我來講，就是香港信任政府和黨國的基數。但這次林鄭的做法，讓一些信任黨國的人都接受不到。

我做社工，幫助很多最窮的人，許多人覺得解決到生活基本需求就可以，其他都不過問。所以當我的同事把支持修訂和反修訂的資訊一齊傳到服務對象群組，就立刻收到投訴，說我們政治化。我覺得香港現在是過去三十年來，民憤最高的時候。但就算這種時候，都有這些暗湧在身邊。

我沒打算移民。這裡是我家，要走的是中共的人。我的角色，對青年朋友們也是一樣，告訴他們八九到現在我們面對的是什麼，你自己選擇怎麼做，包括要不要離開香港。你選擇離開沒關係，但要記得回來。

權叔／五十九歲／旺角街坊、劏房戶

我在現場對警察講，我們繳稅不是讓你打年輕人的。

我是一個普通旺角街坊，住劏房，因為業主多收了我們水電費，才開始接觸社區組織，發現原來香港有很多事不公平。我是香港第一個去控告業主的劏房戶。

之後我每年都參加六四晚會和七一大遊行。雨傘運動的時候，我在旺角彌敦道佔領，睡在街上。二〇一九年三月我開始關注《逃犯條例》，今天下午還在派傳單。六月十二日也在金鐘，幫忙收市民捐贈的物資。到下午放催淚彈，大家就叫我走。那天應該很累，但

其實不覺得累的。

雨傘運動之後，我想過年輕人是不是以後都無心參與社運了？這次我見到，原來不是的。我都沒想到會有這麼激烈的場面，收物資的時候收到眼罩、口罩這些，還覺得奇怪。我也想不到警察會有這麼厲害的手法，還開槍，殺傷力很大，這些畫面我看了都很難過。

我在現場對警察說，我們繳稅不是讓你打年輕人的，如果你要這樣，不如去大陸做公安。明天我們會在豉油街放映警察暴力的影片、派傳單。我每天會派幾千張，整整一打。

年輕人是為了未來在爭取，我們能幫到多少是多少。

十八歲就迎來「我城終局之戰」香港少年少女的絕望與希望

何桂藍——文

時間：二〇一九年六月十日，凌晨
背景：百萬人大遊行後

二〇一九年六月九日的百萬人大遊行，是香港反送中運動延燒的起點。在這次遊行裡，被港警圍堵的三百五十八人中，八成是年僅十六至二十五歲的年輕人。此次遊行裡，冒著被囚禁的風險與警察對峙、用生命一搏的少年少女們，不少均是素人。當和平、理性、非暴力，再多人群聚集也動搖不了政府強壓的意志時，年輕的他們說出：「就算香港死掉，我也要和她同歸於盡！」那聲音，如此絕決。

「反送中！反送中！」

二〇一九年六月十日凌晨，香港灣仔告士打道被大批年輕示威者佔領。面對遠處橫列數排、伺機而動的防暴警察，他們揮著臂，口號即使隔著口罩也喊得響亮。

告士打道東西行線共有六條行車道，是香港最繁忙的主要道路之一；時為凌晨二時，車輛疏落，身穿黑衣、戴著口罩的青年從橫街跑出，站上告士打道，數人面向車輛駛來的方向雙手攤開，截住車輛去路，後方更多人隨即搬出路旁放著的鐵馬，迅速築起路障。

雙方按兵不動，前方數排示威者緊繃地盯著警員動向，但後面的示威者紛紛坐倒；從香港立法會大樓經海傍、到告士打道，他們一路築障，一路與警員對峙、被警員推擠驅趕至此，一夜下來，已經疲憊不堪。

不久，警員就再次展開圍捕。急就章築起的路障在防暴警察三扒兩撥之下，就被輕易拆除，持盾警員步步進逼，一擁而上將落單的示威者按倒在地，並揮棍驅趕上前欲拍攝拘捕情況的記者；走避不及的三百多名示威者，被圍堵於告士打道旁的人行道。

香港警方最終拘捕十九人，當中大部分為二十歲上下者；而被圍堵的三百五十人，則被搜查及抄錄個資（警方搜證後有機會將其正式拘捕）。其中，超過八成的民眾年僅十六至二十五歲，十八歲以下者有二十四人。

「（抗爭）代價很大，身邊認識不少人都被捕、被起訴，監禁幾年以上，」二十二歲的大學生阿正（化名）是被圍堵的三百五十八人之一，「但我們不會因此卻步，我做好了心理準備接受這樣的代價。」

「這一代年輕人實在積累了太多無力感，既然怎樣做都是無力、社會都會一直敗壞下去，倒不如豁出去。是以卵擊石，但有些事，一定要有人做。」

「二〇一四年九月二十八日警察放催淚彈那次，我看著警察舉『速離否則開槍』旗，防暴隊舉著長槍指著我的頭。」當年只有中五（中學五年級）的阿正，積極參與雨傘運動的多次抗爭行動，在旺角的警民攻防之中被警棍打到頭破血流。

二〇一四年，民眾為爭取普選[1]引爆「雨傘運動」，佔據了金鐘、旺角、銅鑼灣三個香港最繁忙的地段，留守共七十九日，卻爭取不到港府及北京的任何讓步。傘運無功而

1 香港《基本法》承諾香港將實行民主普選，但2014年北京人大頒佈決議，在選舉過程中加插「提名委員會」，讓親北京勢力得以「篩選」誰可以成為香港特首候選人，爭取無篩選普選的雨傘運動繼而爆發。

還的挫敗感，讓社會運動陷入低潮。

在傘運後期，部分示威者不甘「和平、理性、非暴力、非粗口」（港民間簡稱「和理非非」）的抗爭方式，無法逼使當局回應，醞釀出更加激進的行動。面對警員的盾牌和警棍，他們開始主動對警員還擊，甚至向警員擲物；一開始是水樽（玻璃瓶），後來演變成磚頭。「泛民（香港泛民主派）和理非非了三十年，有爭取到什麼嗎？」面對質疑，這是勇武抗爭者最常問的問題。

罪罰自旺角警民衝突後加重

勇武派抗爭者的激進程度，到二〇一六年二月的旺角衝突中達至頂峰。二〇一六年的農曆大年初一凌晨，青年為免除夕夜擺檔的熟食小販遭執法人員清場，與警方爆發衝突，演變成徹夜騷亂。示威者在旺角多處點火燒垃圾，並向警員擲磚、與防暴警埋身肉搏。

旺角街頭火光熊熊的畫面，震撼久已未見騷亂的香港社會。

港府對此亦毫不手軟，祭出港英殖民地時期設立的「暴動罪」，對四十名示威者提控。暴動罪定義非常廣，被告即使沒有擲磚縱火，仍被處以極重刑罰。在衝突中被捕的勇武派組織「本土民主前線」（簡稱本民前）時任發言人梁天琦，因「以膠桶擲向警長及用腳襲擊警長，又用木製卡板打向警長的背部」等行為被判暴動罪成，入獄六年，同案另一被告盧建民則因「向警方防線投擲物品及從地上拾起泥沙襲擊警方」等行為判刑七年。

本民前另一時任發言人黃台仰，則與成員李東昇一同棄保流亡，二〇一九年五月獲得德國庇護，成為政治難民；同被控以暴動罪的十八歲少女李倩怡則流亡台灣，目前去向不明。其他「暴動罪」案件被告，大部分均被判刑三年以上。

在旺角衝突前，港府通常以刑罰較輕的「非法集結」、「襲警」等罪名起訴示威者，刑期以月計，但自旺角一案後，「勇武抗爭」的刑事風險大大提升，暴動罪與五、七年刑罰的陰影揮之不去；而主張和平抗爭的「佔領中環」領袖亦被判處一年以上的刑罰，也令香港社會對抗爭與改變更感無力。

沉寂一時的香港社會運動，因政府強行推動修訂《逃犯條例》而再起波瀾。

適逢電影《復仇者聯盟：終局之戰》早前上映，港人均以「Endgame」形容香港當前的險境：雖然傘後五年，香港經歷過運動清場、議員參選資格及議席被褫奪、學術自由失守、抗爭者被判以重刑等大大小小的事件，但《逃犯條例》一旦修訂通過，香港與中國之間的法律屏障便全告失守，僅餘的自由無法保障，任何政治運動都有被引渡至中國受不公平審訊的風險，「一國兩制」將正式淪亡。

二〇一九年六月九日，為抗議擬允許將港人引渡至中國的《逃犯條例》修訂，大批香港民眾上街遊行，主辦方稱參與人數多達一百零三萬；然而遊行剛結束不久，港府就發聲明，不會擱置修法進程，法案將如期進行二讀，勢將在親中派把持的立法會通過。大批遊行後留駐立法會附近的示威者在凌晨零點發難，與警方爆發衝突。

「百萬人遊行，可以啟蒙不知政治為何物的千禧小孩，就像我還記得自己三、四歲時看到二〇〇三年七一大遊行，覺得五十萬人上街很厲害。」阿正說，「但完事後大家就走，政府也不改立場，讓你上全世界頭條又怎樣？事態還是毫無寸進……民陣（指「民間人權陣線」，堅持和平抗爭、主持遊行的組織）還說要包圍立法會要求對話，屌你老母，跟這個政權還有什麼好談的？」

在立法會大樓外的示威區，戴著口罩的示威者作勢衝向立法會大門，警員則出動警棍、胡椒噴霧驅散；示威者向警員擲物、將鐵馬推向警員，防暴警衝前，將走在最前的示威者壓倒，部分人遭警員抓住頭髮拖行。

水瓶、鐵枝與胡椒噴霧在空中亂飛，場面混亂，但示威者並無散去，轉移陣地，迅速佔領了立法會對面的龍和道。

這群示威者沒有明顯領導，僅靠現場應變、網絡論壇及即時通訊群組互通消息，但行動起來亂中有序，彼此間都相當清楚行動目標：與警員打游擊戰，盡量佔據道路，但不與警員持續衝突，及時散開，以不被捕為首要。

年輕人拚一生前途，以死相搏

十八歲的大一學生小茜（化名），也是午夜行動的參與者之一，但因折返取物資而逃過圍堵。她坦言，參與這樣的行動是在賭，賭人數夠多，自己被捕的機會就很小，「的確是僥倖心態。」

小茜透露，不同大學生之間曾商討是否有人可以成為「咪手」（持擴音器向民眾喊話的人），帶頭號召民眾行動；但面對動輒以年計的刑期威脅，沒有人願意擔當這樣的角色。她認為當晚稍早、大批示威民眾尚未散去的時分，勇武派喪失佔據另一主要幹道夏慤道（即二〇一四年「雨傘運動」發生地）的機會，就是因為無人帶頭。

「但我不會怪別人⋯⋯我自己也不會敢帶頭衝。」小茜說，自己可以接受吃催淚彈、被打、受傷，但對於以年計的判刑，始終有點卻步，「家人供書教學這麼多年，如果我要去坐幾年的牢，很對不起他們。我有點逃避去想，如果真的被抓、被告上法庭會怎樣，只能去想自己應該不會，我面對不到……但感性上，我還是很想堅持。」

自言身經百戰的阿正，最終被警方登記資料，隨時會再被捕，但他倒顯得坦然。他總記著一名大學師兄因為抗爭行動被告，判刑前夜對他坦誠自己很驚慌，但覺得不能退縮，「你要為你自己做過的事負責，不能夠有全身而退的僥倖心理。」

阿正一直牢記這句話，所以對當日一接到網上消息就戴口罩想赴前線的學弟學妹，他會警告他們，要三思自己能否承擔後果。結果他成功勸走了五、六個新生，但自己則未能及時離場。

令他最難忘的，是一同被圍堵的示威者臉上的表情。「我預期的是一群勇武派做炮灰，反正我們不同於政治人物，是無光環的爛頭卒，」阿正回憶，自己當時環視身周，見到的都明顯是沒有經驗的「素人」，「他們很擔心，用手機不斷看被捕後會如何的資訊。」「全部人都一臉愁容，但都是很清澈的臉孔……我二十二歲，在他們當中已經算是大的那批。」「為什麼每一次都是這些年輕人，拚一生的前途與政府以死相搏？」

告士打道行人路上一大群少年少女，年逾三十的社運常客阿山（化名）是當中異數；雖不認同涉及武力的抗爭行為，但阿山沒有提早離開。

「在立法會時，我聽到有些年輕人說：終於等到這個機會出現啦！」阿山對少年少女們的衝勁印象深刻，「他們覺得有希望，覺得那一刻自己只要走出去，就會做到一些事。」「（香港）每一個人都有責任……你怎會捨得一班十幾歲的年輕人自己去（面對）？」

雖不認同，但阿山對社會的批評聲音亦不以為然，「我不想批判年輕人衝動。問心，其他香港人又是否真的知道應該怎樣做？大家都不知道面對這個政權可以做什麼。」

懷著「幫得了就幫」的心態，阿山決定留在現場，雖然他深知自己其實沒有任何事可以幫到他們；最後，阿山只能陪著其他年輕人一起，被圍在告士打道的行人路。被圍堵數小時後，阿山終獲放行；警員抄錄阿山的資料後，還加上一句：「玩到咁夜，夠皮啦。（鬧到這麼晚了，滿足了吧。）」

在警員眼中，這群賭上前途的年輕人衝馬路、搶鐵馬，徹夜與防暴周旋，不過是「沒玩夠」。強撐了整整一夜後，阿正回到家中，支持政府的父母一看到他，就斥責他是暴徒。「我立即收拾，回了宿舍，」他說：「他們不向我道歉，我就不回去了。」

「就算香港死掉，我也要和她同歸於盡」

二十二歲的阿正即將畢業，他非常喜歡做本系的研究，本來的計劃是一路攻讀至博士，成為學者在大學任教；但綜觀香港各大院校近年針對異見教職員的態度，他知道曾經「搞事」的自己很難實現這個理想。

但他說，自己絕不會離開香港。

「回歸二十年，港人不斷受政權打壓，自由不斷收窄，學生和有識之士想投身運動又被趕盡殺絕，這絕對是官逼民反；其他人說要移民，但錯的不是我們，為什麼要走的是我們？」

「回歸多年一路禮崩樂壞，普世價值一路消失，的確令人非常失望；但香港一日未變成中國大陸的一個普通城市，我們就要為她奮鬥到最後一刻。」

「我無論如何都不會移民。就算香港死撚咗，我都要同佢攬住一齊死。（就算香港死掉，我也要和她同歸於盡。）」

我們問才十八歲的小茜，如果沒有這一切，她希望自己有怎樣的未來？答案出奇簡單：「我想生活在一個有民主自由的地方，簡簡單單地生活，能夠給點家用讓家人有好的生活，有時間去去工作假期，這樣就很幸福。」

雨傘運動爆發時，小茜年僅十三歲，因為想支持當時的大學生而到金鐘留守。當年的學界風起雲湧，有多達萬人罷課；但到她成為大學生的現在，不少大學卻連學生會內閣也組不齊全。

小茜身邊的同學，正在過著她理想中的簡單生活：不問政治，「什麼也不想理」。她這才發現，自己只是同代人中的少數。數日前到與中國邊境接壤的地區派發反送中遊行的單張（指傳單），看到那些地區的小學、中學生不少都以普通話閒聊，驚覺記憶中的「香港」消失得比想像中快太多。

「百萬人上街，最後什麼都沒有發生，政府當晚十一點就說不會理我們，大家第二天繼續上班上學……見到社會這麼絕望，已經不是我所熟悉的香港，便想試一試、賭一賭……其實不是理性的決定。」小茜與阿正均表明，會再次走出來參與。

少年少女想問的是：有生之年會見到民主、自由的香港嗎？

反送中的騷動之夏
香港年輕人如何返校？

李雪莉、楊智強——文
陳朗熹——攝

時間：二〇一九年九月二日
背景：全港大罷課

二〇一九年九月二日，全港五百多所中學（相當台灣國中與高中，共六年）的開學日之前，許多老師失了眠。他們之中，有的像田方澤一樣，在過去近三個月，白天遊行裡不時遇見反修例的學生，夜晚則透過Telegram與IG，時時發訊提醒學生們注意安全；有的老師甚至親自帶著受傷的學生前往私立醫院就醫、動手術，避免學生被警察檢控；而有的則會接到學生們夜晚捎來心情沮喪的短訊，適時接住學生情緒的創傷。

從學生、老師到校長，這騷動之夏對身心的挑戰強度與廣度，是前所未見的。學生參與反送中運動的程度雖然不一，卻是遍地開花，從二〇一九年六月一直延燒到九月二日的開學日，全港五百多所中學

就有一百多所學校的學生發起罷課，相當於每五所就有一所。

原本香港政府預測，這場學生大幅參與的反送中運動將在開學之際逐漸淡去，但眼見集會遊行、罷工罷市、癱瘓交通等的抗議活動方興未艾，香港教育局罕見地在八月二十日向所有中小學緊急下令。教育局長楊潤雄臨時召見各校校長們，向全港中小學發布「做好準備迎接新學年」的指引，表示「教育局堅決反對任何形式的罷課」；而指引裡多次提及「任何人士不應利用學校作為表達政治訴求的場地，更不應煽動或鼓勵尚未完成中小學教育的學生在具爭議及正在發展的政治事件上表態或參與有關行動，亦不應以學生的參與作為壯大聲勢、施壓的手段」。

但是，不少準備返校上課的中學生們，一時半刻心思還回不到課業。他們在社群媒體上成立「各校關注小組」，討論如何返校後罷課、是在校內或校外罷課、是一週罷一天還是罷課不罷學、是共同罷還是各自罷……「Be water」的策略思考一樣漫進中學生的課堂，縈繞在師生的心頭。

有的學生把教室門口裝設成連儂牆，學校裡即便提及與反修例無關的議題，學生們所思所想也會連結到催淚瓦斯、布袋彈、黑警、政治制度、香港未來……。

老師，如果香港徹底變成中國，我努力讀書要幹嘛？

田方澤在香港中文大學社會系讀書時就搞過社運，二〇一四年佔中三子之一的陳健民是他當時的老師，他一直關注社會，目前還擔任香港最大單一行業工會——香港教協的副會長。但儘管這些年經歷多次運動，當了快十年高中老師的他，這回卻不知道自己該怎麼

開學，該怎麼教那些被城市巷戰洗禮過的學生。

雖然中學生在二〇一四年雨傘運動的九月，也曾有過為期一到數天的罷課，但當時的罷課在佔中開始不久就展開，且時間相當短；不像這次，反送中運動累積了三個月巨大的能量。這個暑假，學生捎給老師們的問題愈來愈棘手而不易三言兩語回答，像是：

老師，在自由社會使用武力是否合理（不論警察和示威者）？

老師，雙方以「公義」之名訴諸武力、升高衝突，那還算是公義嗎？

老師，香港的未來會怎樣？運動的未來會怎樣？我們該怎麼辦？

老師，你怎麼看學生罷課？老師是否不應該有政治立場？

老師，你告訴我，以後要怎麼相信警察？

老師，該如何與「藍絲」父母相處？

而更沉重的，是學生問老師：如果香港以後徹底變成中國，我努力讀書要幹嘛？

田方澤說，「有些很好很乖很會念書的學生（中學六年級）明年就考文憑考大學，他們也有疑問。我很苦惱的是，當老師總要散布希望啊，那現實是有沒有希望？政府說不要談政治可能嗎？」

對不少中學生而言，這次的運動是個在短短三個月間跨度很大的「密集課程」——反修例教給他們通識、歷史、化學、護理、法律、國際政治，更考驗他們的體能與情商。

面對每個週末遊行街頭的緊張，在前線擔任救護員、十七歲的Daniel說，「我不能崩潰，如果我挺不住這些壓力，我就沒辦法救人。我就沒辦法完成我的責任。」原本應該是享受青春校園時光的Daniel在這兩個多月經過了街頭衝突的洗禮，他學會了對他人付出以及自我負責。

Daniel在他小六的年紀就遇到了雨傘革命，當時懵懂的他從電視上看到許多十四、十五歲的中學生衝撞立法會，慢慢地意識到香港是一個有問題的社會，「原來有這麼多不公不義的事情。」他自此開始關心社會發展。

Daniel就讀的中學位於港島，這間中學的學長在二〇一四年雨傘革命時曾經成功罷課，雖然學長已離校，但是事蹟仍流傳下來。Daniel在反送中運動於六月進入大規模示威的階段時，跟幾位同學在學校網站上發起連署簽名，要求政府撤銷《逃犯條例》修正案。Daniel說他們在這間規模只有三、四百人的學校，短短幾天就搜集到上百個簽名，「學長們都跑回來簽。」

Daniel的中學所在地有不少來自福建的移民，校內的學生家長多數都是支持政府的，也支持修改

《逃犯條例》。訓導主任要求學生不要到網站上連署，甚至多次約談Daniel，讓他備感壓力。但這些沒有讓他停止。現在是學生會長參選人的他，與幾位同學一起與校方交涉，希望在九月二日開學日進行「罷課不罷學」活動，開學後，每個星期一在校內舉辦罷課，其他時間正常上課，但校方並沒有給出正面回應。

像Daniel這樣的中學生以及三十歲以下的年輕人，已經成為反送中運動的主力。

香港中大教授李立峯曾在幾次反送中行動現場做簡單的民調，初略看到六月九日百萬人遊行，三十歲以下青年佔所有參與者的百分之四四．五（其中二十二歲或以下佔百分之二六．三），六月十六日兩百萬人遊行這天，數字來到百分之五十七（其中二十二歲或以下佔百分之三十．八）。而六月二十一日，參與包圍警總的群眾更有百分之九一．七是青年（二十二歲或以下佔百分之六三．九）。李立峯曾描繪這群年輕人，「對社運沒有太多負面情緒。對雨傘運動有好感，對社運內鬥沒有感覺。愈年輕愈沒有帶著以往的舊恨進入反送中運動。」

運動者年齡不斷下探

青年裡有三十歲上下的社工、護士、律師等專業工作者，也有二十歲出頭的大學生，但和雨傘運動相比，中學生的面孔在六月後大幅增加。

這些原本在喝喜茶、玩手機遊戲《王者榮耀》或《PUBG》（台譯《絕地求生》）、看中國抖音、下課去補習或party room的十三、十四歲少年少女，離開自己的小世界走出來。香港社會都在問，反抗運動的年齡層為何下探？

長年關注香港年輕人處境的太平紳士[1]黃英琦，身為教育工作者及社會創新者，也是一所中學的校監，在接受《報導者》專訪時表示，「坦白說，我還在理解的過程裡。我年紀比較大了，但我跟年輕人談得來，我理解的是，前線有不少學生來自中產家庭，覺得香港社會有很大的不公義，也有些中學生覺得自己生於亂世，有責任出來。甚至也有些新移民二代來港多年，他們覺得香港要保持現在這樣，自由是很重要的。也許你問小孩子，自由是什麼？他們不一定說得清楚，但他們會說，過了深圳河就沒有自由。我從不少年輕人的故事裡看見普遍性吧。他們不是想要香港的獨立，而是要尊嚴、要自由、要參與，他們要共同創造，是有這樣的情懷在裡面……但政府不願答應任何訴求，甚至誤讀訴求[2]，讓最近的氣氛非常緊張。」

除了認為政府不公義、香港失去原有的自由和法治、一國兩制的制度崩毀外，也有人認為，過去十年間，通識科教育以及升學考試制度的變革，也是影響香港中學生的遠因。

反送中運動開始延燒後的兩週，中國境內不斷有人送出各式帖子和論點，把年輕示威者的出現歸因於香港在中學推動通識教育。這種論調在二〇一二年「學民思潮」的年輕學子引領反國教行動之時，就已經出現過了。甚至前任特首董建華還曾自承犯錯，在他任內搞出了通識科，讓學生出了問題。

但二〇〇九年擔任通識科科目委員會主席的趙永佳，卻不認同這種保守論調。他在《明報》寫了篇通識教育的始末，提到他在二〇一五年和香港中央政策組開展了「九〇後青年的大型問卷調查和深入訪談」，訪問了二十五間中學、二千八百九十六名中學五年級的學生，「是次調查，說明了未有證據顯示通識科教育令學生變得狹隘和偏頗。相反，通識科當中的『明辨性思考』令同學們能從不同角度、不同立場來檢視議題，而非只從自身

1　原文為Justice of the Peace，是一種源於英國，由政府委任民間人士擔任維持社區安寧、防止非法刑罰及處理一些較簡單的法律程序的職銜。

2　指誤讀這是場有大台、有外國勢力資助的顛覆預謀，而學生都是被利用的工具。

利益和立場出發。一個例子是喜歡通識科的學生，較認同新移民及雙非兒童應享有與其他香港人同等的機遇和福利。數據並未有顯示學生因為通識科而變得本土化，或是排斥內地移民。通識科要認的『罪』，可能就是成功執行了賦予該科的公民教育任務，令一代年輕人更關注了社會事務。」

另一個則是升學考試制度的變化。黃英琦指出，過去八到十年，香港的教育制度改變，從兩個高考變成一個高考，每年每次高考有五萬多名的青年人，不論你擅長的是什麼，都要考同一個試。但香港政府能補貼的大學只有百分之十六，表示只有一萬多名學生能進大學，進港大的只有前三千名的拔尖學子。這讓升學變得非常高壓，孩子被逼得非常緊，學生是不高興的。而且憂鬱的學生，從她接觸到的學生觀察，比例從百分之十到百分之二十增加到現在的百分之三十。

我們或許無法估算總共有多少中學生走上街頭，但他們對反修例的態度，在過去半年內，從冷漠、注意到熱切關注，轉變是相當顯明的，甚至在夜晚與警方對峙的場子裡，不難看見中學生年紀的孩子站在前線，或在中線協助物資，或當救護員。是什麼激發出他們的反抗意識？

一位不願具名的中學副校長說：「我常說，如果學生那麼容易教成我們想要的樣子，我們教書就不會那麼辛苦了。通識教育是給他們多一點思考和討論，但學生的行動力是另一層來的。我覺得是網路上的影響。」

這位副校長說，「他們在學校，無聊地滑手機、打遊戲，在學校沒有什麼行動。有些本來有憂鬱症的學生，嚴重到沒辦法上課的這一種，但在這次，早睡早起地去街頭上，這是很奇怪的現象。他們本來困在家裡，很多問題解決不了，覺得那是自己的問題，但他們後來發現，原來不只是我自己一個人的問題，而是整個制度出現問題，他們就跑到街上面，原來可以跟群體有solidarity（團結一致）的關係。」

不管是為了對抗中國因素、追求自由法治、反對警方暴力、抗議港府無視人民，每個抗爭者站出來的理由儘管不一，但相同的是，連登、Telegram這類的網路平台，成為把他們彼此動員和相互連結的工具。

次文化外溢：「巴絲打」的情誼與歸屬感

在我們訪談的中學老師和前線運動者身上，的確觀察到年輕人將許多屬於他們世代的次文化元素外溢到此次的運動。

在與警察對峙的街戰裡，不難看到電玩世界裡的次文化元素。例如在《PUGB》這款手遊裡，每個遊戲者乘降落傘到遊戲陣地裡，與軍團裡的人共同對抗敵人，在過程中，遊戲者每隔幾秒鐘會撿起地上的物資，有煙霧彈、槍砲、安全帽、防彈衣、急救包等，這稱為「食雞式」的補給。幾名不具名的受訪護士和社工告訴我們，這與運動過程彼此補給或現場投遞物資是很像的。

香港年輕的紀錄片導演廖潔雯，跟上前線記錄了此次運動，她的短片《手足》，某種程度說明了香港年輕世代的價值。在Be water、無大台、戴起口罩不識誰是誰的無臉孔抗爭裡，當夜晚他們要離開，前線的人會向巷弄裡頭探喊：「各位手足，我們要走了。前線還有沒有人？要走了，不然會落單。」

「手足」的說法在香港網路文化裡已多年，手足用來稱呼成員。在連登或Telegram的群組，成員們的「巴打」意為brother，「絲打」是sister，「巴絲打」是brother and sister。前線運動者如十八歲的鍾翰林，他的Telegram有個群組上寫著「十二巴絲打」，是他們最核心討論運動策略的十二人。

樸素的金屬框眼鏡與青澀的舉止，藏不了鍾翰林的青春，但眼神中的憂鬱和不疾不徐的言談又讓他顯得早熟。經過了香港這幾年的社會運動，他本來是一個喜歡在家中打電動看書的宅男，如今勤上前線。一百七十公分左右的他五十三公斤，不久前才在旺角被疑似挺政府的人士追打。在社運中活躍而小有名氣的他，早已是挺政府派的眼中釘。

鍾翰林拿出手機秀給我們看二〇一九年八月二十九日在網路上流傳的檔案，這份有如通緝名單的資料裡，鍾翰林的頭像與親人的詳細資訊全部大刺刺地被公開。這裡面，有些親人的資料，連鍾翰林都不知道，像是他父親與繼母結婚的時間，以及他遺忘很久的過去老家的電話。鍾翰林的隨身背包裡，是他深藍色的香港護照，隨時有買機票逃亡的心理狀態。談到上街衝撞可能付出的成本，他說：「我不想死、我不想被抓，但我已經有了準備。」

有如此深刻的體悟，是因為他在街頭上，找到了他想做的事。「什麼是真普選？對我們來說，只有香港獨立才有真普選。就算香港五十年不變，只要中共不喜歡我們，就會把我們辛苦爭取的民主收回來。」鍾翰林也在過去三年間從溫和派走向了勇武派，在運動中找到歸屬，「我們稱手足，指的是別人是我們的手腳，我們是很密的。」鍾翰林自己沒有兄弟姊妹，在他看來，「現在跟我出去運動的巴絲打，比我跟我跟家人親密。」

為了與巴絲打齊上齊落，和鍾翰林一樣進入運動中的年輕人睡眠很少。他們把自己的零用錢省下來坐不便宜的香港地鐵，有遊行示威的前一天，他們夜晚到處搜集物資。沒有示威的時候則要畫文宣圖、寫文章，如今則要幫助其他中學的關注組罷課，組織串聯，讓示威的力量更大。

反送中運動這幾個月來刺鼻的催淚瓦斯與警棍盾牌敲打的噪音，取代了暑假的蟬鳴聲與歡笑，多數受訪的學生對這場運動的結果並不樂觀，也不認為政府會讓步，他們都說自己好累了。

他們雖累但不倦，打起精神在連登和 Telegram 上彼此打氣。站上前線感覺挫折的人會天真地在連登上說，自己很小，還有很多事想做，其實想試試喝酒什麼感覺，想交女朋友；也有些巴絲打說有友伴想輕生，而後頭的巴打絲打們甚至會開玩笑留言「大不了我的胸給他摸」，還引來許多人按讚。

這種既青春又在短時間成為大人上前線的矛盾，並存在這次運動裡。他們稱自己「連登仔」，他們說「一個人都不能少」，大喊「香港人加油」。

儘管帶著面具，但有具體而清楚的「對手」和任務，讓這些手足們彼此照應。

「我的一位學生，全年都沒見過她笑，但她在街頭上跟隊友一起時，我見到她笑，」這位副校長觀察，原本學生在求學和生活裡沒有感覺到太多的希望，但當他們在街頭上的經歷後，跟其他人建立了很多人際的關係，找到平常沒有的東西。「以前是一個人，問題都是自己的，現在有人可以一起解決問題，甚至懂得負責，因為在前線就算掉個包都很可能害到別人讓警察找上，反而他們比以前更有責任感，」她說。

歷經城市巷戰洗禮的一代，已經不同

半年來的運動，中學生與大學生們彷彿一夕長大，老師、學校、家長與社會要怎麼面對這群生命體驗和智識都已不同的學生們呢？

由於香港主要中小學幾乎都受政府的資助與監督，有不少老師和校長表示，這次的壓力比佔中時候大很多，時間很長，對學生影響大，教育局出台的文件與信件，也不讓學生搞集會，不支持學生罷課。

黃英琦的想法是，這個夏天結束後，學校老師不可能天真地撇過頭去，更不可能輕鬆在開學上課時問：「你們夏天過得怎麼樣？」她說，學校勢必得更包容，讓學生可以有傾訴和被關心的空間，希望不同意見能彼此溝通，不要有欺凌。

黃英琦不去想未來是不是悲觀，但她看到香港年輕人從運動至今展現的多元面貌：「有創意一面，有激進的一面，有堅定的一面，很衝動的一面，和很國際化的一面。他們在二〇一九年六月與八月兩次登報，讓世界各國都關心香港，這完全不是聽人指使，不是被操縱。不單是我還有我的朋友們，都非常驚訝。但運動的暴力升級，警方大規模搜捕，難道這場運動不能有更好的結局？」

面對未來，不論抱持的是理智的悲觀主義或意志的樂觀主義，這一代都已不一樣。這樣長大的中學生，承受的衝擊比傘運時的學生更大，怎麼化解可能的傷痕？他們雖保有理想主義卻也目睹更多看得見與看不見的暴力和被濫用的權力，這一代成長的人，會建造出怎麼樣的香港？對這個城市有什麼想像？

走過這個充滿騷動的盛夏，不管香港社會怎麼回應這群走過煙幕與巷戰的年輕人，他們都不一樣了，這不再只是一兩位領袖的變化，而是一整個世代香港人的轉化。

走入遊行的「港漂」

參與運動承擔的恐懼，是你們無法想像的

楊不歡——文

時間：二〇一九年六月中旬
背景：六一二中信圍困事件、六一六兩百萬人遊行之後

二〇一七年，港府曾公布一組數字：從九七年香港移交至二〇一六年底，香港共有一百五十萬來自中國的新移民。這群人，有些人被稱呼為「港漂」，他們不知如何安放自己，是香港人？是中國人？有的人則稱自己是香港的新移民。這群人，在反送中運動裡也有角色。

二〇一九年六月，《報導者》採訪了參與示威的張子鴿（化名），以及首度冒險接受媒體採訪的唐列俠（化名），她是「一群在港大陸新移民反對《逃犯條例》修訂連署聲明」的發起人。唐列俠說，之所以發起連署，是基於無處安放的歸屬感。只是，其他人根本無法想像他們參與連署或反送中活動的成本，因為一旦被登記了身分，可能面臨從此流亡與家人隔絕的命運。

對港漂來說，這是一份怎麼樣如影隨形的恐懼？

時間拉回二〇一九年六月十二日中午，立法會原訂將二讀通過《逃犯條例》，張子鴿到達金鐘佔領現場，與兩位女伴會合。張子鴿會講帶口音的廣東話，兩個女伴則幾乎不會講，她們互相之間以普通話交流。張子鴿前一晚上考慮了很久，最終沒有穿黑色衣服，因為不想向外界明顯地強調自己是示威者，怕被盯上。

她們三個在示威區各處走走看看，主要留在安全的地方，中間遇到人群向後方傳話，索要物資，她們就模仿前面那些香港人的粵語發音，向外面大聲喊：「生理鹽水！」、「長遮！（長傘）」把信息向後面傳遞下去。

她們都是來香港讀書的中國學生（在香港語境稱內地生），然後留在這裡工作。幾天前的週日（二〇一九年六月九日），香港爆發規模罕見的大遊行，百萬人上街頭反對《逃犯條例》的修訂。而就在遊行即將結束的晚間十一時左右，特首林鄭月娥發表聲明，表示隔日立法會會議對條例的二讀會如期進行。於是六月十一日晚上，市民開始包圍立法會；十二日上午八時，人群將金鐘立法會一帶的前後幾條街道佔領了。

在集會現場，她們三個商量自己能夠做什麼。肯定當不了前線的防守者。於是她們決定做見證者，希望能夠記下現場發生的所有事情。

張子鴿說，父母送她來香港，本身是希望她來一個不需要看人臉色、沒有潛規則、有法制的體系下生活。「來香港的一刻起，他們就打算讓我拿永久居民身分證。為了拿永居，我也犧牲了很多的可能性：我也不能再出國讀書，而且我是做技術的人，回國機會更多。但我留在這裡，就是因為權衡之下，覺得法制和自由更重要。」

「所以我生活在這裡，是為了得到一張能讓我免於恐懼、有基本自由的身分證。這個身分對我來說很重要。而《逃犯條例》會把我七年來爭取的東西全部抹掉。我不能忍受，」

這是一種白色恐怖，張子鴿說。

香港帶來的民主自由課

張子鴿認為，她的政治價值觀是在香港形成的。十九歲那一年，學校老師給他們安排功課，她需要在YouTube上搜索影片，看了大量與六四相關的影像資料。這件事給她極大震撼：「如果他們能在這件事上騙我，他們在什麼事情上都可以騙我。」她上過佔中三子之一、香港中文大學社會學系副教授陳健民[1]的課，在校園的課程中，她建立了對民主、性別的基本概念。

張子鴿覺得自己是一個和平示威者，完全沒想過自己會被捕或者面臨威脅。

二〇一九年六月十二日那一天，衝突從下午三時左右開始，而置身其中的張子鴿一無所知。四時左右，張子鴿和她朋友被擠到了中信大廈前的和平示威區，走散了。那個地方在幾個小時之前，還是老人和小孩休息的地方。警方三面包抄，把人群擠成一個前胸貼後背的豆腐塊，據她目測，那個狹小空間可能有約千人左右。

人群高度緊張，無路可走，所有人都高舉雙手，表明自己沒有攻擊意圖。張子鴿覺得空氣混濁，難以呼吸，踩踏事件隨時會發生。她聽到民陣用喇叭向警方喊，我們這裡是已申請過的和平示威區，你們沒有權利清場；又告訴他們，這裡已經沒有退路無法動彈，希望不要再往前推進。

話音剛落，警方就往人群中發射了催淚彈。

所有人都在哭，叫，罵。張子鴿當時覺得自己會死在這裡。這時人群開始鬆動，有人跑了出去。她也開始跑，找到自己的同伴，一直跑進地鐵站。離開現場，她們相擁而泣。

後來她才知道，前方有記者大聲和警察交涉，才讓警方在添美道開了一個出口給示威者撤退。大約四、五天後，反應過來的網民們開始搜集這半個小時的影像資料，尋找警方以催淚彈左右包夾上千名市民的證據，並稱之為「中信圍困事件」。那可能是六一二全天最危險的一段。

曾經幫助她學會民主和自由的香港，如今把槍口指向她。會覺得失望嗎？

「政府讓我失望，但人民讓我驕傲。」

四天後的六月十六日，張子鴿和她的朋友再次走上街頭，融入兩百萬人的遊行人群中。除了要求政府撤回法例等，她也要求對警隊過分使用暴力的行為進行徹底調查。

《逃犯條例》引發的反對熱潮，前所未有地團結了香港所有派別的反建制力量，無論是被認為是「和理非非」(和平、理性、非暴力、非粗口)的傳統泛民、相對更新生代的自決派、被認為更加激進的港獨派，甚至是平素一些傾向支持建制的保守意見。網民戲稱這一次反對浪潮為「大和解」。

在這一片浪潮中，有一個聲音一度引起關注。二〇一九年六月一日，在民間大量的連署聲明中，一份「一群在港大陸新移民反對《逃犯條例》修訂連署聲明」引人注目。聲明表示，修訂《逃犯條例》將對香港「構成嚴重而不可逆轉的破壞」：

> 我們來自中國大陸，在大陸的生活經驗令我們明白，中國的司法體系完全服從於共產黨的利益，在黨權大於國法的基本事實下，我們不可能相信中國式法治。

1　陳健民因佔中案被判16個月。

第二天，香港《蘋果日報》用頭版全版報導了這一份聲明。

二〇一七年，港府曾公布一組數字，從九七移交至二〇一六年底，加上持單程證來港、持各類簽證來港的中國居民、以及雙非兒童，香港總共有近一百五十萬來自中國的新移民，而香港的總人口已有約七百五十萬。聲明發出不到兩週，就有近四百人簽名，而且與其他聲明不同的是，它有一個選項，可以讓人選擇只顯示自己的姓氏，發起人也幾乎完全隱身。

事實上，連署的發起人之一唐列俠（化名），已經來港十年左右。起初，會發起這份連署，完全是基於無處安放的歸屬感。

「大部分新移民來到香港，這裡自由的紅利，你不可能沒有感受到。我不信《逃犯條例》對新移民沒有觸動。不可能。」

唐列俠在網上看到不少連署，很多有以中學校友會為集合，令其感覺到「香港人在這些連署中找到了自己各種社區身分」：「這個形式本身挺動人的，這個人在各種社區中自發組織，發布意見，就像香港真實社會的折射，這個社會的各個有機部分都出來，看得出這是主流社會的大動員。」

主動掌握「新移民」身分詮釋權

但唐列俠馬上和其他新移民分享一種共同感受：在這個連署浪潮之中，自己簽不下任何一份連署。

「我所在的到底是哪個群體？我能以什麼身分表達自己的真實感受？這是最本能的反

應。」一開始唐列俠也是抱著看有沒有人發起一個新移民連署的心態，等了一陣發現沒有。「有點著急，這麼大的群體在這個社會裡沒有聲音。這個感受非常不好。」

於是，她與幾個朋友「鬆散地分工」，「超級不嚴肅地搞了出來」，搞出一份大陸新移民的連署。

在連署發布之後，那種「大和解」的氣氛也籠罩到新移民群體中。這一點與這幾年的運動都有所不同：事實上，二〇一四年雨傘運動爆發時，有一個叫「內地生撐香港」的臉書粉絲專頁，也有很多中國學生私下支持。但唐列俠記得，當時外界對此並沒有多少關注，更鮮有媒體報導。

「雨傘運動中大家瀰漫著一種『我們被你們中國人辜負了』的情緒，而到旺角事件的仇恨情緒更重。整個雨傘運動，包括後來二〇一六年的旺角魚蛋事件，仇中的氛圍都是很濃的。」

然而唐列俠沒想到，這一次，就在他們發布連署不久，各大媒體都出了報導。

過往難以避免的排外情緒，在這場運動中幾乎不存在。「《逃犯條例》是會讓香港的邊界消失的。當邊界消失時，說白了你們就是命運共同體。這時候搞區隔，還有啥意義？」唐列俠說。

這次連署所受關注，也讓唐列俠意識到這份簽名的效果：新移民出來反對就像一面鏡子，對於修例的反對更有說服力，而香港人也需要這種表達來驗證「今日大陸，明日香港」論述。

但即便如此，對於相對更傾向民主自由的新移民來說，在自如地表達觀點之前，依然面對著身分認同和恐懼兩個問題。

香港八大高校收錄中國學生已有多年歷史，根據香港大學教育資助委員會等近年統計，每年都有一萬餘名中國學生修讀各級資助課程。二〇一七至二〇一八學年，這個數字是約一萬兩千人；二〇一六至二〇一七學年，同樣有一萬兩千零三十七名學生來到香港。數字看似相差無幾，但對比十多年前的二〇〇三至二〇〇四學年，當時的數字是二千八百四十九人。

張子鴿的經歷是中國學生典型的一類，香港成了他們建立政治價值觀的窗口、甚至自由意識的啟蒙。然而這幾年，唐列俠接觸到不少新來港的學生，發現由於仇恨氣氛的濃厚，他們不再受到香港這方面的影響。「他們還沒來得及看到一個自由世界，先看到一個充滿歧視的世界，直接就把那扇門關上了，進入了一種『你們香港人了不起啊？』的狀態，沒什麼對話空間。再讓門重新打開，讓他們理解香港情緒背後的困境，就很困難了。」

唐列俠以前經常以敘述或文字的方式，面向新來港的學生講述香港故事，嘗試傳遞多一些理解。後來唐突然意識到，這雖然很重要，但依然是「自外於香港」的：「我仍然是以一個異鄉人的視角，作為一個舊的來人告訴新來人這裡是如何的。」

「我現在覺得，我憑什麼？這就是我的香港啊。我的行動就是香港的行動。我就可以定義這座城市，我就是這個城市的一分子，我才不管別人怎麼定義呢。」而發起連署就是在這個脈絡下作出的決定。

在起草時，幾個朋友陷入了討論：我們這個身分到底叫啥？內地生？港漂？這已經讓人討論半天。「一開始說『在港新移民』時，大部分人是不喜歡的，」唐列俠說，「因為新移民這個詞的刻板印象很重。」但後來覺得，無論選哪個名字，都「太閃躲了」。

「新移民確實是這群人的最大公約數，」唐列俠說，「這個身分本身是中性的。過去不論是它被建制派試圖拉攏到官方那邊去、還是被本土派試圖汙名化，這是一個客觀的身分。你可以為這個身分重新定義。」

當聲明發出來之後，唐列俠覺得這是最好的選擇：「大家能堂堂正正用回這個詞，是最好的感受。」

然而，哪怕解決了身分認同的問題，新移民的發聲成本之高，恐怕是土生土長的香港人根本無法想像的。

恐懼，限制了表達

連署發布後，有朋友給唐列俠留言，說心中很支持，但因為恐懼而不敢簽；有的人說想了一晚上才簽上了自己姓，並千叮萬囑希望保護好自己的身分。唐列俠說，內地來港的青年如果要表達自己或者參與運動，承擔那種恐懼成本，「比起香港人來說，大得不是一點半點，是非常、非常、非常大。」

對她來說，倘若參與什麼活動，被登記了身分，可能面臨從此流亡與家人隔絕的命運，這是無法承受的。「一旦有這條邊界在，這種恐懼感是如影隨形的。我也會走到運動現場，但我根本無法走到最前。」

而這種恐懼，近幾年的增長非常真實。那些剛來一、兩年的年輕人恐懼感更大，這讓唐列俠感到意外：「去維園六四活動會擔心（空中）無人機會有人臉識別，去合法集會都要戴口罩……」這種恐懼感在這幾年的增長非常真實，唐認為也與中國大陸的政治氣候有關。

「六月九日百萬人遊行我聽到了好多普通話，這種和平的方式讓他們感覺比較安全吧；十二日那天，我有年輕的朋友去了，第一顆催淚彈在他身邊幾百米處爆炸，就坐地鐵回家了，一路都在哭。能怎麼辦呢。」

唐列俠認為，恐懼是限制新移民表達自己的最大原因之一。

中國新移民的政治取態如何，不同的論述、研究，一向爭議較大。二〇一六年，香港政治學者馬嶽等曾發表論文，表示超過六成本地出生的人都傾向投票給泛民主派，但中國移民投票給泛民的比例則只有百分之四十一。不過這引發不少爭議，有學者質疑相關調查的結論只是為了證明自己的觀點，因為對數據不同的排列和解讀能得出不同結果。例如中大新聞與傳播學院教授李立峯就將同一組調查數字重新排列後，指出更顯著的結論是有高達百分之三二．八的新移民投票時「不確定」會選擇建制還是泛民；而中大社會學系教授蔡玉萍就批評結論「危言聳聽」，因為論文最後其實有另一重要發現：「後九七」的移民，並不比本地出生人士更加不支持泛民，但不知是基於立場或其他原因，對於這一發現，作者並未作過多說明，只是輕輕帶過。

而這一次《逃犯條例》的修訂，連不少政治上可能傾向保守的中國年輕人，也同樣選擇反對。

「這種政治活動我不會參與，」來港讀書、工作已八年的賀齊（化名）表示，他沒有去二〇一九年六月九日的合法遊行，更不可能去六月十二日的非法集會，但他「內心有桿秤」。

賀齊稱自己為「中間派」。他表示自己反對雨傘運動，支持八三一政改決定。他認為，雨傘運動是「為了一個不可能達到的目的犧牲法制，是非常愚蠢的行為」，影響到中共的底線。在五年前的雨傘運動期間，他表示，自己為了打擊本土派，會投票給周浩鼎[2]。

但《逃犯條例》不一樣。

他相信，《逃犯條例》修法的通過，對他個人會有影響：「即便有些東西我觸碰不到，但這個條例會增加我潛在觸碰到某些東西的風險。我不去觸碰不代表它對我沒有影響。即便我不去觸碰紅線，但紅線已經畫出來了。」

儘管他沒有參與二〇一九年六月九日的百萬人大遊行，但他覺得整個遊行很好，某些地方甚至讓他覺得感動。而至於六月十二日的集會乃至發生的衝突，他則覺得警方的行為沒有任何問題。

他用普通話講出了一句粵語俗語「食得鹹魚抵得渴」[3]。「警方針對違法的示威集會有必要採取行動，他們採取行動的尺度，你作為示威人士沒有資格評論，」他說，「你既然要以破壞法治為代價去做你相信的事，就要承受這個代價，這個代價不是由你來決定的。你又想做婊子、又想立牌坊，不可能的事。」

《逃犯條例》修法一度改變他的投票意向。看到建制派的自由黨出來表達態度之前，他會覺得需要保證反對派的議席，投給反對派。而如今見到自由黨的田北辰「還能出來說幾句話」，他覺得建制派還是可以考慮一下。

在變與不變之後

二〇一九年六月十六日，反送中運動的遊行規模更大了，兩百萬人上街後，林鄭月娥向市民道歉，並表示政府已停止立法會大會對修訂《逃犯條例》的工作，並無重啟程序的時間表。不過，當時的聲明中依然沒有撤回字樣。

張子鴿說，她未來會在生活中繼續做三件事情，首先是抵制建制餐廳和品牌，她最近

2　香港立法會議員、民建聯副主席。周浩鼎認為香港本土主義不應與分離想法扯在一起，也認為一國兩制到2047年也能延續。

3　意指想要得到某物則需承擔其負面影響，近似於「欲戴王冠，必承其重」。

不會再去大的連鎖商店消費。第二件事是，她想通過更多交流，「例如派傳單」，來把理念傳達給同溫層以外的人。第三件事是，她想做紀錄。她想用鏡頭和筆去記錄更多的東西。

賀齊依舊不會參與香港的政治運動，他說原因是「我不期望通過我個人去改變、或者達到什麼目的，但會以第三者的角度去看這個社會的發展，根據它發展的方向，來判斷自己該怎麼應對。」

而如果修例通過，他可能會考慮離開香港。

在兩百萬人上街頭後，唐列俠再回望那份連署，愈加覺得「新移民」這個詞，選對了。「我覺得這個身分是一個政治身分，不能迴避與否認，不能假裝不存在，它就在這裡而且被各種人騎劫、定義，它代表著我們在這個城市的政治身分，不管我們本人願不願意。」

「我不喜歡被叫成新移民、香港人，我認為自己是個自由人。但是這就是社會看待你的政治身分，而這個身分有你也有很多其他的人，當你要去為它正名的時候，其實不只是為了你自己。」

當暴力無限循環，中大、理大的年輕勇武者在守什麼？

雨文——文
劉貳龍、雨文——攝

時間：二〇一九年十一月中下旬
背景：香港中文大學警民衝突、香港理工大學圍城衝突

當你真正站在那裡的一刻，你才知道有多恐怖、多孤立無援。剛到中大二號橋，就聽到砰砰砰催淚彈的聲音，每一秒都有催淚彈射過來。只看到橋上警方發出的大量白光燈和無數催淚彈以及濃重的催淚煙，其餘什麼也看不到。

我原本在中排，隨著前線不斷中彈倒下，自然就成了前線。而我左右兩邊卻不斷有人頭部中彈，一個個中彈倒下，後面人再上來填補他們的位置。然後我發現手上的盾穿了個洞，這時才知道自己手臂中彈。

但是看著自己身後只是群女孩和年紀小過自己的手足，心想如果我們這道防線被突破的話，他們根本抵擋不住，那麼全部人都要

被捕、被控暴動罪坐監。所有進去中大的人都抱著攬炒（粵語，形容同歸於盡、玉石俱焚）的決心。

二〇一九年十一月十二日，化名吳天使的十八歲「衝衝子」（勇武衝擊的抗爭者）趕赴中大現場，站在歷經激烈如同戰役的現場，他娓娓道來彼時心情。

二〇一九年十一月十一日，香港網民發起「黎明行動」與「大三罷（罷工、罷市、罷學）」。那天是星期一，除了試圖癱瘓交通，呼籲市民參與三罷，包括香港中文大學等校在內的八大院校也響應罷課行動。當日，警方指有人在中大二號橋上，向下面吐露港公路投擲雜物影響南北行交通，需採取拘捕行動，終釀成歷時十五小時、警方發射逾兩千發催淚彈、布袋彈、橡膠子彈及海綿彈等各式子彈，更出動水砲車的「二號橋之役」。

身為大專生的吳天使，得知防暴警準備攻入中大後，他即時帶著裝備（頭盔、眼罩、豬嘴、游水浮板組成的盾等）到中大，準備做他一直在前線負責設置路障和滅煙（弄熄催淚煙）的工作。但一到中大，他發現那裡根本就是戰場，當一排排抗爭者中彈倒下後，他就和其他最前排的人，用木板、桌子等一切能找到的用品來抵擋防暴警察。同時掩護身後包括愛米（化名）在內的「火魔法師」（抗爭者對投擲汽油彈者的稱號），讓他們有足夠時間向防暴方向投擲汽油彈，以火陣阻止對方進攻。

回想當日情況，他說：

中大這場仗雖然贏了，但太多人受傷，對這場運動暫時沒有實質改變，預計接下來只會有更多人受傷。你不知道要面對多少次這種恐懼，但你不可以不直面面對這恐懼，否則只會有更多人感到更加恐懼，而令到香港變得沉寂下來，不會再有人出來發聲。我相信這麼多人肯聚在一起，就是相信大家的力量一定可以表達出來，令到有些東西可以改變，令到香港變得更加好。

基於這種信念，他旋即又投入下一個主戰場，香港理工大學。十一月十七日，警方將警力轉向理工大學。吳天使一邊防哨，一邊為另一場激戰作準備。截稿之前，記者無法聯絡上吳天使。只見一群守在理大的示威者，仍在與警方激烈作戰，甚至發出致全港市民絕筆。

告別「港豬」成爲「勇武派」

吳天使與許多港人一樣，在反送中運動開始初期，他並不關心，是一名典型的「港豬」（政治冷漠者），「我只覺得你們怎麼搞是你們的事，搞不到我就行了，對我們沒影響。」但是隨著運動的推展，對反送中的瞭解加深，吳天使發現個人的自由、權益都會受到影響，開始對運動多了一層關注。兩百萬人遊行，他有參與，但對於要為參與運動負上法律責任，仍有很大顧忌，「擔心被控暴動罪，擔心要坐監，擔心自己的前途。」

直至八三一太子站事件[1]發生，徹底改變他。當天防暴警察衝入港鐵太子站，無差別襲擊地鐵站裡的示威者、市民。有人被打至卧地失去知覺。當晚，吳天使因早兩班車走而逃過一劫，「八三一是七二一[2]的加重版，施暴者由黑幫轉為警方。你說警方是否失控？我認為是。當警方失去保護市民的能力和責任後，作為有能力的市民為何不起來自己保衛自己呢？我站出來是為了家人、朋友。雖然他們不理解示威者，但我站出來能保護到他們就無所謂了。」

八三一後，雖吳天使然由和理非轉為前線，但他嚴守不傷害任何人的原則。每次示威遊行，他負責挖磚、設置路障和滅煙工作，「我們不是想破壞什麼，也不想傷害任何人，加上對政府仍有一絲期待。我們所做的只是想保護去遊行的人可以安全撤退，或讓他們安全地走到政府面前告訴它人民的不滿和訴求。」

不過，隨著八三一太子站事件發生後，坊間開始出現被跳樓、被浮屍傳聞，以及發現多宗同類個案，社會極度不安。保安局長李家超當時回應議員查詢時表示，二〇一九年六月至九月共有二百五十六宗自殺個案，較前一年度同期增加三十四宗。此外，發現屍體、送院前或送院時死亡個案則有二千五百六十七件，較前一年度同期增長三百一十一宗。政府只給出一雙數據，對事件卻不聞不問，這種態度，讓吳天使對政府的最後一絲期望也幻滅了。

反送中運動自二〇一九年六月爆發以來，香港人的抗爭口號最初是和平遊行時吶喊的「香港人，加油！」到政府十月四日強硬推出《禁止蒙面規例》後，口號更替為「香港人，反抗！」再到十一月四日，大學生周梓樂在防暴警察鎮壓示威活動的現場，無故跌下停車

1 太子站襲擊事件，又俗稱為太子831事件。2019年8月31日發生在香港九龍旺角太子站的嚴重衝突事件。最初兩批政見不同的乘客口角及動武，之後多名防暴警員及速龍小隊（特別戰術小隊）衝入太子站往中環的月台及列車，發生嚴重警暴，引發社會譁然。由於港鐵第一時間宣布列車停駛且未公布監視錄影器，導致有市民開始罷搭港鐵。

2 2019年7月21日晚間，元朗有大批白衣人士在西鐵線元朗站，毆打在場的黑衣市民與採訪記者，總共持續數小時，有45人受傷送醫。但警方遲未現身，引發警黑合作質疑。

場於八日不幸身亡後，港人再發出「香港人，報仇！」的怒吼。

我們與吳天使見面當天，正是理工大學持續圍城時刻，路過理大的市民，有許多中年人、老年人，主動在馬路上向橋上的學生表示關注和支持，並要他們小心自身安全。

七十多歲的許先生，特地由土瓜灣住所來到現場，為的就是要親身向學生表達支持。他七〇年代由大陸移居香港。未移居前，他在大陸經歷過連串政治運動，親眼看到中共在土地改革時，如何運用人民鬥人民的方法，使到雙方互相殘忍廝殺，「我那時很小，親眼看著那些人就在我面前被活活打死。好殘忍，好殘忍。」因此他對港警濫暴，感到特別氣憤，「這些學生毫無寸鐵，為什麼要這樣對待他們，抓到就算了，還不停打他們的頭、頸，這麼打是往死裡打，和大陸武警手法一樣。」與許多理解、支持運動的同代人一樣，許先生指出，學生並沒有犯錯，要停止暴力，政府必須是主動停止的一方。

反送中運動以來，政府和警方不斷強調要「止暴制亂」，但結果卻是「以武製暴」，以警方的暴力鎮壓激發與製造出示威者的激烈反抗。中大、理大之役更是最佳例證。

按照港警半年來的行為模式，示威者早已預見到，警方一旦衝入校園，就會全面抓人和發射催淚彈等。吳天使說：

當我們中了水砲車後，整個校園你只聽到一片哀嚎聲。我們不想這麼多手無寸鐵的人受傷，可以怎麼做，唯有用武力反抗。

因為警察開啟了暴力的尖端，他們已停不下來，所以示威者也不會停下來，因為示威者已不再相信和平的示威活動可以爭取到什麼，所以無限地陷入暴力的循環。但政府完全不想讓步，不思考如何令暴力終結，相反只要求示威者停止暴力、停止自衛。如果我們真的停止用汽油彈，放下身上所有裝備，手無寸鐵地停下來，搞一場大遊行，那時政府會否回應我們的訴求？我覺得不會，所以才不可以放棄武裝。

面對這個惡性循環，特首林鄭月娥每次回應事件，只強調要「止暴制亂」，卻任由警方暴力持續上升。不少前線示威者受訪時表示，作為示威者，並沒有能力解決暴力循環，他們認為，政府若能成立獨立調查委員會，調查警方濫暴，會有一半的示威者會回歸到和平示威。

根據香港民意研究所在二〇一九年十一月中旬民調結果顯示，隨著社會暴力不斷升級，約百分之八十三的受訪者認為政府要負最大責任，百分之七十三認為警方需負上「幾大」及「好大」責任，但也有約百分之四十受訪者認為示威者也要負同等程度的責任。香港民研分析，警方以「止暴制亂」作為行動說詞早已失效，警方是「以暴製亂」。

「只要警方停止用武力，我們就不會使用武力。我們都想終結這種暴力循環。我們只是群普通人，大家都想過回普通的正常生活，」吳天使說。

暴力面前，抗爭者對生死感到麻木

隨著個人行動升級，前線示威者每回出去都面臨著被捕、被施暴的危險，他們怎麼看待坐牢與生死的問題？把這個問題拿來問吳天使，他說，自己一直在反思個人與這場運動之間的關係。

我會不斷問自己，我們在爭取的是什麼？所謂爭取民主、自由時，需要付出怎樣的代價，想清楚沒有？我已想清楚。為了爭取想要的可以去到哪個地步，可以犧牲些什麼。八三一後，我已做好被捕的準備。到十月一日，一直傳解放軍入城，我們可能會死，但自己仍然選擇上前線。

你說暴動、坐監，我相信我今天所爭取的得益高過我代價的成本，是賺到了。我今天坐監和我所爭取的自由，只是打了個和，不賺不失。但有許多人不用坐監卻可賺到自由，很值得；不一定自己得到（自由），更重要的是更多的手足可以成功，可以得到自由，這對我來講是賺了，所以也就不會再感到害怕了。

運動進入十月之後，隨著警暴幾何級數上升，反而令吳天使對生死有些麻木，「因為每天都走在生和死之間，反而看淡了生死。來到前線這個地步，生與死已沒有留戀了，已做好最壞打算和家裡人道別，朋友見過幾次面已很足夠了，已準備好下一秒就被捕或死亡。」

反送中運動開始以來，有前線手足表示已寫好遺書。吳天使卻不願這麼做，「不想有牽掛，想淡淡地來，淡淡地走，不用看得太重。要和家人講的都講了，接下來做更多的回報他們。我現在的行動就是留給大家、留給明天最好的禮物。」

半年前，沒人想過被認為是港孩、公主病、少爺病的香港年輕一代，竟然在一夜間成長，並帶領整個社會走上香港史上規模最大、最激烈的民主運動。在這條不歸路上，前線已成為自我犧牲的代名詞。剛過十六歲的愛米便是其中一人，雖然她的身形消瘦、矮小，行動上卻不輸給任何一個男孩。

早在雨傘運動時，仍是小學生的愛米就跟隨哥哥到金鐘政府總部遊行，更在公民廣場睡過兩晚。反送中運動以來，她屬於第一批參與其中的人。「六月時感覺應該要出來，是因為銅鑼灣事件[3]。一個人可以無端從香港消失，然後出現在大陸，很匪夷所思。我開始擔心，香港會否也變得像大陸一樣，無法再自由地表達自己的政治訴求呢。於是開始做文宣，叫朋友走出來。」

愛米愈走愈前，起初是開始協助滅煙。七一佔領立法會當天，她與一眾示威者衝擊立法會大樓。想起當時情景，她覺得有些好笑也有點令人生氣：「我是其中一個負責撞玻璃的。在撞時，後面的人說我們撞那麼久都撞不進去。我心想，你來試下，這都是什麼樣的玻璃。我一個女孩在前面撞，你們整班男人在後面。」

我們上街頭，是爲了明天

當他們成功進入立法會大樓，並進入議事廳後，現場氣氛開始變得緊張。早已佈防在外的警方發出最後通牒，要在午夜十二時進入立法會進行清場行動。隨著最後時限逼近，愛米想到的不是自己會否被捕，「我所想的是，如果大家要留守，我就陪大家一起留守。如果大家要走的話，我一定會是最後一個走，不能留下任何一個手足。」這一天的行動，也成了反送中運動的分水嶺，許多和理非走向了前線。

八三一太子站事件，警察由執法者變成濫暴者，讓許多港人失去信心。當晚在現場的愛米，也恰好逃過警方鎮壓。「當晚我在現場，突然聽到有手足大叫防暴來了，叫大家快走。我即刻往站外逃，好在後面的手足幫我們擋住，所以才幸運地逃得出來，但他們卻被

3　銅鑼灣書店股東與員工失蹤事件。2015年10月至12月期間，香港「銅鑼灣書店」店長、股東、經營者、業務經理等5人陸續失蹤，後證實身處中國並受當局控制。2016年店長林榮基返港後召開記者會說明「被失蹤」過程，2019年出境香港流亡到台灣。

捕了。自己覺得很內疚，當時應該留下來陪他們到最後一刻，不應該自己先走而令他們被防暴打得那麼厲害。」

太子站事件隔日，愛米和其他示威者回到現場，並包圍旺角警署，最後更被捕。警方把她們抓到羈留室後，仍瘋狂地向她們的臉部噴胡椒水。愛米的一名朋友則被關到新屋嶺，長達十日。她雙腿雖被打得全腫，但警察拒絕讓她入院接受治療。反而在扣押期間，把她和其他大約十名被捕人士關在一個房間裡後，向他們發射了兩顆催淚彈。

面對警暴，愛米在被捕前也曾擔心過。到被捕後保釋出來，她曾有一段時間失眠，「擔心自己會否坐監。但後來想想，自己把自己收起來做港豬也沒用，倒不如繼續出來，能幫多少就幫多少。」就算官司纏身，處於保釋期的愛米，仍選擇再向前走一步，成為「火魔法師」。像在中大、理大戰役裡，與防暴警察對峙時，她就是在吳天使一群抗爭者掩護下，向警方投擲汽油彈，來牽制對方的進攻，「反正也是死，不如豁出去了，沒有包袱，家裡人都藍得發紅。」

反送中運動爆發以來，前線抗爭者陸續被捕，只有十六歲、同為中學生的愛米，面對新加入的中學生手足，儼然一名老前輩，「現在有許多中學生走出來，有新血是好，他們有許多東西不懂，要教他們。像現在封橋，他們封得那麼近，到時要走時不知能否走得及。不過不要緊了，我一開始也是有很多東西不懂。如果沒有他們，這場運動根本無法繼續下去。他們肯出來已經很好了，」她對於自己的生命可以看得淡，但對於抗爭者之間的包容和信任卻很珍惜。

對於愛米這一代香港年輕人來講，他們放棄了以往喝珍珠奶茶，吃港女甜品，和朋友一起打扮、逛街的生活。他們甚至放棄了對自己未來的想像和自己的生命。但是青春的他們卻對於下一代有責任感。

吳天使指出，這場運動雖然促使相當一部分香港人覺醒，但更重要是，要想辦法讓令下一代年輕人同樣能夠保留住這種覺醒，「我們這一代的教育沒有被愛國愛黨教育污染。但下一代會較困難，因為目前的教育滲透得很厲害，由幼稚園開始就教要愛國愛黨。這會令香港重要的核心價值，如自由、民主和人權等觀念迅速消失，這個情況令人很擔憂。所以我們這一代人才走出來，才這麼努力地要創造機會給下一代，否則將他們的機會更會微乎其微。」

從接管食堂、校巴到校內設備管理

記錄香港中大校園七十二小時的獨立自治

李雪莉——文　劉貳龍——攝

時間：二〇一九年十一月十五日
背景：香港中文大學警民衝突

二〇一九年十一月十一日，香港反送中運動衝突延燒至大學校園，其中以香港中文大學最為激烈，現場畫面引發全球媒體譁然。中大於十三日下午宣佈提前結束學期，不少中國學生、外國與台灣學生撤退。事發後七十二小時內，中大校園裡起了變化，警方暫時撤離後，示威者與學生在校園練兵備戰，入口處需身分檢查，學生們儲糧造飯，這裡像一個自治的王國，也成為港府口中的「兵工廠」。

《報導者》採訪到在中文大學裡工作十年以上的資深行政人員，她是中國到香港落地生活多年的「港漂」，有香港居住證，認同香港的價值。自港警與學生衝突開始後，她就未曾離校；做為行政人員，她曾幫助心生恐懼的中國學生撤離，也目睹中國教授舉家前往深圳，

知道有教授正思考離開學校、離開這座城市；但她也理解運動者的訴求，她同情學生和眾多黃絲蒙面者在學校接管食堂和學校，以此為基地練習，做為未來與警方戰鬥的準備。

透過她零距離的觀察，我們可以看到這個孤島裡的群像，以及運動快速演化的過程。七十二小時內，有的學生決定離開，有人仍留下守候，仍守著Be water的策略。不論留或守，佔領校園成為一個轉捩點。經歷這次的運動，對九七前後出生的年輕世代影響是什麼。

（以下為受訪者自述）

在中大二號橋那裡，學生設立了一個像海關一樣的入口，一個「CU入境」的牌（CU是中文大學Chinese University的縮寫）。雖然中大校園大，至少有五個出入口，其中三個是可以走車的，兩個是走人的，目前出入口全數被封。從十三日開始，想要進到中大校園，學生們會在這個關口請大家出示證件，證明你是職員、學生，並打開包檢查，怕有警察混進來。

這幾天，校內服務設施也被管理，除了教學樓和實驗室還沒被管理，其它包括食堂和車輛都由學生和黑衣人管理。這兩天大學關門（學期提前結束），食堂員工不來上班了，但我今天看到食堂重新開張，進去才發現學生把食堂接管了，他們拿食堂裡的設施和材料在燒飯。

被掌管的還有學校服務的車輛。十三日早上七點多，我到校園裡，看到校內大巴上的司機和車上乘客都是黑衣蒙面人，不只校巴他們在開，還有校內負責治安的保安組車輛，以及物業管理處的大型垃圾車都是學生開；這些車輛裝載能力很強，他們運人到前線去，運輸傷員，運送物資，連體育場裡清潔草坪的車也被他們開動了，真是人才。學生在這裡展現各種手藝，有燒飯有砌牆有開車的。

這裡已是自成體系的獨立王國。

我自己觀察，這次中大事件，有人外傳警方要控制碧秋樓，透過中大的網路中心監控香港的互聯網內容[1]，沒人能否定這可能，但我覺得碧秋樓不可能是警方的目標，最關鍵的還是十一日開始在中大旁二號橋所引發的衝突，讓衝突如滾雪球一樣愈滾愈大。

校方的態度目前處於束手無策，保安組的同事人還在校園，辦公室就在校門旁，但做不了什麼事，是一個寬容又無奈的狀態。如今出現了情況是，撤離的警察不再進攻，也不搶二號橋，使得原本學生在東鐵線上還有高速公路上所設下的路障還在，新界北部很多交通癱瘓。

中大佔地面積大，這大概是全香港最易守難攻的基地，如今成為反對派的大本營，有人源源不斷帶資源進來，而黑衣人和學生透過中大在練習。

練習什麼呢？大家在中大的大操場上，練習扔擲燃燒瓶，扔燃燒瓶需要訓練，需要技術以免傷到自己或同夥，他們在操場上，用一瓶瓶礦泉水在扔擲，兩人一組面對面，相隔幾十米；這個訓練也只有香港中大有空間。他們利用警察不清場的現況慢慢利用校園。

此外，他們在校園內製造大規模的燃燒瓶，燃燒瓶不難製造，他們找玻璃瓶，裡面灌上燃燒物，然後在瓶口插一個布條就完成了。以往可能在民宅或工廈裡製造和儲存，那是很小的規模。現在不停地組裝，外面送進材料，在校園露天空地上成片地組裝，大家不忌諱，只要不被拍照就行。

學生原來的行動是要在週一（二〇一九年十一月十一日）凌晨癱瘓交通，造成被罷工的事實，希望有更多人參與運動，給政府更大的壓力。在Telegram上一開始的群組名是

「11．11開花．黎明行動」，第二天改為「11．12開花．破曉行動」，第三天「11．13開花．晨曦行動」，第四天「11．14開花．曙光行動」。大家在增援保護中大，有中大校友，也有市民，現在留守的不只是學生，也有外頭增援的黑衣人。

我覺得中大二號橋事件後，對運動有很大的改變。過去五個月反修例運動，示威者是跟警方打游擊戰，十一月十二日和十三日後，又變成陣地戰了，陣地戰是最消耗資源的，大家要吃、要喝、要各種補給。其實持久戰對學生們是不利的。

中大事件，是反送中運動的縮影

中大被佔據後，有些中國學生嚇到不敢一個人在外面走，急著想離開校園，剛好在中大拜訪的美國人也擔心有進一步的狀況想離開。現在台生、中國學生、外國學生多半提早離開了。

雖然現在有很多不方便，像我沒有任何交通工具可以來回學校，現在也沒什麼taxi願意搭載人到中大。過去五個月，我關注也參與運動，我瞭解運動者的想法，我在學校待著，倒不害怕。即使我說著普通話，黑衣人還是很友善。我遇到一位女生黑衣人，她說衝突發生時，她正在上班，她看直播就哭了，心急如焚。她和她的同事是黃絲（支持反送中運動者），於是支持她罷工來增援。

我一直沒有離開中大，而是零距離觀察這場運動，看到不同人的想法，有嚇到面容失色的學生，看到來自中國的教授已舉家離開，也看到義無反顧進來支援的年輕人。

這次在八日死亡的港科大學生周梓樂，應是引爆情緒的點，太多學生犧牲；但現在的

1　香港國際互聯網交換中心，Hong Kong Internet eXchange，HKIX，由香港中文大學資訊科技服務處負責，HKIX的總部設於中大的碧秋樓，香港主要的網際網路訊息交換，都在這進行傳輸。

情緒又移轉了，憤怒的學生和市民認為警察怎麼可以進攻中大？怎麼可以進到理工大學和城市大學？其中又以中大最為慘烈。二號橋這裡，警方從十一日凌晨駐紮到十三日凌晨，整整四十八小時。

我覺得目前情況有點難解，在段（崇智）校長與警察談判，以及他再回來跟學生對話的過程我全程在場，我聽了十分鐘就完全明白，十一月十二日中大事件的邏輯，跟過去五個月港府和示威者間徹底不同的思維和邏輯是一樣的，是整場運動的一個縮影：警方和政府談的是接下來怎麼辦，但學生在談的是之前被警察打傷的手足、被捕的手足怎麼辦？在談以前的帳必須要算。[2]

就像學生在六月十二日以流血的代價，換來了政府在六月十五日宣布暫緩《逃犯條例》的修例，政府想以暫緩修例來平息事件，但抗爭者在乎的是六一二受的傷、以及手足將要面臨的檢控、和十年的牢獄之災，政府要怎麼算？所以十二日在中大突然發生的事件是無解的，邏輯是一樣的，不把舊帳算清楚，不可能談下一步，更不可能就此和解並肩前行，怎麼談判都難談。

中大如今是個孤島，在香港這個孤島裡的孤島。而且進一步造成市民的撕裂，因為新界交通大動脈的受阻，影響太多人的正常生活。示威者的確造成罷課和罷工的效果，但對政府來說，就是剛好積累市民對學生的仇恨。

今天（二〇一九年十一月十五日）有部分學生要撤離，但裡面有不同聲音。校方呼籲撤，但不強制[3]，校內設備仍由留校學生管理；他們內部有分歧，有些人不滿中大校方的言論而離開，有些因為覺得人少守不住所以想走，有些則會留下來。現時中大校園內，按目測大約有二百人。

撤與不撤，如今是中大學生會說了算，還是由校外進來的人決定呢？而現在不只是中大，其它學校包括香港大學、理工大學、浸會大學學生也以校園為基地在那裡砌牆防守，不讓警察進學校抓人。

沒有人知道新學期正式開始時，能否順利開學。

這種困局下怎麼辦？這五個月來，我看到每個人都在自己的孤島裡，特首林鄭沒有能力處理，又無法下台，她是自己的孤島；港府在推責任，北京也在推，政治問題無法政治解決的情況下，壓力集中在第一線的警員身上，他們失控也孤立。

五個月來的運動，當年輕人對政府和警察有了生了根的仇恨，這是今生今世都很難化解的仇共和恐共情結。跟他們反共但不反中的父輩不同，這是一批龐大反共又反中的群體，中共失去了一代甚至兩代香港人的認同。

眼前，港府、大學生、抗爭者，都持續在自己的孤島，準備下一次的反擊。

2 運動過程中，因警方執法過當、港府不肯對話，示威者訴求從「撤回修例」漸漸擴增為五大訴求，不追究反送中抗爭者只是其中之一：

1.徹底撤回《逃犯條例》修例。

2.撤回612遊行暴動定義。

3.承諾必不追究反送中抗爭者。

4.成立獨立調查委員會，徹查警方濫權濫暴（包括612暴力清場、721警黑合流、811血腥鎮壓）。

5.全面落實雙真普選。

3 2019年11月15日下午3時左右，中大校長段崇智發表公開信，指「我在此要求所有外來人士即時離開中大，（中略）假如大學不能繼續履行其基本使命及任務，我們須尋求相關政府部門協助，以解除當前的危機。」

反抗者何韻詩

有些事情逼到身邊，由不得你不去發聲

楊不歡——文　陳朗熹——攝

時間：二〇一九年七月中旬
背景：何韻詩赴聯合國人權理事會發聲後

何韻詩，香港唱作人，出櫃的女同志，活躍的社會運動人士。二〇一九年七月八日，她作為來自香港的代表，在聯合國人權理事會（UNHRC）會議上發表九十秒演說，說明香港反送中運動情況。為什麼那九十秒很重要？「當時香港人經歷了差不多一個月的抗爭，那一刻也去到了一個小小的瓶頸，有很多人覺得很氣餒，絕望，為什麼我們做很多事情政府還是無動於衷？對我來說，那個發言其中一個很重要的目標，是將一些希望帶給香港人。」

為了這九十秒，從香港到瑞士日內瓦，需要坐大約十九小時的飛機，中間經停蘇黎世。那是四十二歲的何韻詩第一次造訪日內瓦，第一次拜訪聯合國。何韻詩曾去過香港的立法會，作為LGBT代表發

言。對比那一次經歷，她覺得香港會場的氣氛更加緊張，相比起來，聯合國的整個建築和氛圍更敞亮，沒那麼有壓迫感。

聯合國人權理事會的會議中，每年會有兩至三次這樣的環節，在各個國家的代表就本國人權情況發言之後，會留一點時間給各個NGO發言，陳述不同議題，這一次其中一個有發言機會的NGO是「聯合國觀察」(UN Watch)。NGO發言的時間非常有限。

「其實每一個NGO都只有九十秒，他們自己也在關注很多議題，」何韻詩說。

「他們把他們的那九十秒都給了我。」

「聯合國觀察」是從二〇一九的另一個論壇「奧斯陸自由論壇」(Oslo Freedom Forum)裡認識何韻詩的。奧斯陸論壇是由美國人權基金會創辦，在挪威舉辦的人權論壇，參與者包括全球的政治家、良心犯、民主活動人士等。二〇一九年五月二十七日，何韻詩在這個論壇發表十二分鐘的演講。彼時，她演講的主題還是五年前的雨傘運動，配合大屏幕上五年前的照片，她講了雨傘運動的緣起、發展、收場，以及自己參與這場政治運動、失去中國市場後重新獲得的生命感受。

就在何韻詩從挪威回香港後不到半個月，因為反對港府《逃犯條例》修訂的草案，一場更大的運動爆發了。

二〇一九年六月九日，香港一百萬人上街遊行，反對修例；六月十二日，數萬人包圍立法會，阻止草案的二讀；六月十六日，兩百萬人參加遊行，除了要求撤回條例之外，還增加了追究警方此前濫權等議題。就在一片喧囂中，何韻詩接到了「聯合國觀察」的邀請。

她有半個月的時間去準備這九十秒。

第一重準備，是要理解這個發言到底是什麼。「我要去理解這個聯合國的顧問到底是什麼角色，我去之後是在跟什麼人對話？他們能做什麼？」何韻詩理解，她那九十秒，是要講給與會的國際的代表聽。「每個環節都有一個主題，而我發言的這個環節主題正是在講民主和人權，講的是，在座的國家都要遵守《維也納宣言和行動綱領》（一九三三年世界人權大會上，一百八十多個與會國家簽訂的協議），如果它做不到，那它就違背了它在那個位置應該履行的責任。」

理解發言的性質之後，何韻詩開始寫演講稿，期間也請教了一些朋友。講稿經過一次重大的改動。「我寫的第一稿是比較平鋪直述一些，講我們現在發生的事，外交辭令色彩更重。但後來就覺得，既然只有九十秒，應該要高調、更進取、更強勢一些。」

她也參考了前人經驗，去看了一些NGO代表在聯合國發言的片段，包括八九民運後旅美的中國博士楊建利去年在聯合國上的發言，他在九十秒內被中國政府的代表打斷了三次。

然後就是不停地練習。

對規則的反抗

「我是一個很容易看不過眼、很想要改變一些東西的人，」何韻詩說。

在此前的各種採訪中，她經常被人問及，為什麼會有這樣一個「轉變」。大眾對於何韻詩在社會政治議題上表達意見、乃至付諸行動的印象，大多是在二〇一四年開始形成的。

雨傘運動期間，三十七歲的何韻詩是演藝圈為數不多幾個公開支持學生的人士之一，她甚至走在街頭，乃至在雨傘清場時被拘捕；如果追溯到更早一些，也不過是再早兩年，何韻詩公開自己的性取向，成為香港第一個出櫃的女歌手，那年她也已經三十五歲。

然而其實從很年輕的時候，她已經生活在對規則的反抗中了。「不過以前是更個人一點，在一個音樂的空間中。」

「我從入行開始，還不是一個很『政治』的環境時，就已經進入了『木人巷』，一直被人『毆打』。」何韻詩用了一個武俠小說的比喻，那是傳說中少林寺的一條山洞走廊，試煉者要闖關，必須走完木人巷，抗住一百零八名武僧的毆打。如果翻查接近二十年前的娛樂報導，就會發現從那時起，何韻詩就自嘲是一個「難湊」（很難伺候）的歌手。在公司安排上，她不怎麼聽話；音樂創作上，在香港流行歌曲行業最發達的時代，她不滿足於商業流水線的產品，要把自己的想法表達在歌曲裡面。

「我最記得的是，以前曾經在一家公司，整間公司的高層換了。在本來的團隊裡，我有很大的自由度，可以做自己的事情。換來了新的人之後，那位老闆把我抓進房間聊天，第一句劈頭蓋臉就是：『你也玩夠了吧？』接下來說了些話，大意是之後該聽我們的話了。」

「我當時就：『哈？』」何韻詩模仿她自己當時的反應，張大了嘴，愕然地從鼻子裡哼笑了一聲。「不會囉。一定不會囉，」她重音強調了一下「一定」，接著說，「因此我就選擇了『公民抗命』，哈哈，歌手抗命。然後就……俗稱，被雪藏了（被冷凍）。」

「為什麼這個世界、社會，特別是香港，有一個很畸形的思維，就是你要『跟隊形』，要跟規則去走，如果你不跟規則，你就一定不會成功？而這個成功的定義也很狹窄？」她問道。

在木人巷中萬人「毆打」走過來，她把這稱為自己的「優勢」：多年後她終於走到了表達政治立場的一步，在社交平台上引來長年累月的網路攻擊。而她早就已經基本免疫。

二〇一九年七月八日，日內瓦時間約下午二時，聯合國人權理事會第四十一屆會議。何韻詩身穿黑色西裝外套，裡面是一件黑色T恤，印著白色的英文字「We Stand As One」（我們站在一起），那是她二〇〇六年演唱會的主題。

九十秒的計時器開始走動，她以極快的語速開始了英文演講。

「我叫何韻詩，來自香港的歌手、運動者。《維也納宣言》是保護人權和民主的，但這些權利如今在香港受到嚴重的攻擊。上個月，有兩百萬人參與了和平示威，反對一項引渡條例，這項條例將會摧毀使香港免於中國政府干涉的保護牆……。」

她迅速在開頭講了香港這個月的發生的事情，約第二十五秒時，中國駐日內瓦代表戴德茂行使臨時動議權，打斷了她。計時器暫停。戴德茂用平緩的語調，表示香港是中國的一部分，而何韻詩將「香港」和「中國」並列提及，請主席敦促她使用正確表述。副主席提醒了何韻詩之後，請她繼續發言。

「自（香港）主權移交後，我們看到自主權逐漸削弱……，」何韻詩馬上繼續，維持著原來的語速，並把議題擴大到立法會議員被取消資格、書商被綁架的事件，再將發言上升至「香港至今沒有真普選」、指控中方沒有遵守《中英聯合聲明》」、「一國兩制即將消亡」的高度。在約第七十五秒的時候，戴德茂再次打斷她的發言，批評她攻擊一國兩制制度。副主席再次提醒她留意中方意見，讓她繼續發言。

在這最後的十幾秒中，何韻詩把語速放慢，一字一頓地問大會：「聯合國會不會就保護香港人權召開緊急會議？由於其對人權的侵犯，聯合國會不會把中國從這個人權理事會中除名？謝謝。」

回想起來，何韻詩覺得她真正緊張的點其實是時間限制，「真的只有九十秒，過一秒它就會關我的麥克風。」她覺得，最後兩個提問很重要。

九十秒短講三度被打斷，「他們的打斷是出於恐懼」

至於被打斷這件事，她先前看過楊建利的演說，對中方代表會打斷她，其實早有預料：「我甚至是有點故意早些提及中國大陸……我有一點（小心思）：他們會不會打斷我？」她笑說，她覺得如果她被打斷了，就正能顯示中方「沒人權、不讓人說話」：「我只有九十秒，為什麼你還不讓我說話，要馬上駁斥？那個駁斥是合理的嗎，還是你純粹想顯示你的強權？」

「他們的打斷是出於恐懼。如果你光明磊落，你是不會怕別人說的。……這就等於他們為什麼現在在香港、大陸、在台灣有那麼多小動作一樣，正是因為他們不能讓你知道。」

在何韻詩發言的第二天，中國外交部在記者會上對此予以強烈譴責，駁斥她提出的除名要求是癡心妄想和不自量力。

故意試探被中方代表打斷，聽起來有種挑戰的意味。我問何韻詩，你覺得自己是不是一個看到認為不公平的事就會有所反彈的人？她說，我現在是的。

「其實我也想過，為什麼我會搞成這樣？哈哈哈哈。」何韻詩也曾經思考溯源過自己性格中的「逆反」從何而來。她猜測，大概是因為自己從小就常常是群體中的少數。

「每一次我有這些決定，都是有些事情逼到身邊，由不得你不去發聲。」

一九八八年，十一歲的何韻詩隨父母全家移民加拿大，在那裡生活了八年，「首先變成種族上的少數。」再長大一點，她發現自己喜歡同性。在還沒有網路供她隱去身分取暖的一九九〇年代，何韻詩一度處於徬徨之中。

「自己喜歡的人，是自己的最好的朋友，又不能跟別人講……那是一個很弱勢的狀態。」

再後來回到香港的圈子裡，她依然覺得自己是個異族。她說，所以她會很明白那些覺得自己不被社會接納的年輕人的感受，「很能理解作為弱勢的心態，和那種徬徨。」

但她又自認比較幸運，因為小時候家人朋友都給了她很多支持，所以讓她「世界觀比起很多人相對積極」。加拿大的蒙特婁，亞洲移民非常少，她學校中的亞洲同學寥寥可數，但所幸那是一個族裔共融的地方，那八年她幾乎沒有遭遇過欺凌；她年少的第一次出櫃，是對著一個非常好的朋友，她稱之為「契哥」（乾哥）：「他是一個基督徒，但他對我非常支持。」包括她後來對家人出櫃，也得到了他們的極大支持。

何韻詩說，生活中遇到的支持，「讓我覺得世界有希望。所以後來到我有這個能力和空間，可以做一些幫人的事情的時候，我就會很想去做這件事，我想把我收到的東西還給別人。」

既有屬於少數群體的掙扎、又有來自家人朋友的保護，共同組成了何韻詩的人生觀，決定了她後來的許多選擇。她說，後來就會知道，原來這個世界是這樣的：你如果不去為自己爭取、發聲，那些不公義就會從各種階層、各種渠道滲進來。「所以到雨傘運動，或者說更早一點我出櫃，其實都是因為我發現，如果你不走出來、選擇沉默，首先它不會改變，其次狀況愈來愈差，這些強權、社會的傾側，只會愈來愈嚴重。」

在挪威的那次演說上，她說，當時作為一個歌手，獲得了大量榮譽和粉絲之後，她依然覺得自己缺了什麼；直到雨傘運動，站在眾志成城的人群中那一刻，她才第一次對香港有了歸屬感。

短短九十秒，想把希望帶給香港人

二〇一九年七月十日晚間七時，何韻詩在臉書簡單地發布九個字：「各位我已歸隊，莫擔心。」貼文的定位設在香港。

她在聯合國上發言的片段，被各家不同YouTube帳號平台發佈，累積點擊量超過百萬。大量的採訪隨之而來。

首先被問及的是她的安危。她一下機馬上就要接受本地電台D100的訪問，她對電台主持說，在前往聯合國發言後，有很多歌迷、網友擔心她的安全。她表示自己出入會小心，但強調「應該是OK的」。「自己出海關的時候，也有一刻在想會不會被截住？」何韻詩說道。但她相信「他們應該沒那麼蠢」，「如果他們這一刻有什麼舉動，就恰好證明了我說的話。」

就她在發言提到的召開緊急會議、將中國除名兩點要求，也有人關注聯合國什麼時候會對這兩點有所回應。在回來當天，何韻詩對電台主持表示，「很老實地說，可能我說出來（他們）也不會做的。」NGO代表並沒有提出動議的權利，如果真的要在聯合國內考慮召開緊急會議乃至除名中國，還是要依賴與會國家提出。

半個月的準備，在國際上發出聲響，看上去可能其實是無甚大用。但何韻詩不是這麼看。

「為什麼在這麼辛苦的環境，大家還要走出來去做一些看似很徒然的事情？」她說，「你做任何的事情——無論是社會運動，還是這些發言，你要清楚，世界上就是有這麼多你沒法立刻改變的東西。但是不是就因此不做了？當然不是。一個運動者就是要嘗試在有機會的時候去推動一些事情。我覺得和大家上街是一樣的，你知道上街之後，這個政府未必會動，但你去講、去做了動作、去發聲，它的效用不止是你面對那個單位，周邊還有很多人在聽，無論是其他國家、或者其他NGO，或者是透過直播在看的人，包括香港的大眾。」

「從另一個層面上，為什麼那九十秒很重要？當時香港人經歷了差不多一個月的抗爭，那一刻也去到了一個小小的瓶頸，有很多人覺得很氣餒，絕望，為什麼我們做很多事情政府還是無動於衷？對我來說，那個發言其中一個很重要的目標，是將一些希望帶給香港人。」

從聯合國回來，何韻詩將中國的現狀放入一個全球的語境中理解。就在何韻詩回港當天，聯合國人權理事會有二十二個國家發表聯合聲明，批評中國新疆「再教育營」的政策；兩天後，聯合國另有三十七個國家發佈聯署反駁，讚賞中國的新疆政策。

「這明顯是一個世界性的問題，其實很可怕。你沒想到，到了二〇一九年，世界好像倒退了，」何韻詩歷數世界發生的大事：川普當了美國總統，英國脫歐，台灣的選舉出了韓國瑜……「我覺得這些國家是很進步的，為什麼他們好像回頭了？怎麼會有人覺得，這樣的候選人會對這個地方有幫助……。」

「但是不是真的是在倒退？」她又想了想，決定引入一個「佛學一點」的說法：「事物起了又會跌，來了又會走。所以我覺得，世界進步到某個點，有些力量會推回來，但到了某個點之後又會回頭。這也是為什麼我會在很差的時候還抱有希望。」

「我會一直留在香港。」她說。

何韻詩覺得以前自己是一個衝動、會被情緒牽著走的人。從二〇一二到二〇一三年開始，她開始接觸佛學、靈修方面的內容。一開始是學習如何打坐，練氣功，感受自己的內在。剛好「修煉」到雨傘運動之前，她覺得自己整個人進入了一個很平和的階段。「然後突然又有一個大浪蓋過來！糟了，（修為）不夠用了，」她笑說。這三、四年開始，她漸漸閱讀一些佛學、靈修方面的書籍，學習當中的處世哲學。

這影響了她看世界的方式，也讓她感覺到自己的性格有所改變。她回憶起自己三十歲時的一件小事：從二〇〇八年她開始轉型，嘗試在專輯中討論更多社會問題，又製作紀錄片呼籲關注弱勢社群，這種嘗試在當時是一個很新的體驗，「那時處在一個總覺得大家都不明白我的狀態中。」

就在這個背景下，她在隔年十月舉辦了個人演唱會，壓力很大。在那個演唱會的最後一場，台上的她和後台監製溝通出了問題，導致演出超時。下台之後，公司負責人很生氣地指責她，她倍感委屈，大吵一架。這次爭吵引爆了她的情緒炸彈。

「種種的事情堆在一起，在那一刻引爆了情緒，我覺得為什麼你們，為什麼這個世界這麼荒謬？為什麼我做的事情很重要，大家卻不明白？就進入了一個自憐的狀態。」她的歌迷大概記得，那年她陷入事業低谷，差點決定要退出歌壇，導火線竟是耳機裡的一次溝通誤會。「如果現在面對一樣的狀況，可能當下也會生氣，但更懂得去轉化、去消化、去嘗試站在對方的角度理解這件事了。」

「年輕一點的時候，總想證明自己是對的，很心急想別人認同你，如果別人講些你不認同的話，就很想去蓋過別人的聲音。我想現在的分別是，會懂得去容許別人有他的空間，你自己最要緊的是『定』，放準自己的位置。」

漆黑之中找到了輪廓，失散後總會再遇上

在反修例運動沸沸揚揚後，何韻詩的生活節奏被打得很亂，「有時晚上突然又出事，

要看直播，有時半夜四時，特首又出來開記者會……。」但她每天盡量堅持早晚念《金剛經》，堅持打坐，少則十分鐘，多則半小時。「對我來說這很重要，是將整個人重啟的步驟。就像你手機用太久，它過熱、過載了，你要把它關機重啟。」

「你要放下所有手機、電子的東西，去『觀自己的呼吸』。」她說。

反送中運動爆發滿月前，二〇一九年六月底，香港出現多宗涉及反修例的自殺個案，消息傳出的當天深夜，何韻詩做了一個約半小時的臉書直播。「覺得氣餒？覺得很累？深夜聊聊天。」她對觀眾說，當抗爭成為日常的一部分時，要學會如何把它融入進日常生活中去，叮囑也是些平常的東西，要懂得休息，吃得健康點，多吃蔬菜，多喝水，不要抗爭起來就只知道吃快餐。

「哈哈哈，一說出來，都是些很低能，一些『需不需要你來講啊』的東西，」她笑說，「但我們真的會忘記。很多無形的添加劑，無論是食物上還是資訊上的添加劑，會使人沒了最原本的能力。……我們要用一些很細微的方法，幫助自己有一個強壯些的身心，去面對現在這個瘋狂的世界。」

我們採訪聊天時是正午，那一天，她有六個採訪，然後要馬不停蹄地前往香港書展的活動。說話間，助理在她面前放上了一杯咖啡和買來的墨西哥捲餅快餐。

反送中運動未爆發前的年初，何韻詩原本想著，終於有時間和精力來做點音樂。如今這話成了一句玩笑，每當提及的時候她自己都忍不住笑。

但她覺得創作必須要開始了。「我昨天還在想，希望可以這一個多月內重啟音樂的部分。這一刻，我的功課，就是學會怎樣將這部分融入回我現在的生活中。」

在雨傘運動後被中國市場杯葛，何韻詩於二〇一五年離開公司，成為一名獨立唱作人。二〇一六年，法國化妝品牌蘭蔻因為香港分部與何韻詩有所合作，遭到中國市場抵制，此事使得她後來在本地也失去了國際大品牌的贊助。不過她很快找到了生存的新模式。她成立了工作室，發起眾籌去贊助自己的演唱會，在香港十八區落地搞演出，又開始自己簽約一些新的音樂人、出書。去年和今年，她都有自己創作的歌曲推出。

何韻詩最近有一些新的音樂見解，想要融入到接下來的創作中去。其中一個靈感來自她在挪威演講後的表演。她當時抱著一把吉他，自彈自唱了一首歌，在台上隨著節奏晃頭，扭動。

「老實說，我在上面唱的時候，有點聲虛，心裡沒底。因為覺得又沒有樂隊伴奏，還是廣東話，他們又不認識這首歌……，」何韻詩說。但現場聽眾的反應，和結束後聊天得到的反饋，讓她發現音樂的力量還是可以穿越地域或語言：「只要你能散發訊息，他們就能接收到。這是他們重新提醒我的東西。」

那是她在二〇一八年創作的新歌，一首關於挪威的歌曲，名為〈極夜後〉。

再多數天　風吹撲面　再等數天
漆黑之中　找到了輪廓
失散後　總會再遇上
那一線光　即將散落　寸土尺方
風中依稀　聽到了號角
這片地　終再看到　那艷陽高飛

佔中運動發起人戴耀廷

香港在打一場世界級抗爭

雨文——文　陳朗熹——攝

時間：二〇一九年八月三十一日

背景：「人大八三一落閘五周年」遊行前夕

「面對打壓，香港人的意識好強烈……這些是你做多少洗腦教育都沒用。香港人意識、創意、韌力都是她（北京）迫出來的。你出解放軍也解決不了，代價太高。現在就像產前陣痛，這個陣痛一定要經過。我只希望港人不用付出高昂代價。」

二〇一四年八月三十一日，北京政府透過全國人大常委會通過「八三一決定」，把香港普選之路徹底堵死。

當晚，特區政府總部旁的添馬公園上空，下著滂沱大雨。當時，身穿黑色衣服，「佔領中環」運動發起人之一、人稱「佔中三子」的香港大學法律系副教授戴耀廷，對現場眾多支持者喊話：「此時此刻對話之路已經走盡。我們不願意再做順民……香港由今天起進入新時

代，公民抗命的時代。」

因為這場運動，二〇一九年四月九日，西九龍法院裁定戴耀廷「串謀公眾妨擾罪」、「煽惑他人犯公眾妨擾罪」的罪名成立。同年四月二十四日，戴耀廷被判監十六個月。

服刑近四個月後，八月中假釋出獄的戴耀廷沒想到，香港居然會燃起規模更龐大、對抗性更強、更受全球矚目的「反送中運動」。

二〇一九年六月開始，公民抗命運動在香港各個角落遍地開花。在八月三十一日遊行前夕，警方突然拒絕批出遊行申請，並隨即展開大規模拘捕行動。多名立法會議員、社運人士被捕。數名社運組織者被不明人士襲擊。警方更公開向公眾作出警告，任何人士以任何方法在當天遊行集會，均屬違法行為。

白色恐怖，籠罩香港上空。

在這場運動裡，假釋中的戴耀廷被迫成為旁觀者。他認為，港人正在進行一場實力極不對稱的世界級抗爭，目前的處境是必經的「陣痛」。未來，這場運動不論以何種形式終結，香港民主運動並不會就此終結。

他如此形容：「就像熔岩一樣，你封了它一個口，下一次它會由另一個口，以更具爆炸力的方式展現出來。」

五年前，專門研究公民抗命的戴耀廷，坐在他港大的辦公室裡，向記者闡述他以公民抗命方式爭取香港民主自由的計劃和具體方法。當時，在外界眼中，「佔領中環」計劃，完全是書生論政的空想。戴耀廷並沒有放棄，一年後，「讓愛與和平佔領中環」運動終於實踐。當中他曾提出的遍地開花、全民商討等策略，與今日的「反送中運動」，有著許多雷同之處。

五年後，他仍坐在堆滿書籍的辦公室裡，接受記者訪問。不同的是，他才剛假釋出獄，還在等候上訴，也需要接受校方的紀律聆訊。連串官司，並沒影響他的樂觀態度。談及警方在遊行前夕展開的大規模拘捕行動，戴自嘲自己假釋在外，已是半坐牢狀態。

很難想像，眼前這位書生味濃厚，自認大中華膠、民主回歸派的戴耀廷，竟然在五年前、香港當時幾乎不具備抗爭意識的社會裡，提出大膽的公民抗爭運動「讓愛與和平佔領中環」。「當時香港社會有民主意識，但抗爭意識並不強，因為抗爭是要付出代價的，不是遊遊行那麼簡單，」他說。

五十五歲的戴耀廷，一九八〇年代在港大讀書時，適逢一九八四年《中英聯合聲明》簽署，當時他支持民主回歸。一九八九年北京發生學生運動，香港人以各種方式聲援學生運動，戴耀廷仍天真地認為「中國與共產黨是兩種不同概念。認同中國不等於認同共產黨。在現實上、情感上、文化上，以及策略上，香港都無法與中國分離。」

基於上述心理，五年前，戴耀廷雖提出佔領運動，但一直抱著能與北京溝通、對話的態度，「當時對習近平是否是一個可以傾聽的政治領袖，資訊掌握得很少。雖然這樣，但仍期望可以溝通、對話。就算臨近八三一，有消息指對方已決定一切了，但仍然捱到最後一刻，直至人大公布八三一方案為止。知道溝通、對話已不再存在。」於是，民主回歸派退下舞台，轉而由更激烈的新一代抗爭運動所取代。

「反送中」創造了全新運動路線

期望與北京溝通、對話的大門被落閘後，戴耀廷於是喊出：「我們不願意再做順民……香港由今天起進入新時代，公民抗命的時代。」這段講話在五年後的「反送中運動」中，被充分展現。

與五年前佔領運動不同，「反送中」最大特色是「沒大台」（沒有核心領導者），也被稱為「沒有臉孔的抗爭」。戴解釋，當年他們參考的是台灣紅衫軍的做法，也就是自己作為一個中央統籌角色，並非大台，「我們發起佔中運動，先要把大台砌出來，然後要拆了這個大台，也就是全民商討日，把決定權釋放出來給所有人進行公投，目的是要更多人進入到這場運動。只有當大家都有份參與在事件裡才有可能成功。」隨著雨傘運動開始，佔中三子面對巨大壓力，要求拆大台的聲音愈來愈強烈，「當時所謂大台就只有在金鐘海富橋底下的大台。有很多政黨只是在做管理事情，其實已沒有所謂的大台了。」

這次的「反送中」則徹底擺脫大台，化整為零。參與者的學習力、修正能力以及調動能力的快速和應變能力，無不令戴耀廷感到驚嘆。也是在這種運作模式下，漸漸將勇武派與和理非有機地結合起來。

「佔領運動時，公民抗爭意識仍較為淡薄。直至二〇一四年九月二十八日，警方在幾個小時內向佔領政府總部一帶的示威者，發射八十七枚催淚彈，才激發起全港市民的抗爭意識。但這種抗爭意識，並不持久。」直至二〇一六年魚蛋革命，在這第二波公民抗命裡，勇武派登場。「但當時勇武與和理非之間有距離，兩邊都沒有互信。我只講和理非角度，當時我們仍假設香港人的政治文化傾向保守，在抗

爭時仍選用最保守方式去做，用和理非方式去做。公民抗命對於和理非來講已經是向前跨出了一大步。」

誰也沒想到，反送中運動竟徹底改變了兩派原不互信的局面。

二〇一九年七月一日，勇武派仿效台灣太陽花運動佔據立法院的模式來佔據立法會，並透過政治上行動表達對香港政制訴求。例如有目的地把議事廳內區徽塗黑，噴黑「中華人民共和國」，是為表達對「一國兩制」的不信任；在議事廳內的塗鴉，是為了紀念輕生的示威者，和表達對議會制度不公的積憤。其中一名成員、前港大生梁繼平，站在議會桌上大聲疾呼示威者繼續佔領立法會：「當時太陽花運動佔領立法院之後，大人、和理非與議員是在出口保護我們的，我們一起留下來佔領議事廳，我們不是暴徒。」

梁的發言和他冒上被捕危險除下口罩的舉動，改變了和理非對勇武派的不信任。及後，當有四名義士（烈士）決定留下佔領，而數十名示威者折返議事廳把四人抬走的那一幕，震驚全世界，亦將勇武與和理非連結起來。戴耀廷認為，「衝入去立法會後所產生的影像才是整場運動的關鍵轉捩點。在最後決定撤時，有幾十個人回來把四名義士抬走，這舉動正是和理非最高精神層次——就是自我犧牲。和理非與勇武在這裡結合。這一直影響至今，所謂兄弟爬山，各有各做。不切割、不篤灰（告密），不批評，這正是兩翼之間的整合。」

「我們在進行一場世界盃，在抗爭史上香港會是個特例。對手超強，現在暫時未有輸波（輸球），還捱了這麼長時間，」戴耀廷指，這要歸功於示威者透過各種創意，把世界的注意力成功轉移到香港。「去年這個時候，我們到英國遊說保守黨關注香港問題，但當時沒人理我們。有議員說，個個都和中國做生意，沒人理了。但現在不同了。整個形勢轉變了。正如美國副總統彭斯所說，這既是利益亦是價值之爭。」

反送中運動以來，烏克蘭紀錄片《凜冬烈火：烏克蘭自由之戰》（*Winter on Fire*）深受港人歡迎，港人將自己比喻為受俄羅斯壓迫的烏克蘭。烏克蘭與香港類似，處於歐亞版塊交匯處；香港則處東西方兩大陣營交匯處。百多年來，香港習慣於在兩者夾縫中尋找自己出路。正如示威者所提出的Be water精神。戴耀廷說，「這源自於李小龍，而李小龍正體現了獨特的香港精神，將西方與東方融洽。現在，中國與整個西方世界對立，而香港在這中間位置。這使香港轉變難度更加複雜，已經不是單純的香港問題，而是中國的專制與西方自由世界的對立，也就是新冷戰模式的出現。香港要Be water，才能持續抗爭下去。」

面對目前白色恐怖，戴耀廷直言就算政府在這一輪以暴制亂成功，但，由二〇〇三年至二〇一四年民主運動共十一年，二〇一四年至二〇一九年的反送中運動，只經歷五年；他預測，下一輪運動可能會在一、兩年內爆發。

「而且中國自己面對自己危機，與美國的貿易戰，中國是否如自己說的承受力很高呢？但不少經濟分析，實際情況並非如此。故未來幾年是動盪時期。反送中可能推不倒這牆，可能會面對更大打壓，但消磨不了香港人抗爭意識。反而面對打壓，香港人的意識好強烈。八二三人鏈[1]所顯示的正是這種香港人意識。這些是你做多少洗腦教育都沒用。香港人意識、創意、韌力都是她（北京）迫出來的。你出解放軍也解決不了，代價太高。現在就像產前陣痛，這個陣痛一定要經過。我只希望港人不用付出高昂代價。」

戴耀廷因發起佔中運動被判入獄，對此他笑稱：「我的罪名是散播希望才對。」這種樂觀的個性，同樣展現在他對香港未來的想像上。以往大部分人認為一九八〇年是香港黃金時代，這一代的代表者，就是今日所講的處於收成期的人，多半只把香港作為跳板，持有外國護照，卻從未把香港當成家。他們所建立的香港文化，是物質主義的香港文化。

1 2019年8月23日，香港人發起「823人鏈：香港之路」行動，效法冷戰末期波羅的海三小國人民發起的「波羅的海之路」30週年，港人們手牽著手組成人鏈，沿著港鐵三條路線，人龍綿延77公里，甚至獅子山上都亮起手機閃燈。

但年輕世代香港人不同，他們所要爭取的是價值作為主導，希望香港能夠真正落實普世價值的自由、民主、公平、平等。「香港這些年經濟轉型難，就因為商家視香港為短期投資地方，炒樓炒股最容易，包括李嘉誠也是這套思維。如果我們真的當這裡是家時，這套價值觀就會影響我們的經濟發展模式。反送中運動以來，我們看到香港人才豐富、香港人質素是世界級的，一旦將這些能力釋放出來，香港將來會發展成為世界上非常獨特的城市。」

2

全城烽火

從反修例到反中，香港移交後劇變

烈火黑潮背後，是香港移交中國二十二年的情結積累。超過半年的反送中運動，召喚出潛藏港人心中深處的反中情緒。歷經四任特首，中國治理方式全然改變，共產黨透過第二支線以香港中聯辦和國務院港澳辦共同治港，香港自治成爲往事；香港的菁英階層內部，分化爲民主派和親中派，敵我矛盾日益加大；港警在此次運動中更不再只聽令港府，讓香港淪爲「警察城市」。

一九四九年以來，香港是中國政治動盪的避難所，五、六〇年代後四次吸納自中逃港的人潮，使得港人「疑共」卻仍保有中國人的民族意識；六四後，香港進一步催生出了「民主抗共」的論述，期許一個更民主的中國；但九七後出生的港人，對中共及大中華民族主義卻普遍反感，在強烈反中情緒裡，孕育出香港本土認同運動。

香港對中國，從移交前因文化差異和經濟落差而產生的優越感，到近年的憎惡與拒斥，這中間的轉折與劇變，必須深入特首治港模式的更迭、北京治理邏輯的變遷，以及香港內部菁英、港警、鄉黑的轉變等，才能理解香港政治巨變下的深層因素。

香港反送中揭開共產黨直接治港新模式

劉細良——文

時間：香港四位特首治理期間
事件：北京第二支管治隊伍入港過程

八月初中共中央祭起「止暴制亂」大旗，主導香港對策，先控制港鐵公司，讓港鐵成為中共政治服務的工具[1]，再用緊急立法方式，繞過立法會，訂立《禁止蒙面規例》，抗爭運動隨即全面升級，出現大量汽油彈攻擊，警察亦提升武力，以實彈槍擊示威者，先後圍攻中文大學及理工大學，發射上千枚催淚彈及各式子彈，拘捕醫護人員，其反人道反人權行為，遠離國際文明價值水平，令人震驚。

香港號稱國際城市世界級金融中心，專業人才雲集，何以港府應對抗爭運動的方式，是如此野蠻粗暴及低劣，進退失據。從這場曠持日久的抗爭運動，看到香港已經由一百七十年來大英帝國間接管治的模式，過渡到習近平帝國的直接管治模式。

二〇一二年中共決定撤換特區領導人，不少人誤以為北京為了糾正前一任梁振英的極左政策，改走相對溫和政治路線，才欽點較為港人接受的政務司司長林鄭月娥接任，這個人事彷彿是二〇〇三年曾蔭權接替提早離任的董建華的翻版。林鄭月娥也聲稱自己會專注民生，減低社會政治爭拗、彌補撕裂等等，結果她上場後卻出現更極端的政策。

首先是取消當選議員資格擴大化，由兩人增至六人，更在各級選舉（如立法會、鄉郊代表選舉）中引入政治思想審查制度。另一方面借反港獨的名義，收緊自由空間，以殖民地時代的惡法對付被指控為港獨組織的「香港民族黨」，驅逐香港外國記者會第一副主席及《金融時報》亞洲新聞編輯馬凱（Victor Mallet），並訂立《國歌法》，將侮辱中共國歌變為刑事罪行。在政治融合以外，林鄭月娥亦大力推動過千億的東大嶼人工島計劃，配合中國大陸融入大灣區規劃；將中共龐大的過剩產能輸到香港，千億工程大部分由中國央企承建，賺取外匯，這種「一帶一路」模式，控制了香港公共財政資源的分配。

上述種種政策令香港人不滿，全屬閉門黑箱作業，欠缺在香港特區政府及社會菁英、各諮詢機制及專業團體的醞釀過程。有人從林鄭月娥個人強悍性格去解釋閉門造車式管治作風，但事實上，由《逃犯條例》修法可見，這種脫離本土政治菁英階層，由上而下的施政方式，非關特首個人性格，而是北京直接管治香港的新模式。

過去兩年香港特區的管治綱領及具體施政，均是由共黨制訂然後交予林鄭月娥執行，所以才出現黑箱作業閉門造車情況。如果決策是源於香港內部，百年來政策皆有一套諮詢式政治吸納方法，如經過法律改革委員會討論、諮詢香港大律師公會等既有程序。《逃犯條例》修法之惡劣，是假借港人陳同佳涉台北謀殺案，以引渡時間緊迫為借口，繞過所有既定諮詢機制，突然推出，意圖在三個月內通過。香港本地利益相關者均反對修例，包括商界、政界、新聞界、公民團體以致國際社會，這法例唯一得益者只有中共。

由於政策是由上而下，反對及溫和意見均被拒諸門外，而林鄭月娥在北京支持下，公

1　港鐵多次配合香港警方在示威當天關閉地鐵站，減少示威者移動方式，8月31日太子事件當天，亦以禁制令為由關閉太子站、不讓記者和醫護人員進入，引起廣大爭議。

然蔑視一切批評及修改建議，在立法會中指責修改建議全屬廢話。這並非單一個別事件，耗費巨大公共財政資源的東大嶼人工島計劃，其實是政協副主席董建華的智庫「團結香港基金」組織提出，政府主事官員發展局長在政策公布後，對財務狀況、規劃大綱竟然一無所知。

黑手處處，第二支管治隊伍成形

由此可見，特區影響深遠的施政，已非源於香港內部決策系統，這與英治殖民地間接管治模式，有明顯分別。九七前的英治政府，總督雖然由英內閣委派，但其施政卻有真正高度自治，由本地殖民地政府公務員去制訂，經總督會同行政局批准執行，香港在自治下才有空間發展出一套諮詢式參與程序，吸納本土菁英意見，為殖民地外來政權施政，提供合法性基礎。

港英時期任期最長的港督麥理浩，從一九七二年起開拓麥理浩時代，形成後來香港廿多年政治穩定黃金時代。麥理浩回顧他治港的十年，認為真正的挑戰，是如何確保港督的決策可以離開港督府。這說明英廷與港府，港督到公務員之間決策是雙向的，並非由上而下的黑箱作業模式。由於香港民眾看不到英國政府的「黑手」，政治干預消失公眾視野，九七主權移交頭十年，在一國兩制下，中共仍然尊重香港的自治權，但第一次北京強加於香港，由上而下的施政是二〇〇三年提出按《基本法》第二十三條[2]為國家安全立法，結果觸發五十萬市民上街抗議，香港商界代表田北俊領導的自由黨叛變，法案撤回，二〇〇五年董建華稱病提早下台。

二十三條一役曾令主管香港事務的中共國家副主席曾慶紅以「有所作為」四字，總結往後對港政策的總路線。這主要體現兩方面，一是中央與特首關係，一是駐港中聯辦與特區政府關係。董建華年代與中央關係，是最接近英治殖民地總督與首相內閣的關係模式，因董建華與江澤民屬私交，有事可直接聯絡江澤民最信任的核心曾慶紅，無需經香港中聯辦[3]及國務院港澳辦[4]通報。但由於二十三條立法導致五十萬人上街，北京震驚，翌年底決定撤換特首，〇五年曾蔭權走馬上任後，首個改變是將特首向中央述職規範化，就中央訂出的具體項目向總理及總書記匯報，不再是禮節性述職。

北京起用曾蔭權目的是為了緩和矛盾，爭取時間實施全面管治香港政策，擴大對特區自治的干預。除了特首與中央的關係，由禮節性述職變成實質上司下屬的工作關係。第二個重要改變，是加強中聯辦作為第二支管治隊伍角色。

二〇〇八年一月二十九日，時任中聯辦研究部長曹二寶在中共中央黨校刊物《學習時報》上撰發表文章〈「一國兩制」條件下香港的管治力量〉，文中強調香港在英殖民時期沒有自治權，港英當局是管治香港的唯一政權力量；而九七移交後實行「一國兩制，港人治港，高度自治」，但這有一個前提，就是根據鄧小平強調的「在中國的管轄之下」，為切實推行管治工作，應在香港設置第二支管治力量。第一支當然是「香港特區建制隊伍」，第二支是「中央、內地從事香港工作的幹部隊伍」，這意指港澳辦、中聯辦等部門。雖然中共從來不承認曹二寶「第二支管治隊伍論」，但事實上卻在過去十年，正以落實「全面管治權」

2 《基本法》第二十三條：「香港特別行政區應自行立法禁止任何叛國、分裂國家、煽動叛亂、顛覆中央人民政府及竊取國家機密的行為，禁止外國的政治性組織或團體在香港特別行政區進行政治活動，禁止香港特別行政區的政治性組織或團體與外國的政治性組織或團體建立聯繫。」由於法條涉及煽動叛亂、分裂國家罪等爭議項目，香港社會強烈反彈，認為恐嚴重侵害人權與言論自由。

3 香港中聯辦全名為中央人民政府駐香港特別行政區聯絡辦公室，是中華人民共和國在香港特別行政區的派出機構，與中共中央香港工作委員會一個機構兩塊牌子。中聯辦大樓正式名稱為西港中心，位於西營盤干諾道西160號，因為此機構位處西環，故部分香港媒體以「西環」借代之。香港中聯辦前身是新華社。

4 港澳辦全名為國務院港澳事務辦公室，是中華人民共和國國務院的辦事機構，與中國中央港澳工作協調小組的辦事機構中央港澳工作協調小組辦公室，是一個機構兩塊牌子。

的名義在實施。

二〇〇五年起，中聯辦通過協調建制派候選人的名義，執行政治賞罰，一步步控制議會及地區派系樁腳，他們也利用問責制滲透行政機關，在經濟上加快兩地融合，大規模執行跨境基礎建設，開放大陸的自由行，令香港經濟命脈愈來愈依靠內地。在意識形態上，則大力高舉民族主義旗幟，宣傳大陸經濟成就及民族復興。在二〇〇八年京奧前，北京對港政策所以成功，並非香港人已經「人心回歸」，支持中共領導偉大民族復興，而是走出亞洲金融風暴，全面經濟復甦下，人人感覺良好。

〇八年京奧前夕，民調顯示香港人對北京中央的支持度達到歷史高峰，甚至超越特區政府。一切轉變來自二〇一二年北京及特區同時進行領導人更替，習近平同梁振英上場，中聯辦第二支管治隊伍終走上台前。梁振英當選翌日立即高調到中聯辦謝票，梁振英執行香港共產黨幹部的極左政策，加上中國強硬鎮壓維權運動，意識形態控制加劇，香港人與中共之間已經失去互信，結果二〇一四年因為爭取真正雙普選而爆發了雨傘運動。這場七十九日的佔領抗議行動被北京用冷處理方式拖死，但由於政府及抗爭者均自我約束，沒有大規模流血衝突，二〇一四年九月二十八日發射催淚彈後，鎮暴警察便退場。

北京以為勝券在握

北京自恃已經看穿了港人抗爭的底牌，認為不外如是，於是這五年下來全力在政治上收縮自治、以至自由空間，包括在各級選舉中引入參選人思想審查機制，為中共國歌進行立法，將侮辱國歌列為刑事罪行；中聯辦官員成為議會操控黑手，驅逐《金融時報》編輯、重判雨傘運動領袖，其中旺角衝突本土派領袖梁天琦被判刑六年。中共認為他們在特區這場尖銳的政治鬥爭中已取得全面勝利，於是支持林鄭月娥用快刀斬亂麻方式通過《逃犯條例》的修例。

二〇一七年中共突然放棄梁振英，改派林鄭月娥出任特首，並非要糾正極左政策，而是要故技重施，利用出身政務官的政客，執行中央交託的政治任務，因為中共實際已經在直接管治香港，林鄭月娥是個言計聽從的執行者，議會程序亦同時控制在中聯辦手上。《逃犯條例》修例的劇本其實早已上演，就是「一地兩檢」[5]法例，林鄭上任後以一年時間完成高鐵一地兩檢立法，而當中最後恢復二讀及三讀通過只需兩星期，泛民派的反對沒有引起社會廣泛關注。

二〇一八年底，林鄭月娥上京述職，得到習近平以「志不求易，事不避難」誇讚。林鄭月娥達到了政治生涯的高峰，也種下了二〇一九年的政治死亡。她以為《逃犯條例》修例不過是一地兩檢法案審議的翻版，泛民的反對力量渙散，傘運後社運分裂，本土派同民主派互相攻擊，所以可以採取「快刀斬亂麻」快速通過。

北京同樣也深慶得人，北京幕後操盤，再交由林鄭月娥這位能吏打通港府各關節位，政治工作由中聯辦負責，控制議會、媒體及商界，支持修例工作。這種模式再繼續多三年，就可以一步一步完成中央對香港全面管治權，而最後一步就是香港《基本法》第二十三條的立法。

事實上中共早已拋棄一國兩制幌子，即使有一套所謂《基本法》規定的特區政府體制，但幕後操控的已是黨國機器，他們正以極端手法管治香港，《逃犯條例》修法也因此沒有什麼談判空間可言，因為林鄭月娥名義上是特首，但實際只是個台前代言人。在有恃無恐

5　高鐵一地兩檢：意指一個車站，同時設有「香港口岸站」和「（中國）內地口岸站」，內地口岸站適用大陸法律，大陸執法人員亦享有部分執法權、司法管轄權，被認為形同「割地」，顛覆了香港司法的管轄權。

下，六月九日百萬群眾上街，正因背後有中共撐腰，導致她無視民意沸騰，認為只要強力通過，鬧兩鬧後便回復正常，猶如一地兩檢，只要能通過審議就成功。結果送中觸發的恐共情緒一發不可收拾。

六月十二日港警的鎮壓更進一步刺激群眾憤怒，而幕後的操盤手一直對撤回修例猶疑不決，恐怕因此損害習近平個人權威，由於延誤決策，衝突升級終至不可收拾。對中共而言，八月祭起「止暴制亂」的大旗，以為可以嚇怕中產階級，令他們與街頭激進抗爭者割蓆，結果事與願違，因為中共的直接操控警察鎮暴手法，導致特區政府成為傀儡政權，香港人認為林鄭月娥出賣香港利益，法治、人權、自由等核心價值，在止暴制亂下全線崩潰；在絕望之下，中產階級於是擺出攬炒（意味「玉石俱焚」），同歸於盡的姿態，堅持「不割蓆、不指責、不篤灰（出賣）」及兄弟爬山各自努力的「民間統一戰線」，對付可惡的中共及其傀儡政權。

民族主義統戰策略失效

這種絕望下的反抗，產生了兩大影響深遠的後果，首先是香港問題國際化，成為中美角力的一張牌。

由於警察暴力鎮壓令國際震驚，美國民主共和兩黨達成共識，支持國會參眾兩院快速通過《香港人權與民主法案》，十一月初，警察進攻中文大學引起國際傳媒嘩然，法案迅速通過參議院，美國總統川普在十一月底簽署生效。中共面對這條美國法案無計可施，只能咒罵，港澳辦發表聲明指美國國會「粗暴干涉中國內政、嚴重踐踏國際法和國際關係基本準則」，北京祭出的反制措施，只不過是禁止美國六個民間團體入境。

這是一九九七年之後，首次美國直接介入香港事務。中共一直反對香港問題國際化，對任何外國政府的批評，一概視為干涉內政，即使英國是《中英聯合聲明》締約國，也被北京指責不容說三道四，官方更多次公開表示《中英聯合聲明》是歷史文獻，沒有約束力可言。

而美國在中美貿易戰方面正打得難分難解，面紅耳熱，林鄭月娥適時送上這張「香港牌」，美國趁機而上。《香港人權與民主法案》的制裁機制，是當香港失去高度自治時，美國會取消有別於中國的一套對港政策，包括獨立關稅地位及戰略物資出入口管制。這是自一九九二年《香港關係法》通過之後，美國再進一步加強對香港一國兩制的國際監督角色。

香港人本來對於「香港問題國際化」存有戒心，在一九八九年六四鎮壓之後，民主派領袖李柱銘主力爭取國際支持，監督北京對港政策，《香港關係法》就是他推動的成果，當時中共官員及親共媒體力斥他為漢奸賣國賊，香港主流民意對此採取冷淡態度。時移勢易，今天《香港人權與民主法案》背後有大量香港民意支持，紛紛向白宮進行聯署爭取，這是香港人對一國兩制心態的徹底改變，認為北京已經背棄高度自治承諾，香港人只有向國際求助，靠外國勢力制衡中共。法案將香港納入了美國亞太戰略規劃之內，這是香港問題從未有過的新形勢。

第二個深遠影響是由「民主抗共」過渡到「民粹抗共」。中共以大中華民族主義進行的統戰策略完全破產。

自一九四九年以來，香港是中國政治動盪的避難所，對於五、六〇年代持續政治運動，被標籤為黑五類的「國家敵人」用各種方式偷渡來港，一九五七、一九六二、一九七二及一九七九的四次逃亡潮，人數達幾十萬；這些逃難來的人本身存在「反共」意識，但同時又有民族主義，這形成了九七前香港對主權移交的矛盾心態——既對中共不信任，但又支持結束殖民地，有民族主義又不認同爭取獨立。於是在六四後催生了「民主抗共」、「民主拒共」的主流論述，認為香港在英治時代建立一套選舉及議會民主體制，便可以抵拒主權移交後中共的干預。

主流民主派支持民主回歸，反對台獨、藏獨、疆獨及港獨。但由於中共刻意拖延香港民主進程，民主派逐漸失去了年輕人支持，九七後出生的香港人，抗拒中國人身分，認同香港人身分，這成為香港本土認同運動的基礎。雨傘運動後，對中共及其代表的大中華民族主義更加反感，本土運動對學生影響很大，他們存在強烈反中情緒，否定過去泛民與中共既鬥爭又合作的關係，認為應該高舉反共旗幟。這種視香港人為命運共同體，中共是外來入侵者的想像，在反送中抗爭運動中向全社會擴散，

根據香港民意研究計劃在二〇一九年十二月的調查，就「香港人」和「中國人」身分作出分析，狹義或廣義自稱「香港人」有百分之七十八，是一九九七年有紀錄以來新高，相反廣義自稱「中國人」是百分之二十一，則是九七年來新低，更驚人的發現是在十八至二十九歲受訪者自稱「中國人」僅百分之二。這種香港人認同是一種民粹，他們擺脫了過去菁英對中港關係的論述，訴諸於一種基於受外來壓迫，蒙受苦難，奮起反抗的情感動員。

國際化及民粹抗共，令中港關係出現了範式轉移，而中共的直接管治模式，又會令民粹抗共進一步升級，往後北京只會持續收緊對香港全方位控制，強硬路線持續一段長時期，特區政府傀儡化被全面架空，以中共公安、國安、政法委系統的官員取代國務院官僚，

主導對港政策，以政治手段解決的可能性微乎其微，因為雙方都在激進化，下一波的衝突，可能會比反送中運動更激烈，甚至更血腥。

香港，距離七十年代的北愛爾蘭[6]，只是一步之遙。

6　北愛爾蘭與英國關係：愛爾蘭民族獨立運動的高漲，英國政府同愛爾蘭於1921年12月簽訂了〈英愛條約〉，允許愛爾蘭南部26個郡成立自由邦，享有部分自治權；北部6郡（現北愛爾蘭）則仍歸英國，成為「大不列顛暨北愛爾蘭聯合王國」。在殖民時代，英國政府已經將愛爾蘭當成半個殖民地，19世紀中期，愛爾蘭發生大饑荒，英國政府卻鮮少救濟，這讓愛爾蘭人極其反感，獨立反抗運動不斷。
1968年，以一場抗議新教政府的社會運動為導火線，北愛爾蘭爆發暴力衝突，並在英國政府部隊介入、試圖壓制抗議後演變為大規模武裝衝突，持續29年之久，造成至少3500人死亡。直到1998年英國與愛爾蘭政府簽訂〈北愛和平協議〉後才結束。
但2016年英國公投，多數人要求脫歐，投票結果讓想留在歐盟的北愛爾蘭獨立呼聲再次提高。

從律師靜默遊行看民主派困境與親中派進化

許菁芳——文

時間：二〇一九年八月七日
事件：香港律師界第二次爲反送中發起靜默遊行

自主權移交以來，香港律師界一共發起過六次黑衣人遊行[1]，人數屢創新高。律師集體行動涉入香港政治爭議漸深，其捍衛法治、支持司法獨立的動能也持久不衰。但是，香港律師都是民主派嗎？並非如此。

反送中運動裡，也有激進的親中律師冒出頭。七月二十一日，港鐵元朗站發生白衣人無差別攻擊示威者的事件（又稱七二一元朗襲擊事件）。當天，該區的立法會議員，律師何君堯，跟一群疑似襲擊者的男子握手，並形容對方是「英雄」。這不是何君堯第一次引起爭議。他曾經聲稱對港獨分子應該「殺無赦」，也曾經在立法會審議法案時暗喻同志為牲畜，甚至公開承認與中共的關係密切。其他各種吹牛、謊稱、批評、耍賴的爭議言論更是層出不窮。

律師在香港本是受人尊敬的白領專業人士，何君堯的落漆也引來其他律師的不滿。二〇一七年，何君堯在律師會競選理事連任時，其他自由派律師反動員，公開呼籲「一票不投何君堯」，也讓他成為唯一一個連任失利的候選人。

但何君堯的出現並不是偶然。事實上，像是何君堯這樣的律師從政，象徵著香港政壇很重要的一個現象——親中派的進化。原本在香港政壇上，出名的從政律師清一色都是民主派，法律論述更是民主派擅場；但隨著中共在港深耕，香港的親中派變得複雜、多元，形象清新的白領律師也成為了最新一批的MVP。這些親中派律師政治人物不僅出戰民主派的律師政治人物，壓制他們的行動，也創造新的法律話術，收服民心、強化統治。

香港有什麼律師從政？第一個浮現的人物，應該是名號為「香港民主之父」的大律師李柱銘。李柱銘的故事像是我們所熟知的人權律師：為工人辯護，因六四而與中共決裂，創立香港民主黨，自一九八〇年代擔任香港立法會議員，一直到二〇〇八年宣布退休。李柱銘享有國際聲譽，在大律師圈內也很受尊敬。

民主黨的律師是香港律師從政的原型。第一代的民主派律師的共通點是：擁有中國認同，認為香港應促進中國的民主化；堅守一國兩制中的「兩制」，採取議會路線爭取香港自治，他們也大多有草根的政治基礎。他們的歷史任務是看守香港移交，花了很多力氣建立中港銜接的制度。因此，他們在政治策略上其實是保守的，習慣制度內的倡議，也願意跟統治集團協商。他們也會進行街頭動員，但是也同等重視將動員能量引入制度內。

除了李柱銘之外，民主黨還有數位律師，包括何俊仁、涂謹申、鄭家富。何俊仁同樣是一位典型的人權律師，出身於一九七〇年代的學運，自一九八二年從政以來，同樣

1　九七主權移交後，香港法律界六度發起黑衣靜默遊行。第一次是在1999年6月31日，反對人大常委會就居權案的釋法，有630人；第二次是2005年4月19日，抗議港府對新特首任期提請人大常委會釋法，有900人；第三次在2014年6月27日，對北京頒發一國兩制白皮書不滿，認為損害香港司法獨立，人數是1800人；第四次是2016年11月9日，抗議人大常委就立法會議員宣誓判決前主動釋法，人數達2000人；第五次是2019年6月6日，反對修訂《逃犯條例》，人數在2500至3000人；第六次是2019年8月7日，反對律政司對反送中示威者政治檢控，要求成立獨立調查委員會，人數達3000人。

長期擔任香港立法會議員，關注基層民生議題，自己的律師事務所也代表許多經濟社會弱勢族群。何俊仁同樣具有很強的中國認同，主張中國對釣魚台的主權，近年來也非常關心中國的維權律師。

第二波律師從政出現在二〇〇三年。當時，港府推動香港《基本法》第二十三條立法，也就是追訴叛國、顛覆政權等違反國家安全的法案，對於人民的集會、言論自由帶來很大的風險，尤其中國又擅於使用國家安全罪名追殺異議分子，香港對此項立法有很激烈的反應。那一年的七一大遊行有超過五十萬人上街，打破當時的香港遊行人數紀錄[2]。

國安法的爭議太大，一群擔憂的大律師組織倡議團體，關心二十三條的立法進度。在港府正式撤回法案之後，這群「大狀」（負責出庭辯護的大律師）也升高了關注的焦點，決定要面對香港更根本的政治問題，也就是普選。這個倡議團體從原本的「基本法二十三條關注組」，變成了「基本法四十五條關注組」，也就是規範普選的基本法條文。他們開始競選公職，不久之後正式組成「公民黨」，活躍至今。

公民黨律師們具有成功專業人士的形象。他們能言善道，能夠對市民解釋法律概念，在媒體上挑戰香港政府的政策立場。以創黨黨魁余若薇為例，她曾經跟二〇一〇年的香港特首曾蔭權在電視上辯論，討論政府提出的普選方案，以壓倒性姿態大獲好評，民調顯示七成市民認為余表現勝過曾。在雨傘運動前，甚至有高人氣支持她代表民主派競選第一次普選的香港特首。

相異於早期民主黨的群眾基礎，公民黨主攻中產階級選民，以理性、專業的風格獲得支持，也有較多女性代表人物。例如，另一位知名度也很高的公民黨律師陳淑莊，也是立法會選舉的常勝軍。她曾經在二〇一〇年辭去立法會議員的職務，連同其他民主派四位議員，將補選選舉轉化成模擬公投，呼召支持普選的民意。在雨傘運動後她也被起訴，是著名「佔中九子」的其中一人。同等著名的也是她多才多藝的生命力，不僅是舞台劇演員，也擅於時尚穿搭，為香港公眾人物樹立另一種典範。

不管是第一波或第二波的從政律師，都有共通性：他們有很長的政治生命，也都願意將自己的政治名聲交棒給後輩政治人物。像是民主黨的李柱銘，公民黨的吳靄儀，在立法會都是超過二十年的經驗；公民黨的創黨律師們，也都有超過十年的參選紀錄。為了提攜後進，他們也願意在選舉時居次位，讓年輕的黨人有機會獲得席次[3]。

更根本的是這些從政律師的政治意識型態：他們相信制度，相信法律應該制衡政治權力；主張香港自治，但並不會挑戰中國主權。在策略上，他們使用法律的語言形塑政治議題，也擅於動員，強調動員能量要轉化回制度內的戰場。

中聯辦培養護航律師進入立法會

雖然是民主派的律師們樹立了「律師從政」的典範，但親中陣營學得很快，也在二〇〇〇年晚期開始發展一批建制派的從政律師。何君堯正是其中一人。

親中派的從政律師是「西環部隊」的一分子。西環是中國駐港辦公室的所在地，而所謂的「西環部隊」則是中國回應民主派的新策略：培養一群中產專業人士成為政治人物。相對於傳統的香港建制派人物具基層實力、卻無社會文化光環，律師正好填補了親中派的形象赤字。

二〇〇八年，兩個親中派律師成功地進入立法會。梁美芬與謝偉俊兩人都是以獨立候

2　根據主辦單位民陣的統計，後來的七一大遊行人數，只有2014年和2019年超越2003年的紀錄。

3　香港立法會地方選區的選舉規則，是最大餘額法。簡單地說，每個政黨在各個選區提出一份名單，按照各政黨的得票數照比例決定每個政黨獲得幾個席位。所以，在政黨名單內，順位較高的候選人有比較大的機率獲選。公民黨向來有資深者禮讓資淺者的傳統，提名年輕的候選人到名單的較高順位。

選人的身分參選，但是都由可被中聯辦動員的草根社群支持。同樣培養律師進入立法會的模式，逐漸成熟，在二〇一二年有四位律師進入立法會，二〇一六年有六位律師，包括何君堯在內，人數已經多過民主派的從政律師。親中派的從政律師都有被媒體起底的紀錄，可以連結到中聯辦。

親中派律師的功能是壓制民主派。主要的功能有兩個：擔任「首要回應」的角色，也就是以法律論述與行動壓制民主派新興策略。其次，他們是護航者，也是官方政策的附和者。

在「首要回應」方面，親中派律師往往緊跟著民主派，在民主派的政治行動後，一馬當先，以兩種策略回應：給予泛民的政治行動負面的法律評價，輕則譴責、重則入罪；或者嘗試透過法律禁止該政治行動再次發生。

近年有兩個顯著的例子。二〇一七年，當香港的公民社會出現了被視為基進的政治意見，想要探索香港作為獨立民族的可能性時，建制派律師們立刻將其標籤為港獨，建議將港獨入罪。一年後，香港政府正式將香港民族黨列為非法組織，禁止其運作。

第二個例子是把法院拖下水。二〇一四年，雨傘運動發生之後，親中派律師首先呼籲法院批准禁制令，為了維護民間商家運作權利，禁止在特定區域集會，移除抗議者以及抗議者設置的路障。首先是小巴士公司提出申請，而高等法院真的批准了禁制令。其他巴士、大廈業主紛紛仿效。不久後，警方依據法院的禁制令，在金鐘、旺角清場。是在這樣的脈絡下，我們看到雨傘參與者於金鐘留下著名的黃布條：We will be back。

親中派從政律師的第二個角色是護航。當政府推動政策時，這些從政律師將其法律專業轉化為政治上的發言資本，在公共言論市場上，一方面肯認政府立場的合法性，另一方面與民主派政治人物捉對廝殺，否定他們立足於法律的政治論述。

過去幾年香港兩大政治爭議裡，親中派的律師很明顯地展現了這樣的角色。第一個例子是引發雨傘運動的真普選爭議。當時，普選的選舉方案環繞著一個問題：究竟誰可以提名特首候選人？民主派主張一般公民也可以推舉候選人。但港府堅持，依據《基本法》，只有提名委員會才可以決定候選人。

港府此舉當然是為了控制特首人選；經過提名委員會肯認的特首候選人，是上頭已經同意的人選，港人的普選只是在上頭許可的範圍內做出被動的選擇。親中派律師不斷附和政府的設計方向，他們主張提名委員會擁有「實質提名權」，指稱公民提名是架空委員會，不符合《基本法》。但反過來說，按照港府的設計，公民的「普選」也同樣地被提名委員會架空，但親中派律師對此卻不置一詞。

說到底，政府可以架空公民的權利，公民不可以挑戰政府的權力；親中派律師的法律意見本質上是一種政治立場。

還有一個例子是「一地兩檢」。香港計劃在西九龍建一個高鐵站，站裡將會有兩個檢查站，一個是「內地口岸區」，由中國官員管理、根據中國的規定檢查旅客與貨品。這等於是在香港劃出了一個中國租界。雖然在香港的土地上，但卻執行中國法律，直接挑戰了一國兩制的原則。

民主派的律師們氣得跳腳——大律師公會甚至因為當時的主席反應太慢而把他換掉了——香港《基本法》明明說香港可以保有自己的法律制度，但是中國卻把一列火車推進香港市區，輕易地戳破法治這個保護網。

在法律論述上，親中派律師跟民主派律師們吵得旗鼓相當。尤其港府還拿雞毛當令箭

——在北京的人民代表大會常委會做出了一項決定，說一地兩檢的安排符合一國兩制；香港的律政司司長就拿著這份決定，主張高鐵站被視為內地港口是有法律依據的。其他親中派的律師也不斷加油打氣，指稱民主派律師缺乏對於《基本法》的全盤認識，應該要回歸立法者原意，而人大常委會當然有權力監督。

權力是個硬道理。親中派的法律邏輯其實非常一致：港府的安排是合法的，因為北京說這是合法的。當權者的決定即是法律，符合當權者的治理即是法治。「法治」原來是當權者用「法」來「治」你。

這是一種立足於政治的法律論述，也正是親中派律師作為護航者的重要功能。

法律人該怎麼用道理對抗子彈？

在這樣的脈絡下，何君堯的言行並不令人意外。

隨著香港政治激化，兩大陣營的從政律師都在新局勢下找尋出路。在中聯辦支持下出道的親中派律師，資格良莠不齊。或有年輕專業、形象清新的容海恩，學政兩棲、經歷完整的梁美芬；或有許多出選一次失敗就從此消逝在政壇的，也有換了幾個選區還是選不上的；但也有何君堯這樣的人物，不斷暴走，資歷屢屢遭挑戰。

這些親中派律師之間並不團結，因為他們必須各自在不同的系統爭取支持，也必須在不同的舞台上展現自己的功能。何君堯選擇了一種義和團式的表演路線，以煽動性的言論，鞏固甚至是創造極端保守派。

長期追求香港普選的民主派律師其實也面臨相似的處境。當原本和平的街頭抗爭惡化為不折不扣的戰場，律師們像是秀才遇到兵，在公共領域中逐漸失去影響力。

事實上，隨著街頭運動變成香港政治的主焦點，民主派律師也逐漸邊緣化。這與台灣民主化的經驗大相徑庭：八〇年代的台灣政治運動見證了黨外律師的興起，而近來的香港街頭運動卻讓民主黨、公民黨的大狀們無用武之地。

此現象有兩大原因：第一，「沒有暴民，只有暴政」。街頭運動本不是常態，當運動變成常態，反映的其實是失效的政治制度。從政律師身為這個體制的一部分，大型運動是一種表徵，否定他們的有效性，但他們還沒有找到自己在街頭的位置。

當官已逼民反，習慣在制度內縱橫捭闔的律師們還一時上不了梁山。

第二，香港扭曲的選舉制度使然，大型運動的動能沒有辦法透過選舉引入制度內。台灣的太陽花能夠把黃國昌帶進國會，曾推著邱顯智成為黨魁；但在香港，法律人沒有誘因、也未必有舞台能夠發展成政治領袖。事實上，許多具有謀略與魅力的香港律師仍然以匿名的身分，焦慮不已，在去中心化的片地烽火中「盡做」[4]。

香港從政律師的變遷，恰恰反映著香港政治二十年來的傾軋。這一場保衛戰，困難的不只是以肉身對抗赤裸的國家暴力——當威權披上合法的糖衣，麾下有巧辯的律師，挪用法治的基礎支持權力的蔓延——民主派的這一方應當如何面對？隨著制度一層又一層被侵蝕，政府與公民的衝突愈演愈烈，法律人怎麼用道理對抗子彈，又怎麼用道理匯集民主的支持者？

這不只是香港的課題，也是我們所有民主國家當儆醒的教訓。

4　盡做在粵語中的語意，是在「不可能做到」的前提下，盡力試試能做到多少。

警察、黑幫、藍絲全方位圍城 香港已成孤島

雨文——文

時間：反送中運動一百天
事件：警察城市管治模式

現在，我和身邊同學每天都提心吊膽，害怕會被人突然襲擊。現在要組成「一起上學」活動，一起上學、一起放學。為何年輕人要承受這種恐懼呢？香港僅餘的法治都沒了，黑警已成為香港人的敵人。

——鍾同學，學生。

作為街坊我很痛心，想在自己居住的地方吃個飯，甚至是路過，都會有生命危險。我現在出街，不敢穿黑色衣服、不敢戴口罩。收工回家，很怕在路上突然被人襲擊。

——陳先生，北角居民。

這些是香港學生、街坊市民在反送中運動過程的心情。

從六月九日香港反對《逃犯條例》修例（民間簡稱為「反送中運動」）踏入一百日之際，

香港政府、防暴警察、黑社會極速進化，香港由全球最安全城市，進入了深淵。七月二十一日元朗的白衣人無差別襲擊市民與示威者，九月十五日的北角，再次上演數十名福建幫手持利器見人就打的暴力襲擊事件，在場大批防暴警察卻未予充份制止。

這百日以來，警察、黑幫、藍絲，改變了香港。

警方被指與黑（黑幫）、藍（支持政府和警察的藍絲）緊密配合，在法律內、外，全方位地以武力對付示威者和市民。同時，警方不斷提升自身武器力量，包括休班（已下班）的警察獲准配備警棍方便隨時對付示威者；防暴警察也可在有需要時，以實彈鎮壓暴亂。

「現在的香港警察已經完全轉型，是警察治港、便衣治港，完全是白色恐怖。這些日子，香港人已經流很多血了，再這樣警察治港下去，香港人就無法生存下去了！」受訪的溫先生說。面對警黑藍以濫暴制亂的行動，示威者和市民顯得無力、無助。香港，已淪為一座孤城，港人孤立無援。

欠了年輕人的債，用生命來還

五十多歲的溫先生，是一家公司的老闆，辦公室座落在香港心臟地帶的中環。在香港經濟高峰期，遍地黃金。溫先生不需要付出多少努力就可輕易獲得金錢與地位。數十年來，他享受著股市、樓市不斷飆升所帶來的經濟成果；他享受著自己搭成的政商人脈網絡所帶來的有形收入與社會地位。正如他自己說，他屬於香港的既得利益群體。這個階層的又一特點是，大多數人都如特首林鄭月娥、前特首梁振英以及一眾高官、大孖沙（指巨額投資的富翁）般，家人均持有外國護照，溫先生也不例外。香港，對於這個群體來講是賺錢的地方，卻不是落葉歸根的家。

九月十五日，在警方對一直以合法、和平方式組織民間大型遊行的民間人權陣線發出反對遊行通知書後，十多萬市民仍堅持按照原定計劃到銅鑼灣「自由行」。溫先生低調地戴著口罩走在人群中。現場不時傳來口琴伴奏、被視為香港之歌的〈願榮光歸香港〉：「何以這土地淚再流……何以這恐懼抹不走……」

溫先生忍不住眼泛淚光：「我現在一聽到這首歌就想哭……」他停頓了一下，「九一四（九月十四日）香港警察徹底轉了型。以前是明刀明槍，現在，」他指著記者說，「甚至連你都有可能是便衣警察扮的。我和你談話冒著很大風險。我現在走的是馬路不是行人路，隨時會被控告非法集結罪。」

是什麼原因使得溫先生賭上一切走上街頭呢？「像我們這一代人，威風了數十年，卻透支了原本屬於這一代年輕人應該享有的資源和機會。我現在選擇走出來，是還債心理。警察濫權太嚴重了，不能只靠年輕人來爭取公義。」

正如在這場運動中，外間經常會以「進化論」形容示威者的自我修正能力、戰略運用能力、網上和民間動員能力，都能因應警方策略變化作出快速轉變，溫先生同樣在這一百天內不斷自我進化。當反送中運動在六月九日正式爆發，並在七月一日發生示威者衝擊立法會，有部分示威者更一度佔領立法會綜合大樓時，當時溫先生對這場運動持著反對態度。「我那時坐在中環辦公室裡，一邊看直播，一邊罵道：『打死這些暴徒了』。」

直至七二一元朗襲擊事件發生。元朗發生大批身穿白衫、手持長棍、鐵條等攻擊性武器，被懷疑屬黑幫人士，在元朗西鐵的元朗站內向市民和列車乘客進行大規模攻擊。而警方竟然在接報後的三十九分鐘後才出現，當時站內已沒有白衣人，事件導致四十五人受傷。事後，社會輿論普遍指警方故意縱容鄉事及黑社會勢力發動這次恐怖襲擊，是「警黑勾結」。

當晚一直坐在家裡看直播的溫先生感到非常震怒，與大部分港人一樣，徹夜難眠：「說不過去，完全講不通。元朗警署到元朗站很近，怎麼會出現這麼長時間的真空期呢？裡面的人被打，你完全不理，你是執法者呀。即使作為一個人，這也是最基本的良知。」這件事徹底改變了他，自此，每一場的遊行、集會都有溫先生的身影。

「我只有一個要求，成立真正全面的獨立調查委員會，一天沒成立我一天都要走出來，就算要幾十年，我也要走出來。現在這個政府和警方，把我們逼得沒了退路。」

就在這場「自由行」前夕，有兩名被懷疑假扮巴士乘客的便衣警察，在巴士站分別推倒兩名無任何異樣的年輕人並進行拘捕。這兩名便衣警察拒絕向在場圍觀質問的市民出示警察委任證[1]。唯一顯示他們身分的是不經意由衣角露出的警棍和手槍。事後，警方在例行記者會被追問有關事件時，發言人只表示：「如果市民判斷不了，可以等下去，如果有警車來到，那他一定是真警察。」

溫先生說，「香港警察已徹底轉型。我昨天在想，你便衣警察如果拿棍來打我們，我也要自衛。你又不是警察裝束，只拿枝警棍，連警察自己都證明不了真假，那我一定要自衛。如果警方再把暴力提升，我想我都會跑去做前線，豁出去了。香港一直都是全世界最安全的城市，從來沒想過香港會變成現在這個樣，警察城市。」

《明報》在九月份委託中文大學民調結果顯示，有百分之七一．七的受訪民眾認為警察使用過分武力，百分之三九．四受訪者認為示威者使用過分武力。而八月到九月，示威者和警察實際上的武力都上升，但調查出來，市民認為警察使用過分武力的比例上升，認

1 委任證是一種身分和職權識別證明，由警察和其他執法人員攜帶。使用委任證的國家包括英國及其他大英國協國家，以及部分前屬大英國協的國家和地區。其他國家一般將類似的證明稱爲警察身分證、警官證、任命冊等。

為示威者使用過分武力的比例卻沒有上升。表示市民近日對警察多了不滿。2

警鄉黑至今的歷史連結

回溯香港百多年的歷史，從未出現過「警察城市」這一名詞。即使在香港當代史中最黑暗時期，六七暴動期間，港英政府亦未曾出現過警察城市的管治模式。

六七暴動是香港左派為了呼應北京發起的由上至下的文化大革命，而決定照搬到香港，目的是搶奪港英管治權。當時負責調動香港各左派組織的就是今日中聯辦的前身新華社。六七暴動期間，商業電台主持人林彬，因多次在節目裡嚴厲批評左派暴行，結果活活被左派人士燒死在車中。同一時間，左派製造大量真假菠蘿（土製炸彈），放置在全港各地，製造社會恐慌，結果導致北角兩名小姊弟不幸被炸死。事件令到整個社會人心慌慌，個個擔心自身安危，同時也讓港人看到左派的殘暴，並影響港人長久以來對暴力行為的厭惡。

半個世紀過去了，當初的暴力陰影似乎仍然在北角暗角裡徘徊。反送中運動至今，北角分別在八月十一日及九月十五日，先後兩次發生大批福建幫無差別襲擊市民事件。北京官方媒體《環球時報》隨即在當晚、襲擊事件發生後發表社評，指在中央支持下，「香港特區政府和警隊依靠愛國愛港群眾控制局面的能力得到更充分地顯現。」但該區區議員鄭達鴻直斥，北角福建幫打人是元朗白衣人恐襲的翻版，同樣是「警鄉黑勾結」。

香港宗親會與鄉事勢力屬傳統親中陣營。鄉事勢力一般指由與中國接壤的新界原居民所組成的地方勢力，於移交前、後，在政界具有舉足輕重地位。港英時期，政府為拉攏鄉事勢力，給予原居民眾多特權，當中有「丁屋」，所謂丁屋是指原居民男性的後代可以在村子的指定範圍內，向政府申請興建房屋，而不需要向政府繳交任何費用。這些房屋的居民也不需要像香港其他居民一樣繳交用來維持市政服務、俗稱「差餉」的稅款。這項制度延用至今，依舊爭議。及後，港英政府又於一九二六年成立新界鄉議局，以便有系統地處理村民的諮詢及協商。鄉議局的職能更受到香港法例《鄉議局條例》所確立。

一九八〇年代，當中英就香港前途問題進行談判時，鄉事勢力再次成為北京統戰目標。像當時有「新界王」之稱的鄉議局主席劉皇發，就獲得北京委任為香港《基本法》起草委員；而原居民在港英時期所享有的「合法傳統權益」亦在移交後得到《基本法》第四十條保障。

新界人以「彪悍」廣為人知。像特首林鄭月娥在二〇一二年出任發展局局長時，曾以強硬姿態強調會依法清拆所有新界村屋違章建築，惹怒原居民，換來被原居民火燒「林門鄭氏」紙公仔及紙棺材。最終在林鄭競選特首，並獲得新界鄉議局二十七名選委綑綁提名後，有關的清拆事件亦就不了了之。

同樣在反送中運動裡行為高調的，還有在港福建人所組成的宗親會，俗稱的福建幫。長久以來，北角也是福建幫主要聚居地之一，故該地亦被視為深紅地帶，有「小福建」之稱。除早年由開發該地的福建商人郭春秧命名的春秧街外，最令港人印象深刻的則是僑冠大廈。該大廈以及大廈內的華豐國貨，曾在六七暴動期間作為左派工會大本營之一。當年，英軍曾聯同港警發動「拂曉突擊」，從地面和天台進入大廈，進行全面搜捕左派人士行動。左派勢力在六七後雖一度沉寂，但隨著移交而再度活躍。尤其近年北京對港統戰策略上，一再強調要發展及壯大愛國愛港愛澳力量後，親中陣營更趨高調。

反送中運動爆發以來，上述親中勢力分別在七二一元朗事件，以及北角福建幫施暴事

2　非常同意和頗同意示威者使用過分武力的比例，9月份是39.4%，比8月微跌0.1個百分點；非常不同意的則增加了1.8個百分點，為31.5%。而認為警察使用過分武力的數據，非常同意和頗同意的比例是71.7%，比8月份明顯上升4個百分點；非常不同意和頗不同意的比例則是20.6%，下降了2.2個百分點。

件中高調參與。兩次針對目標，均是示威者與市民。而媒體亦揭露，兩次暴力襲擊事件裡，均有疑似「江湖人物」現身。

已故中共前公安部部長陶駟駒，曾於一九九三年公開講過「黑社會不是鐵板一塊，當中有些人也是愛國愛港的」、「他也有改過從善的，他有辦好事的」。他的一番招安論，當年令全港各界感到譁然。但在移交後，這幾股力量逐漸發揮統戰作用。像前任特首梁振英在二〇一二年競選特首時，被媒體揭露其競選陣營成員於流浮山小桃園酒家、偕新界部分鄉紳及「江湖社團人物」一同出席飯局。其後的二〇一四年佔中運動期間，媒體再次揭露疑似「社團人物」與操普通話人士，在旺角和銅鑼灣襲擊佔領人士。

及至反送中運動，警方在處理元朗七二一事件和福建幫北角暴力事件上，均被社會各界抨擊為「警黑勾結」。像九月十五日，民間發起港島行，當晚在北角、炮台山一帶，大批身穿白衫、操福建口音的男子高呼「福建人加油」、「來北角，殺！」及後這批人手持鐵條、摺凳，在炮台山站外追打市民；但附近的防暴警察不但視而不見，反而抓捕黑衫抗議者；有媒體更拍攝到，襲擊市民人士竟獲警隊盾牌遮蓋面容，甚至有警員與他們握手。警方事後回應事件時，僅稱「那一秒鐘沒執法，不代表警方不執法」。

民兼警職，以武抗黑

面對警、黑、藍三方面全方位暴力拘捕和襲擊行動，示威者完全處於劣勢，能做的非常有限。港人深受六七暴動影響，不喜暴力。對於暴力行為的接受程度，遠較鄰近的台灣和南韓低。這個狀況為前線勇武者帶來一定壓力。

十九歲的阿剛，是一名勇武前線。有一次他與許多和理非（和平、理性、非暴力）參與反送中遊行時，遇到一名小朋友，「當他抱著我身體的那一刻，我知道，我們不只是為了自己這一代人，也是為了守護下一世代的香港人，守護他們的未來、自由和被剝削掉的東西。像現在集會自由，出來遊行也要得到警方批准，不應該是這樣的。自由，不是別人給予的，我們本來就擁有自由地行使我們表達訴求的權利。」

在大大小小前線與防暴警察交手，阿剛發現這一百天來，警方的清場行為變得很隨意，不跟正常程序走，很容易令市民身陷險境。「九月八日那場宗教團體發起的集會，警方突然要求主辦方提前結束。不知為何，防暴就開始往前推進，並在完全沒有預先警告下，向現場市民瘋狂發射催淚彈。當時在場的什麼人都有，有老人家、有小孩，大家都倉惶逃跑，好像打仗逃難似的。」

作為要保護和理非的勇武前線，當後方退得慢，他們就只能留在前線拖延防暴警察向前推進的速度，被迫要與警方發射出的大量催淚彈，甚至訪問當天出動的水砲車周旋。「你問我怕不怕，怕，肯定怕，但如果我不做，就會由我身邊的人去承受，沒辦法。」訪問中途，突然聽到身旁大叫：「催淚彈呀！」阿剛拋下一句「我要走了」之後，隨即消失在金鐘政府總部外濃濃的催淚煙中。這是勇武者的常態。

當天，是送中運動爆發後的一百天，防暴與示威者重新回到這場運動的起點，進行激烈的攻防戰。一方出動兩部水砲車、兩輛裝甲車，伴以無數的催淚彈、像膠子彈、布袋彈等殺傷力強大的武器。另一方，有的只是少數土製燃燒彈、大量雨傘，以及由安全帽、眼罩、豬嘴口罩和保鮮膜纏裹的雙臂所組成的一身裝備。示威者在雙方力量如此懸殊下，堅守到現在。如今，示威者和香港人又要面臨新的抉擇。

被指涉及七二一元朗襲擊事件的立法會議員何君堯，公然向港人和示威者下戰書，要把全港十八區的連儂牆「清洗乾淨」。面對警黑暴力進一步升級，不少民間團體表示，不願再看到七二一事件重演，未來日子會主動出來保護街坊，以「民兼警職」的方式來「以武抗黑」。

因為運動擔心被整肅而得戴面罩開記者會的發言人們表示，黑社會與警方互相補位配合，大規模向無辜市民施襲，令到香港法治制度土崩瓦解，制度內已沒有任何力量可以保護市民。抗爭者由最初的和理非，演變成勇武，「是你（政府）教我們和平遊行是沒有用的，」現在，香港人被迫選擇自衛，也「是你（政府）教我們捱打沒有用的、報警沒有用。勇武前線絕不會主動出擊，只有當市民生命受到威脅才會出來守護。我們希望香港人能重拾免於恐懼的自由，但在那天來到前，每個人都有權自衛。」

然而，對示威者而言，在沒有任何可與之匹敵的武裝力量下，他們仍嘗試著守護香港。香港人，在孤獨中抗爭，試圖搶救回那最後一絲的自由與未來。

離職港警

在警察學院裡教的是，當你武力可以控制那人時，就要停止！

李雪莉、楊智強——文　劉貳龍——攝

時間：二〇一九年八月三十一日
事件：太子站襲擊事件當天

八月三十一日晚間，香港警察在民眾結束了在金鐘、灣仔跟銅鑼灣的遊行後，在香港九龍旺角的太子地鐵站，兩批對運動意見不同的乘客發生口角，引發香港防暴警察與速龍小隊衝入太子站往中環的月台列車追捕示威者。他們使用警棍與胡椒噴霧，無差別攻擊市民，導致多位民眾頭部流血、受傷。有人將此事件視為「元朗襲擊事件的警察版」。

香港的「阿Sir」在過去數月的反修例運動內，成為不少港人以嘲弄的口吻喊為「popo」(把police當小狗般，稱他們為警犬之意）的對象，但也有人支持警方的執法。港警是否武力過當，一直是運動過程中被討論的議題。

在八月三十一日，全港市民被太子站事件震驚的這一天，我們訪問了當了十一年員警、而在二〇一九年八月九日離職的邱汶珊。三十六歲的邱汶珊有個小虎牙，長相清秀。在香港，女警被市民叫Madam，這份工作做了十一年後，她在反送中運動開始後的兩個月，辭去警職。訪問她時，外頭灣仔軒尼詩道上傳來一陣又一陣遊行者的呼喊，她不時皺眉擔心民眾安全。

她認為，部分香港警察已經失控，警方使用了過分的武力。她說：「我們在警察學院裡學習到的是，你用的武力，是當你可以控制那個人的時候，你就要停止。這是很重要的提醒。」

（以下為受訪者自述）

二〇〇八年我進入警界，加入警察是因為想改變，覺得警察這份工作，在最前線可以服務市民，希望香港市民過得安全。警察有不同的職能，有的是便衣、有的是報案室接待、有交通警員、也有做衝鋒隊的。我做了六年的便衣刑警，在跑馬地做了巡邏小隊員警，也在柴灣做過軍裝巡警。

我覺比較特別的是二〇一四年傘運。在那之前，我已感覺到警察對民主派的人有些偏見，覺得民主派人士在搞事，但（我那時）很清楚看見群眾不一定是立法會議員或反政府的群體去號召，是人民的自覺。

二〇一四年後，警察對市民上街的反應就不同了。我有點驚訝當時用催淚瓦斯，那時有感覺不應該這樣做。如果警察要抓就慢慢抓，為什麼要放TG（催淚瓦斯）呢？

以前，如果有遊行申請，我們做的事是維持秩序，有車子要過就維持安全，不論是什麼團體，法輪功也是一樣，遊行隊伍慢慢走後，再給車子走；如果有不同意見的人對罵，警察可以去調停。所以不清楚一四年他們為什麼要這樣子。

如果看外國的新聞片段，去搞破壞的人會自己帶汽油彈，或打破店鋪的櫥窗偷東西。但在香港，我記得有次遊行後回來（銅鑼灣的）SOGO，我看到有些大的商鋪都關了，其中有一家小的店鋪，有售貨員還沒關門，我去跟他聊天，我問他說會不會害怕，他說他知道這班學生不是要搞政府，他們只是要政府道歉，他們只是想要跟政府談一下：香港怎麼走。

在二〇一四年時，警界裡的大夥不會討論這件事，有些同事不會去想這些事是對或不對，他們只會想：你違法了嘛，不用談了。如果有人想跟這些人談，討論這些人為什麼上街？他們會覺得你在偏袒示威者。

所以多數的警察覺得示威者是麻煩。他們覺得：你們又上街了，要跟你們一起曬、下雨了。但我的想法是，香港《基本法》說可以遊行上街嘛，這是人民的權利，這也是警察職務的一部分，雖然是辛苦的。

但二〇一四年後警察地位也沒像今天這麼差。五年了，為什麼到今天（八月三十一日）香港警察和民眾還這麼緊張？甚至更緊張？

你看到很多畫面，警察身上很多裝備，他一手就可以抓到那個人，那人都站不穩了，你還要打他，我覺得太過分了。

我真的不知道。六月中到現在都一段時間了，可能他們（警方）也不能控制。我們在警察學院裡學習：你用的武力是當你可以控制那個人的時候，你就要停止。這是很重要的提醒。你要用噴胡椒噴霧，還是用警棍，到最後你什麼時要用槍，那個使用分級在警察學院裡是有教的。如果有人用拳頭打你，不會第一時刻拿棍、拿手槍，頂多就是拿噴霧警告而已。這十一年來，我自己就從來沒有拔過槍。

我覺得八三一太子站的事件，警察判斷上是有錯誤的。真的使用了過當的武力，我真的不能理解。晚上大約十點多，我們在灣仔地鐵站見到警察跟市民對罵。警察指責市民不需要教他們怎麼做事。其實警察不需要這麼兇，但現在已經失控了，很恐怖。

反送中這兩個多月來，警方的行動讓我覺得不太正常，也不能接受。

往後警察怎麼跟市民重新相處？

我離開警隊的關鍵，是在六月十六日那天。六月九日後很多人遊行，十二日示威者和警方在立法會前衝突。十六日遊行人數更多了，那天我在中央圖書館旁邊附近的空地站崗，維多利亞公園是遊行的起點，但那天跟六月九日很不一樣的是，示威者其實很和平，但有些示威者手裡拿著「黑警」兩字的標語。然後我就開始想：「香港警察跟市民往後日子怎麼重新相處？」

盧偉聰是香港警務處處長[1]，我們最大的長官，他將六一二定義為暴動，我有點驚訝他這麼講。但其實最終要抓要控告，也要看律政司的決定。從六月九日到十六日，不到一

1　香港警務處處長盧偉聰在2019年11月18日退休，中國國務院根據香港特首林鄭月娥的建議和提名，任命由行事作風更為鷹派的副處長鄧炳強接任處長，他也曾擔任元朗警區指揮官。

個星期，人民對警察態度差別這麼大。

政府反應比較慢。十三日半夜都有示威者跟警察都受傷了，同事也是香港人，示威者也是香港人，那你做個行政長官，沒反應的嗎？你會容許這些事情再發生嗎？

我如果不離開警隊，可能要二十年繼續工作。當時我就開始在想還應不應該再繼續。我跟朋友聊，也跟相信的長官聊，他們說不要擔心啊，幾個月後會好的。但真實狀況是慢慢看到事情控制不了啦，就像我看到穿著便服的警察，站在警察總部裡隔著玻璃門跟市民對罵，我覺得很丟臉，shameful。

以前香港人覺得穿警服的人是「烏龜」，會笑這些烏龜又出來開罰單，不去抓壞人，那個嘲諷我都還能理解。其實也有警察家屬反對《逃犯條例》的修例，但現在情況是，不論你在遠方執行勤務，或是在金鐘拿盾牌，一般人不會瞭解這麼清楚，結果把所有警察視做同樣的敵人。想到以後警民關係不會那麼快改善，而警察現在的工作時間從九個半小時到要工作十二個小時，大家基本也很累。

我辭職時，有人說你是不是政府扮的鬼（指臥底）？有些人說如果不是，應該早就覺得要離開，傘運早就該走啦，根本不應該當警察啊？但也有人說：終於可以離開這部門。有警察為了保護同事，決定跟我解除朋友。我在警界十一年的工作，月薪是三萬四千元港幣。年假，最多可以累積到六十六天。

現在我離開，正積極參與十一月的區議會選舉。現在社會氣氛是，只要出來投票，就有機會讓支持送中條例的親政府團體離開議會。我參與的是灣仔區下的銅鑼灣選區，目前灣仔區十三位議員中多數是保皇派，不知道我能不能選上。我們這一群人叫「灣仔起步」[2]，推出十位在這裡競選，有的是從事電商在網路上賣機票，有的人從事藝術，也有大學教授或是環保人士，大家都是第一次參加選舉，希望能做出改變。

後記

二〇一九年十一月二十四日區選結果出爐，邱汶珊當選。

2　於2019年成立，由時任灣仔區議員楊雪盈牽頭，帶領多名政治素人，主要服務灣仔區居民，在區選中提名10席當選6席。

民調反映的港獨、攬炒、移民趨勢

專訪香港中大教授李立峯

李雪莉、楊智強——文
劉貳龍——攝

時間：二〇一九年六月至九月
事件：流水運動中的民意調查

李立峯曾經上到法庭當證人，為二〇一四年因佔領中環被起訴的佔中三子（陳健民、戴耀廷、朱耀明）提供專家證詞[1]，這是全球少見由民調專家上庭作證的例子。如果要掌握香港民意變遷的歷程，香港中文大學新聞與傳播學院院長Francis Lee，李立峯，絕對是數一數二的代表人物。

過去三個月，香港反送中運動的規模、密集度、強度，已寫下當代社會運動重要的一章。過程中，李立峯和他的團隊在無大台、「Be water」流動如水的運動現場裡進行了十九次的民調，而且還在繼續。他們克服調查過程的困難、適時與進行中的運動產生微妙的對話，並再將調查結果快速地透過一篇篇報告的產出及在媒體寫文章，與運動

產生對話。李立峯說，「這次運動幾乎是每星期一單位的循環，是非常多元複雜，是在佔中時期也不曾有過。」[1]

李立峯從二〇〇三年開始長期關注港人意識：究竟香港人的認同有什麼劇烈變化？「天然港獨」在香港是否成立？為什麼反送中的運動者會有玉石俱焚、粵語裡稱之為「攬炒」的心情？又為什麼在運動過程中有人抱著「解放軍來了也要堅持運動」的心理準備？這背後的想法究竟是什麼？每週一個新循環的運動又如何自我再造和修正？透過此專訪，也得以瞭解一個移交中國後蛻變的香港。

（以下為受訪者自述）

二〇〇八年後香港人的香港認同持續上升，二〇一九上半年，認同自己是「香港人」的人口達到回歸後的最高峰，首次突破五成；認同自己是「中國人」的則創下歷史新低到百分之十．八，其他百分之三五．八則是「混合身分」的認同。

九七回歸之後，有一段比較長的時間，香港人對中國的認同感，基本是上升的。那個上升是因為在回歸頭十年，香港跟中國大陸的衝突不很明顯，大規模經濟社會的融合還未出現，沒有那麼多旅客、留學生、資金跑到香港。

從政治上來講，中國政府在回歸早期的五、六年裡面，除了決定誰當特首或一兩件最重要的事情之外，基本上香港人在其他的政策上不會看到中央、中聯辦的角色。你不會覺得有所謂的「西環治港」[2]。

大概是二〇〇三年開始，中央或者說中聯辦開始對香港社會跟政治有較多的介入。因為七一遊行、《基本法》第二十三條條關於國家安全的爭議，中國大陸覺得香港表面上已

1　他出庭說明85.3%的受訪者是為了「爭取無篩選的選舉」（真普選）站出來，僅有6.5%受訪者之所以在佔中運動裡站出來，是為了「響應並支持佔中三子」。

2　中國在港代表機構「中聯辦」（中央人民政府駐香港特別行政區聯絡辦公室）位於西環，「西環治港」是香港人意指中國中央干預香港政治，破壞一國兩制的象徵。

經回歸，但人心沒有回歸，所以需要開始做多一點工作。介入是一步一步的，在二〇〇八年後，上述的社會經濟融合出現，政策開始時不會有問題，但發展到一個階段，就影響到普通人的生活。

當一個社會出現問題、開始影響人的認同時，對年輕人會影響特別厲害。因為一個成年人，像我這個年齡層，你說二〇〇八、二〇〇九年發生什麼事，我都已經年過三十，一個人已經過了三十歲、四十歲、五十歲，你的身分認同基本上是穩定的，沒有那麼容易被現況影響。但對一個十幾歲的年輕人來講，他一方面才剛剛有足夠的能力去理解這個世界在發生什麼事情，但同時呢，他沒有背景，他對社會的理解基本上是一張白紙，對他的身分認同感會產生很大的影響。

一國兩制政治現實下，表態港獨並未大增

在台灣有一種說法叫做「天然獨」，有些台灣朋友會想像香港也開始有「天然港（獨）」，我覺得很難說他們是不是「天然港」，我想就是覺得自己是香港人。很多人在討論香港的時候都會講到一點，其實是有一點弔詭的，一個今年十八歲，剛剛入大學的大學生，其實他們一出生就已經建制回歸，沒有經歷過殖民地，沒有經歷過香港一九八〇、一九九〇年代的黃金時代。所以我覺得這個「天然獨」、「天然港」的講法，放在香港的脈絡，可能會產生一個很有趣的問題——他們生下來，香港

香港人的身分認同變化

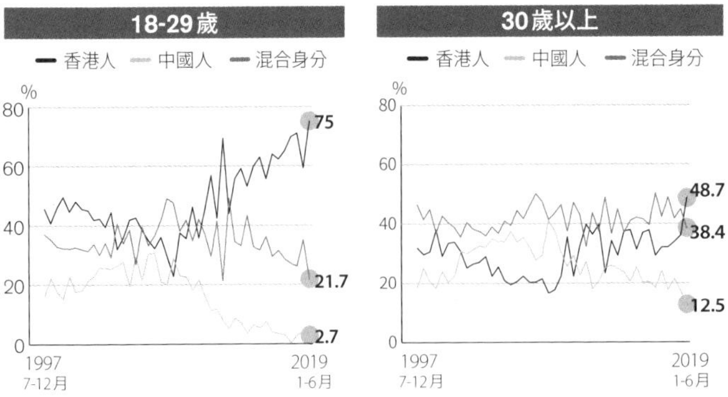

- 註：電訪員會讀出香港人、中國人、香港的中國人、中國的香港人四項，後兩者即「混合身分」。「其他」、「不知道」等類目，不在此列。本圖採半年結數據。
- 資料來源：香港大學民意研究計劃
- 資料整理：柯皓翔
- 製表：黃禹禛

就已經是中國的一部分，在這一群人，你說有什麼香港天然的話，天然就應該是中國的一部分。

因為生出來就已經是特區啊，但這群人反而對中國大陸非常反感。即使是一個在一九九三或九四年出生，回歸的時候才兩歲、三歲、四歲的人，對過去英國殖民地不會有個人的生活經驗和當時的個人回憶。那如果我們把九三或九四年作為一個斷點的話，代表現在二十五歲左右的香港人，基本上都沒有經歷過殖民地，但他們對中國反感卻是最強的；他們的所謂身分認同，最強的就是香港人。我們在香港很少會用「天然港」的講法。

關於「港獨」，我們在二〇一六年和一七年做過一些民意調查，當時就直接問，「你支不支持港獨？」二〇一六年所有香港人裡支持港獨的比例大概百分之十七，二〇一七年大概下降到百分之十一，降了六個百分點。但這數字其實只是一種起伏而已。

當時我們的問法大致是這樣，「未來到二〇四七年（指一國兩制五十年不變的時間點），那時候要講香港怎麼走下去，你支持『維持一國兩制』的比例有多少？支持『中國直接管治』的比例有多少？支持『獨立』的比例有多少？」結果支持一國兩制的還是有七成左右，支持港獨的是一成多。

所以從民調發現有兩點：第一點，很難說港獨是不是一個很強的比例，因為就算一成，並不是很多，而且也不見得有一個很明顯地往上走的趨向。當然不是完全因為大家覺得一國兩制一定比港獨好，只是絕大部分香港人清楚在目前的政治現實底下，基本上，港獨不可能[3]。

八月中，我們在民調裡增加了一題目，問大家同不同意一句話：「如果這一起運動成功的話，一國兩制還是有可能的。」結果六成多的示威者是同意這句話，這代表什麼？

3　在李立峯團隊所做的《「反逃犯條例修訂示威」現場調查報告》中，可看出此次示威者的政治光譜廣闊。「溫和民主派」是運動裡的中堅力量，其次是廣義的「本土派」。

反送中衝突劇烈，但意識形態並不激進

對我們來講，就代表這次運動在經歷過一個很強的、明顯的radicalization process（激進化的過程），但激進化主要是在抗爭的手段上體現，從所謂的「和平、理性、非暴力」的遊行，到一些有武力的抗爭，再到最近幾週開始會有火啊，那些東西。但其實在意識形態上面，不算非常激進。

「光復香港，時代革命」也不激進。第一，在香港，光復兩字不是一個新的用詞，二○一二年就已經用了，光復上水、光復元朗啊，一直在用，光復本來就跟獨立不必然相關，但是革命這種用詞只是一個很普遍理解的詞彙，不一定是那一種主權底下的革命。「光復香港、時代革命」作為一個口號，當然有一種「修辭」上面激進化的表現，但是不是真的有人提港獨？其實不是。

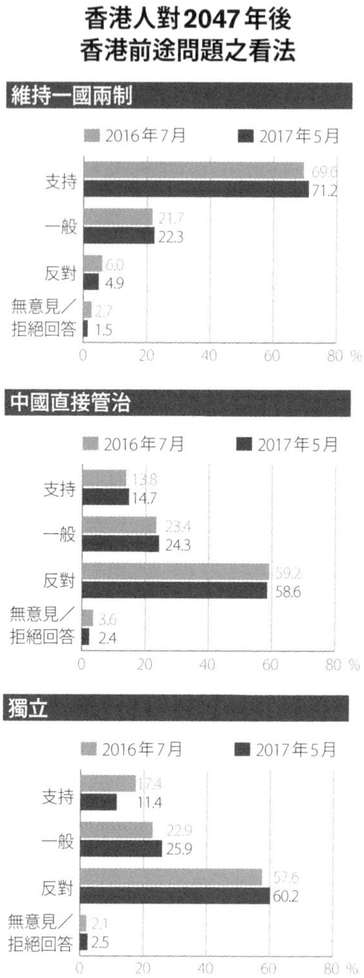

資料來源：香港大學傳播與民意調查中心
資料整理：柯皓翔
製表：黃禹禛

如果你去遊行現場的話，其實從六月到七月初，到現在，每一區的遊行現場，你當然可以看到有人舉那些香港獨立的旗，當然會有，但很少數，而且一直以來沒有發展到真的整個運動開始愈來愈多人講。港獨這個情緒，可以說它一直在底下，但是沒有發展出來。

這次複雜又多變的運動裡，我們在三個月內做了十九次的民調。有人問我和團隊[4]是怎麼判斷何時要進入？又怎麼克服現場？

我們決定進入與否，是得閱讀整個社會的氣氛。什麼意思呢？對我來講，連平時不應該講政治的人都在談，看娛樂版也開始講的時候，當明星和跨界的人都發表意見，就知道不是小事，就得進入。

回到今年也是一樣，六月九日之前一週，就有六四的三十週年，它整個氣氛讓你感覺到，好像會真的很厲害的一種氣氛變化。我們六月九日開始做民調，一開始是用QR code，但因為現場人太多，網路完全塞了，做不了，效率低。所以後來做的時候，我們會有QR code跟紙本一起。

還有一種狀況就是說，我們在現場派傳單，像八月三十一日警察是對遊行發了反對通知書了，所以基本上是非法的，也代表我們在那天之前，我們沒有辦法百分之一百肯定那天會出現什麼狀況，和不和平，連遊行者會走什麼路線都不知道。

流水式運動的現場民調

我記得是我們第一次用派傳單，是七月二十七日的元朗遊行，因為之前七二一的元朗黑社會攻擊事件，所以七二七遊行，警察發了反對通知書，技術上來說遊行是非法的，另

4　此團隊成員除了李立峯，還有嶺南大學政治學系袁瑋熙博士、香港恒生大學社會科學系鄧鍵一博士和香港浸會大學政治及國際關係學系鄭煒博士。
《「反逃犯條例修訂示威」現場調查報告》研究和支援工作由中大新聞與傳播學院傳播與民意調查中心統籌進行。

外也有傳言說繼續會有黑社會出來搞事，所以那一天首先我們判斷，根據我們自己的理解，以及看看你的朋友圈、臉書、不同圈子裡，知道那一天人不會少，所以我們得去做民調。但是始終你不知道去了之後會怎麼樣，是停在一個地方集會？還是真的人們會上街？

所以那一天我們只找了三位訪員，第一就是比較成熟的訪員，第二就是之前問清楚，你們本身就要去現場嗎？如果本身就要去了，就可以幫我們，不是純粹幫我們而去，反正都會去的話，當然就可以幫手。他們去發傳單是什麼概念？紙張下面也是QR code，等於讓遊行者回去寫。

香港做現場調查，不論是七一遊行、做六四、做雨傘運動，跟外國有一個很大的不一樣，就是我們的回應率（response rate）非常高。在美國、歐洲我們看那些社會運動的文獻裡，回應率平均就是百分之四十左右。在香港包括七一遊行、六四遊行，我們做的民調可以有百分之九十的回應率。

香港的民調回應率這麼高的原因有幾個，第一個原因是，以前香港的遊行基本上是和平的，沒什麼風險，哪怕是雨傘運動。傘運我們不是在放催淚彈那一天去做，我們去做的時候是催淚彈之後過了一週，開始穩定下來，所以哪怕是傘運，基本上是很和平的。然後，傘運時，我也跟很多朋友開玩笑，反正示威者也沒太多其他事情做，所以你讓他幫點忙，十分鐘、十五分鐘他完全不介意。

而且香港人參與遊行很強調自發參與，他就是代表自己，所以你去要求他填問卷，基本上是邀請他表達個人想法。這跟我們在七月二十日到建制派「守護香港」集會做民調的結果很不一樣，那一場我們的回應率大概只有百分之四十，建制派的集會可能是被同鄉會動員的。

但此次運動也因為運動者特別擔心事後整肅，哪怕回到六月九日、六月十二日一開始的時候，那些年輕人他們去示威現場就已經戴著口罩，覺得不太安全，自我保護意識很強。所以出現七、六月訪問員在現場派問卷，有些示威者懷疑是不是真的，他懷疑你是不是警察在假扮訪問員去搜集資料。

克服的過程很有趣。六月十六日隔天我們在現場做調查的時候，就有很多人開始問，甚至跑到Telegram和連登討論區上面提出懷疑，大家在上頭問說，現場有在搜集資料不知道是不是真的，在向網友發出警示。當時我們在連登上看見對這個民調的質疑，還在想說怎麼辦？結果，我們還沒想到方法，已經有人幫我們澄清。有人打到我們的辦公室詢問，這是不是真的中文大學新聞學院的民調研究？結果他們再把問到的結果分享出來，因為當時我們也寫了不少文章，就愈來愈多人知道我們在做民調，現在做調查就不會再有那種問題。

報這民調也有其特殊的歷史性的意義，一開始我只是想做六月九日那天的調查，但沒想到後面發生的事。之後，夥伴們開始問我這天做不做？幾號做不做？結果一路做到七月一日，我記得那時已做了第七次民調，我們開會的結論是，如果未來遊行還有幾萬人、十萬人參加，我們就做；但其實當時雖然這樣說，我卻以為是不需要再做的，因為七月初那時，我以為之後那些分區遊行不會有太多人參加。

最失敗的那一次，就是七月七日的尖沙咀遊行，我們是沒有做的。我們原本預判人不會多，但那一天肯定有六位數字，至少十幾萬，我下午三點去尖沙咀，就在WhatsApp上跟夥伴說，我們輸了，我們錯了，我們錯過了這一天！

當然這裡一半是資源的問題，我們很難真的每一次都做，有時也要看我們對每一次遊行人數的判斷，以及安全的考量。但我們現在會繼續做下去，因為運動下去就做下去，已經做到一個地步，不可能在這裡停。資源問題到最後，總有辦法。到八月底已做了十九次了。

「每週一循環」的創新社會運動

這次民調有人說對運動產生影響，其實你看香港這次運動基本上是不停要去看、回想、反思，然後想下一步怎麼走。因為從比如說，尤其七月開始，每一個週末都發生一些事情，而且每一個週末發生的事情，大家是很難去消化的，在香港都是沒見過的事情。

這次的運動從七月開始就是以一個星期作為一個單位的循環。這什麼意思呢？就是星期六、星期天就會發生一些事情，然後產生很大的憤怒、產生很大的困惑；星期一、星期二用來去思考週末發生什麼事情；然後大概到了星期二、星期三，就大家開始想通一點，冷靜一點，可以做一點事情；到了星期五、星期六又再來過。每一週的中間會有幾天，大家不停在思考，有討論、有呼聲、有批判，反正就是會有討論存在。

過往在香港並沒有發生這樣的社會運動頻率。你想想，像香港紀念六四主要就是一天，唯一可比的就是雨傘運動，但傘運是一個長期的佔領，不會有那種循環，不會說我們佔了兩天，再回家討論幾天，它是一個長期的、不停的佔領，所以不會有我剛剛講的那種循環模式。而且傘運的行動模式是很單一的，基本上就是佔領，示威者沒有每個星期都在想還有哪一招。

其實你想想過去兩、三個月，真是一個非常多元的運動。五年前的傘運很簡單，就是持續的佔領，然後政府的回應也很簡單，除了頭一兩週有一種壓制的意味之外，大概十月中開始政府就什麼都不做，讓你慢慢自己散，讓你疲倦，對市民生活影響愈大，民意會開始反對那個運動，所以就很快運動就完結。

但你看現在這一次，那個多元和複雜，好像每週我出這一招，然後政府再出一招。本來包圍政府總部，後來包圍警署，當然他們會很小心不會跑去包圍解放軍。

但政府不妥協，運動者怎麼去持續下去？所以他們七月初又想出了分區遊行。分區遊行有一個好處：香港有十八個區，如果每一週去兩、三個區，你至少有六次遊行，後來的確是這樣發展下去。但接著又發展去機場，一方面面向國際，一方面也知道去機場有遊客，警察應該不敢亂來，所以又發展了機場的做法。

所以你看到運動一直在創新，而政府也不停地有對策，例如怎麼用禁令讓運動者不去機場，又有一段時間所謂打經濟牌，中間政府有用過不同的招數策略，包括透過港澳辦出來講有顏色革命的特徵，說有恐怖主義的苗頭。但你其實現在回去看，他其實是在試不同的招數。

運動裡的「無大台」對我們做學術研究來說，是leaderless movement（沒有領導人的運動），或organizing without organization（沒有組織的組織）。這在過去十年學術討論了很多，例如佔領華爾街，並不是新的，但香港這次發揮到極致。

如果用傘運來對比，那時在連登或Telegram也出現很多的小組。曾經有人爬上獅子山垂降大字報，他們不是佔中三子，不是名人，而是突然有個行動，或是在佔領區有人建流動學堂，八個、十個朋友，就一起做個事情。但傘運跟現在不一樣是什麼呢？第一，現在小組間的行動在這次運動更加協作整合，五年前他們之間是完全沒關聯的。

第二，這次運動裡，你說連登、Telegram是重要平台，背後的各式小組自己做宣傳品或眾籌也好，這也跟五年前不同，現在有個大的社群平台，當小組想做一件事時，就會把想法拿出來，先推回大的平台，一旦發現更多人支持，就會回到小組裡去發展。以小團體為基礎的行動（small group based action），最後能放回大平台讓更多人參與與判斷，這種整合協調是更有效的。

連登、Telegram這兩個平台跟臉書、WhatsApp不相同。五年前我們也有WhatsApp，有高登，有臉書，但WhatsApp開不了幾萬人的組，Telegram可以；連登、高登、臉書的不同是，後兩者沒有投票的效果，連登可以。連登還有個熱門版，一進去就看可以看到最熱門版的設計；你去臉書，看不到這一刻在臉書最熱門的是什麼，你只會看到自己朋友圈。連登的熱門榜不是你自己的同溫層，但你可以說它是個更大的同溫層。

攬炒背後，是基於香港已死的覺悟

九月份開始，運動裡談的比較多的字眼，是攬炒這兩個字。攬炒這個講法其實在過去兩、三年已經存在，但一開始的講法不是攬抄，而是香港本土派講的「焦土政策」，焦土背後是個成本的效益跟現狀的判斷。

但現在談攬炒，是指有些人認為香港現在差到一個地步，大家甚至覺得解放軍出來也不怕。的確有些示威者現在會覺得解放軍可能紀律比警察好，當然很多人對解放軍的想像不一樣，不是六四開槍的那種想像，而是解放軍來了會戒嚴，會有軍隊巡邏，但至少有紀律不會像警察亂打人。我不是說我自己的判斷是這樣，但有不少人覺得軍隊來不會更差。

所以攬炒也好，焦土也好，都兼具一個對現狀的判斷，是覺得整個社會壞到一個程度，對港府所有的社會制度不信任的判斷。所以攬炒的計算是，如果運動不能成功，就等於香港已經死了。不論你戒嚴也好，出解放軍也好，等於香港已經死了，有人的確這麼想。在這樣的基礎上，對於某些運動支持者來說，那出現攬炒反而是運動的勝利。

我相信在運動支持者裡，攬炒的想法不在少數，很難說有幾成。這裡要說明的是，我們現在的調查也有個限制，我們在現場做調查限於那天出來的人，不能代表所有的運動支持者，很難說得準是百分之十幾還是多少。

攬炒這個想法三年前就有，而在過去兩個半月裡，發生很多事情會強化焦土與攬炒的想法。因為這個想法兼具一個判斷：香港現在等於完全死掉。過去兩個月，包括國泰航空行政總裁、董事局主席的辭職，警力不受控制……不停地加強攬炒這個想法。大家在想，如果香港這次運動無法使政府讓步，無法撤回條例、成立獨立委員會調查，運動支持者會覺得香港完全死掉。反正我都要死了，我就要讓你跟著一起死。

香港過去二十年，從回歸到現在，你會發現有一些可能一九九〇年代初期或中期，西方媒體或全世界對回歸後預期會發生在香港發生的事情，延遲了二十年才發生。香港既有制度的破壞，現在是看得很清楚了。林鄭月娥現在出來，沒有人能幫她處理問題，就是因為回歸後十幾年，香港的制度一直被破壞。

其實六月底七月初，運動裡曾經出現一種聲音說「現在暫緩修例了，我們下一個戰場應該在香港十一月的區議會議員選舉」。但現在，尤其年輕人會說：選舉有用嗎？能選嗎？因為從香港的監警會、廉政公署、立法會議員被除名、警察濫權……在過去幾年間所有制度都被破壞了，他們什麼都不相信，不相信有另外一些路可走。

你在相對正常的社會裡，可能有其他正常的機制可走，但過去幾年香港沒有，運動支持者相信只有繼續下去，不然無法針對現在的制度解決問題。[5]所以示威者／運動者不介意跟你攪炒，但一方面他們也不是完全放棄希望。運動者的如意算盤是什麼呢？我覺得這次運動有個不同的特點，是示威者有很強面向國際的現象。他們希望中美貿易等國際議題，能讓中央在香港問題上讓步，看香港能否回到至少是兩千年到二〇一〇年的狀況，那算是相對樂觀的想法。不能說大家完全拋棄這個可能性，所以在這可能性之下，不能談港獨，不然就是逼中央跟你攪炒。

我相信過去兩、三年焦土與攪炒的想法，主要停留在年輕人，尤其是比較本土派。我覺得透過這場運動，攪炒的想法會擴散。這的確有使得愈來愈多人考慮要移民，我們六月中和八月初幫香港《明報》做民調，想移民的從百分之二五．四走到百分之三十．八。我覺得移民潮在往後一段時間有可能出現。

但在香港談移民也要考慮兩點。一，所謂移民是什麼意思？有很多香港人這一刻要離港，去外面住，他不一定要移民，因為香港有三十萬的加拿大公民，那是一般移民的數字或民調數字可以反映出來的。對那些幾十萬人嚴格來說不是移民，而是「回到」加拿大、回到他有居留權的地方。

第二，我的感覺是現在的香港跟一九八〇、九〇年代的香港不一樣，當年加拿大移民的法令非常非常寬鬆，很容易騙加拿大政府，大家根本沒有住在那。那個年代我們有個名詞叫「太空人」：一家人移民，爸爸回到香港工作，飛來飛去。所以我的觀察是，我中產的朋友談移民，主要是最關注怎麼送自己的子女到外面。你回到一九八五年，四十歲的人，怎麼會怕九七回歸？九七年那時都五十幾歲了，還怕什麼？所以當年的中年人希望保障的是下一代，我想現在這一刻也是一樣。有些人是為了自己的下一代。至於年輕人要走的話就是牽涉到能力，有沒有能力移民。

至少移民想法的人有增加，只是半年、一年後，真的有多少人會移民很難講，但短時間有更多人會去找資料去判斷自己是否移民。

至於目前少部分示威者行動的極端化，會不會影響一般人的看法？可能會有一點。香港民意不一定很支持勇武派和年輕人的行為，但是大家看得出來政府更壞、警察更差，這是很總體的sentiment（情緒），大家說誰要負最大的責任，當然大部分香港市民不會喜歡看到破壞的場面，但一旦警察有離譜的舉動，政府又繼續沒回應，人民有覺得示威者不對之處，但更不對的是警察和政府。

5　雖然2019年9月4日，林鄭月娥已公開決定要撤銷修例，但在李立峯團隊所做的《「反逃犯條例修訂示威」現場調查報告》裡，受訪者表示，如果政府除了「暫緩」立法之外不再作任何讓步，約八成示威者認為應該繼續抗爭。當中有一半認為應把「行動升級」，另一半認為應「維持現有抗爭形式及規模」。「暫停運動」則明顯是不受歡迎的選擇。

在瘋掉的時代，更要報導事實

專訪香港反送中前線記者譚蕙芸

李雪莉、楊智強——文　劉貳龍——攝

時間：二〇一九年六月九日之後

事件：城市戰地裡的第一線採訪

譚蕙芸的個頭比想像得小，她隨身攜帶的咖啡色後背包足足有五公斤，裡頭裝著白底黑字、印有「Press」的防彈頭盔、黃色背心、全罩式的防毒面罩、飲水袋，以及最重要的、能讓她隨時出入現場的記者證。幾個月前，這身裝備還只是工地頭盔和一般口罩，但隨著愈走愈前線、警方鎮壓持續加劇，她的防身行頭只能不斷升級。

譚蕙芸曾任《明報》及有線新聞台記者，採訪過SARS、四川大地震，過去曾因車禍誘發後遺症，讓左耳剩下七成聽力，大病後在二〇〇八年進入香港中文大學新聞與傳播學院擔任講師，但同時仍維持獨立記者的身分採寫新聞專題，偶爾受邀主持《鏗鏘集》，今年也出版了新書《文字欲：回應時代的特寫新聞》，是一位要求自己時時站

在第一線的老師。

反送中運動這幾個月，譚蕙芸和許多第一線記者們一樣，經歷未曾有過的體力與情緒的耗損，訊息與耳語的轟炸、催淚瓦斯與汽油彈的逼催……，此次都市戰地般的採訪經驗和遭遇到的倫理糾結，是香港記者們前所未遇的。很多過往的採訪經驗在這回幾乎用不上，得快速摸索和試錯。

例如，在一個集體情緒對立高張的社會裡，當跳樓事件陸續發生，記者報與不報或怎麼報導？當有權者限縮記者的採訪、當警察開始威嚇，記者該怎麼突圍，又如何在烽火中保護自己？當社群媒體與直播訊息沒有篩選地蔓延，又如何在其中拚湊事實，設定角度？當然，其中也包括記者與運動者角色間能否游移，是否要清楚分野……？

譚蕙芸從前線的視角來看，她目睹舊式新聞倫理與方法已「無法回應時代」。橫在記者面前的新考驗，她怎麼反思，又怎麼跨越？在一個社會集體有強烈情緒的當下，記者如何避免過度激情或成為網紅？又如何在瞬息萬變的運動裡，幫助讀者梳理事實，冷靜分析？

（以下為受訪者自述）

我在大學教了十年的書。我觀察二〇一四年到二〇一九年間，有很多人都開始不看新聞。因為雨傘運動讓很多支持者覺得，幹什麼都沒有用。所以一直都「很灰」（很灰心），連新聞都沒有人看了。那時大家稱之為「新聞迴避症」。

那不過只是半年前。誰會想得到，歷史根本就是U-turn大轉彎。

這場運動改變了香港新聞的環境。很多新的事件，像是自殺，那也是全新的。香港歷史上，從來都沒有香港人為了「香港」而自殺。你以前看歷史書，會有人為了夢想而自殺。但是你說太愛香港而自殺的年輕人，歷史上沒有碰到過。

但是記者之間就有一個爭議，「自殺的新聞不應該報」，這是道德問題。但是我自己覺得不對勁，那時候網路上、社群平台上，像連登、Telegram，都在傳當事人的消息，包括遺書與遺物早在社群消息裡傳來傳去。

第一，這些是以前所沒有的（所以無從比較）；第二，以前認為媒體不能報，是因為以前自殺的人，不是以自殺來傳遞一個社會的訊息。現在他們在自殺前就託朋友、家人聯絡記者，要表達給社會大眾。所以，妳問我做一個新聞的教師，我該怎麼教？其實我不知道。

我覺得舊的一套已經「無法回應時代」了。我們做的就是在報導時不寫自殺方法和細節，並加入正面的訊息，以做平衡。

還有幾個經驗是全新的。過去，香港報導上一向不會替示威者打格（打馬賽克），不會使用匿名，但這次運動因為法律風險高，大部分傳媒為避免成為檢方的檢控工具，不批露示威者的臉或名字。這在香港是從沒發生過的。

又例如，衝突現場採訪要時刻顧及記者自身安全，不能安定地拿出錄音筆或筆記簿，可能這一刻跟一位示威者打開話題，下一刻他就沒入人海當中。而有記者的被訪者受傷或被拘捕，也是全新的經驗。如何去維繫與受訪者關係，會有比以往更大的精神壓力。

另一例，記者可否直播示威者的行蹤？像九月一日機場那一天，不少人開車義載示威者，當時警方按兵不動；但另一天，記者直播示威者登上巴士離開，警方就上車拘捕。當時有民眾會質疑記者應否披露示威者行蹤，但資料披露，公眾如何使用，如何行動，那是記者未必能夠全盤想像的問題。這也涉及新聞倫理的考慮。

觀察者、記者、運動者的身分差異

在這場運動開始時，我曾猶豫要不要拿出記者的身分。因為我在教書，而一開始，我是以市民的狀態在觀察。那時候包包裡有反光衣跟頭盔，但我都還沒有把這些穿上。但七月十四日在沙田[1]是我自己的蛻變。當天早上還有一個記者的遊行，是在反對警察暴力對待記者的遊行。那時候就有人大喊說，記者！記者！[2]

我不知道在這場運動是扮演市民、老師，還是記者。後來一些人幫我穿上記者背心後，我就沒有再猶豫了。

當我知道自己的角色，我就刻意不像示威者一樣穿黑衣，這樣可以有一個距離。因為我要清楚地知道，我在那邊是一位記者，我知道我自己的定位。

記者跟運動者這兩個角色對我來說當然不同。我還是一位老派人，old school。對我來說，現場是神聖的。對於我來說新聞這個專業，是很重要的。雖然現在很多抄來抄去或是看直播寫的新聞，在這運動裡，他們還是有他們的貢獻，每個人都有自己方法。但我想要強調的是，每一個記者要找出自己最舒服的採訪方法。

過去十幾年間，香港的記者的現場能力在弱化，全世界在現場採訪上都在弱化，因為時間的緊迫、點閱率還有省錢等等原因。因為我是老派人，例如現在我跟你們面對面的交流是無價的，雖然電話溝通是很好，但是面對面才是最好。

我覺得看直播很重要，但是到現場更重要，雖然你去到現場不一定可以看到真實。我

1　2019年7月14日香港民眾在沙田舉辦遊行結束後，警民在新城市廣場發生衝突，一度有近千人遭警方圍困在廣場內。

2　這樣喊是希望記者過來，拿起相機，讓警方不敢恣意妄為。

覺得這次運動令記者們重新發現現場很重要的。

我記得七月二十一日在元朗站[3]的事件，之後我到現場，那時地鐵都被清潔乾淨了，沒有血。因為我很熟那個站，那個站太大，平常是沒人去摸那個玻璃。我就看那個玻璃，去看玻璃上的指紋，有很多指紋，看得出打人的人是怎麼爬進去，被攻擊的人要怎麼驚恐地出來。

我覺得我跟其他人不一樣的地方就是，很多人都就是一定要在第一時間在那裡。當然如果能是最好的啊。但如果第一時刻不在，還是要細心看到不同。

現在香港每天都有大小不同的示威，而且有好多是地理地域上的隔閡，每一天光是要掌握重點在哪裡、判斷要去哪裡採新聞，對我來說是很大的挑戰。

其實一開始選地點會先失敗，最經典的例子是，七二一那天大家都在上環圍警察，但是同時元朗白衣人在打人。大家錯過了那時候報導元朗的機會。示威者有一個說法，就是不要戀戰。記者也是一樣，不要戀戰眼前的事，不要沉醉在面前的衝突，時刻警覺，或許更重要的現場在另一個地方。像是我們住在香港都這麼久了，有時在判斷這事時，都還是失敗。

比如說旺角警署，是常常有事發生的地方。但是我現在都很清楚，警察不會從警局門口出來。現在都會從其他地方出來包抄。又或是從警察的互動可以看出來，看他們的指揮官、看他們的狀態、他們EQ高不高，看他們跟百姓之間的衝突方式，可以判斷這裡會不會出事。例如說，警察如果被人罵的話，他們如何反應，你就會知道這裡會不會擦槍走火。如果警察不理人不說話，就會知道這裡還好，但就是會有一些訓練不足的人出來，那種沒有EQ的人暴衝出來，其他警察因為義氣也衝出來。很多的晚上就會看到，大錯都是從小錯開始的。很多地方的事件都是這樣開始。

我怎麼去決定採訪的現場？一開始簡單，八月的時候最難，那時候就是一次十幾個點在爆衝突。例如，我自己採訪右眼疑被警方布袋彈擊爆的女子時，我站她後面五十米。這些東西都要判斷，一直在學習。

八月三十一日，警方在太子站無差別地以暴力驅散市民與示威者後不久，我搶在現場被清理之前，進入到該列車之後駛入、停留的油麻地站，當時警察用身軀或長盾阻擋拍攝，登入車廂後也必須在警察完成搜證後才有機會進行[4]。我拍下車廂內的斑斑血跡與凌亂雜物，重新拚湊那短短時間裡究竟發生了什麼。即使在九月一日示威者在機場集結後，港鐵因設施被破壞而封站，示威者自東涌徒步五、六小時回到港島時，我也嘗試跟隨其路線，我沒辦法不做，這樣我才能體會過程。

這些經驗怎麼累積的呢？因為我以前做記者的時候有很多突發採訪的經驗。很多人以為我都是寫那些人物專訪、很優雅的那些。但是我以前在《明報》、《有線電視》做很多突發新聞的，像是地震或是交通事故等等的新聞，有時候都還要憋尿，因為沒時間去廁所。我自己跟文人的記者比較不一樣的地方是，我都會用突發的紀律來採訪的。

像是我的背包，還有我的裝備也是經過很多改良過的。第一重要是在運動現場走動的策略，要注意安全、避免中彈。像那時候女生被爆眼的時候，我距離她才五十米，那天我有注意看錶，每三到七秒一次槍聲，判斷當晚其實危險，於是選擇站在一棵老榕樹後面。

我覺得自己不是來犧牲的，文字記者不用站得這麼前。然後我看到那個女生倒下來之後，我就去採訪。

3　當晚元朗地鐵站內出現上百位白衣人手持棍棒無差別攻擊路過民眾、示威者與記者。市民報警後，警察遲至39分鐘後才抵現場。

4　第一批記者進入後，油麻地站的出入口閘門被鎖起，遲到的記者也不獲准入內。第一現場太子站則是整個站被封掉，警察趕走所有在場記者，如同黑箱作業。

還有就是跟警察的交流方式。警察不希望記者採訪，會阻擋，但有一次速龍（特別戰術小隊）說不讓記者進樓梯，不能讓記者進入，我就用些小技巧。像當時剛好有白人女記者在後面，我就拉著她們說，一起一起進去，就跟著一起擠進去封鎖線了。

可能我也明白警察的心理狀態。我在雨傘運動前後，曾參與了警察學院的一些講座，向警員講解傳媒運作，接觸了一些前線和中層警員。

但目前在香港，記者難以顧到所有的現場，每天有很多訊息都會亂傳，例如之前在傳有女生被強暴、然後又傳太子站有人死了。還有很多（網路上流傳的影片）是片段剪接的，像是有汽油彈從警察那邊丟出來，就連《CNN》都錯了，他們還去跟警察道歉。

現在好像時代瘋掉一樣。

亂世中冷靜陳述事實，是記者跟網紅的差別

但這次香港記者的地位有被改寫。曾經像是SARS或是地震等（災難事件發生時記者地位也會提高），但現在都已經超越了。因為現在民眾對於記者很好奇的，大家都想要知道你看到了什麼，每次分享，他們都想要全部吸收。

但是我希望人們知道，我們不是來宣傳這些運動的，我們不是你們（示威者）的文宣。例如我知道有示威者扔汽油彈，還是要直接寫出來，不能說沒有發生。我們做好的記者，是要為整個社會服務的。整個社會的意思是包括同情運動跟不同情運動的警察、市民、官員等等的人。

例如說九月一日我從機場回來坐車坐了三個小時[5]，是一個義載的司機載我。在路上

我看到了很多普通的遊客，我看到很多的民眾與遊客受苦等等的，所以這些我都要寫出來的。但是有些記者沒有辦法講出來，可能是他們太過投入。

歷史上有很多記者認為自己是在做對的事，但是對的事有的時候是宣傳，沒有把整體的情況納入。但我也知道，警察跟示威者之間是權力之間的不公平的，權力上誰有多一點，就要多一點的被監督。

這過程中，我自己也有修正過。一開始也會比較感性，比較放一點，覺得好看；但後來社會的情緒比較對立時，我也在學習和修正，會更重視脈絡，儘可能到現場看到每一個場景、每一個處境，這部分我會比較敏感。

還有最近我寫東西開始盡量用平實的用語，例如說警察就是警察，我從來不會用「黑警」。你說到底黑不黑？也不是不黑啦，但是你怎麼知道那位警察是不是黑呢？或是示威者就是示威者，就不會用「市民」。另外，我不會用「義士」，我從來不會用這個字，我覺得示威者比較平實。義士這個字太強烈了。

有些記者一坐下來就是運動者的感覺，他們想要有一種對準（對抗）權力的採訪。但是你問我，我也清楚權力上的差異（警察與示威者之間）是很重要的。

香港之前的訓練是美國、英國的記者訓練。第一我們要的是事實的查核，雖然fair and balance（公正和平衡）也很重要，但是那個比較複雜。事實的錯誤是不能原諒的。你（記者）跟網紅最大的差別就是你寫的東西是事實。

港媒在過去十年因政治力與商業力的夾殺，特別是紅色媒體的滲透，讓新聞工作幾乎斷了氣地掙扎，幾乎沒人要看新聞。但這次不少在第一線帶回現場真相的記者，反而贏回讀者的尊敬。這次是改變的起步。

5　當天示威者發起香港機場測試行動，結果因港鐵配合港府與警方，停開機場快線與東涌線，示威者只能徒步至少6小時返回本島；有香港市民自發性開著近五千台私家車輛前往東涌接示威者離開。港人稱是「港版敦克爾克大撤退」。

我是傳統新聞訓練出來的，我看得到傳統新聞訓練較好的地方。但新聞是一個organic（有機）成長的東西，因為要回應這個時代。你可以看到很多新聞歷史上，很多方法都在改變。

時代會進步，你用的工具是彈性的，作為一位記者，你可以用很多各式各樣的方法，來陳述一個事件。有時候可以很理性、有時候可以很抒情的方式去「回應這個時代」。然後看看讀者喜不喜歡，雖然我是老派，有些東西是可以有改變，但是像是事實，是不能改變的。

3

我們反抗，我們存在

香港人集體意識的誕生

一九九七年香港主權移交中國，二〇〇三年香港反《基本法》第二十三條、之後的碼頭捍衛運動、菜園村反高鐵事件……，二〇一二年的反國教洗腦、二〇一四年的雨傘運動，二〇一六年旺角衝突，這顆東方明珠漸漸向世界展現的是對抗極權的頑強意志力。

二〇一九年這場從夏天走到冬天的反送中運動裡，有三百萬香港市民參與過示威，以萬人參與起跳的大型遊行超過五十場，小型集會遊行更超過百次。他們從「我」走到「我們」，各行業的工作者紛紛挺身走上前線，支援運動者；他們透過自己的專業、靈活地運用國際化的語言和能力，向世界說出港人的價值和渴望；區議會選舉裡，素人參選者未因暴力與騷擾退怯，市民站了兩、三個小時的隊伍只爲投下一張選票。他們之中的不少人，告別原有人生的計劃和軌跡，把自己丟進一個更大的、超越個人富貴幸福的意義裡，爭取港人原本被承諾的民主和自由。

當一國兩制已千瘡百孔，香港試圖擺脫中國威權的宰制，重拾自身的政治主體性。當香港人展現了「我反抗、我存在」的精神，這些逆權的港人告別了什麼，召喚的又是什麼？

大狀、教師、紀錄片工作者
傾城之際，他們目睹的香港變貌

李雪莉、楊智強——文　劉貳龍、陳朗熹——攝

守護法治辯護者：我們為良知站起來
劉偉聰／五十歲／律師

見到Lawrence Lau（劉偉聰）的第一面，是在香港東區裁判法院，我們坐在媒體區聆聽他為一名社區工作者辯護。這名三十一歲的社區工作者在家中被搜出防毒面罩跟眼罩，曾參與二〇一九年八月十三日機場示威。「這些器具是中性的，可以用來防身，和平的人會用，暴力的人也會用，不能因為被起訴人買這些東西就指控他；暴動罪罪名嚴重，他沒案底，大學畢業，奉公守法，社區服務多年，職業良好……」一襲西裝，道地粵語與英式英文，帶著自信和幾分貴族氣息，Lawrence在多次與控方律師交手後，法官允許了當事人被擔保。

劉偉聰港大畢業、留學英國，擔任律師二十五年，總愛伏案讀書的他大概沒想過，會在五十歲的中年時，站出來為一群被國家力量不成正比檢控的年輕示威者站上法庭。青年們被拘留四十八小時後，義務律師們在短時間內研讀個案、為其奔走。大狀（香港對「大律

師」的俗稱）的人生因為運動而轉變，劉偉聰決定出來競選香港的區議員，選區是中產階級聚集的九龍塘又一村。二〇一九年十一月二十四日區選結果出爐，他當選了。

從不喜歡政治到出來參與政治，他說，反送中運動把民主這個事情「打」了出來，他們必須為良知站起來，因為「只有法治沒有民主，社會是沒有辦法穩定的。」

（以下為受訪者自述）

一九九七年回歸時我三十歲，那時幾乎心碎了，港人們很擔心回歸後的香港無法保有英國殖民時期留下的文化與法治。九七之後，原本英文比中文（普通話）使用率多的香港法律界，開始改變，因為香港跟中國的互動增加，中國相關的官司變多，中文也一天比一天重要。

二〇〇〇年初期，我曾代表一個有強烈官股色彩的中資企業打官司，他們對於法律有一些令人啼笑皆非的概念。這間公司因為調動一位懷孕的員工到深圳，很明顯地調動職位。但根據香港法律，若員工懷孕，你不能無理由地隨意調動她的職位或工作地點，這是為了保護她的權益。

這間公司除了明顯地任意調動她的位置之外，也向香港稅務局寄出他們解僱該名員工的文件，於是，這位女士向香港法院提出告訴，指控公司無理解僱。這個大公司來找我，要我幫他們辯護，但在這個案子上，明顯地解僱文件與證據讓這間公司不「可能」打贏官司。但公司裡的資深管理階層很直接地跟我說：「通常我們寫給官方的文件都是虛應故事，不是認真的。」他們並不清楚自己寄出的文件是有公信力、是代表公司，結果他們執意上訴。或許在中國他們可以任意扭曲法律，他們想要開除你就開除你，甚至不會給你應有的資遣費，但在香港不是。

這些年，我對香港中資企業是採取一種 respectable detachment（敬而遠之）態度。因為我覺得中國共產黨的社會與法律等系統對我們來說，是完全外來的，我們應該跟他們保持距離。我不一定接大僱主的案子，反而，九七後我常常代表那些來香港打黑工或是從事性工作的大陸人打官司。我比較傾向幫受檢控者打官司，不喜歡代表控方，因為我一直不信任政府的起訴權，我覺得有的時候他們會用國家力量壓迫無辜的人。

雖然我無法說回歸這二十二年來，國家力量壓迫無辜的人的情況有沒有增加的趨勢，但是在這個夏天（指二〇一九年的反送中運動）看起來，很明顯是有的。這個暑假，政府變得相當暴力，他們用很多的方法，包括法律來限制人民的自由。

香港有《公安條例》，第十八條和第十九條定義了「非法集結」和「暴動」，但這個法令的門檻很低，法條解釋空間變得太大，被視為人權落後的法條，但以前的政府不會用輕易的使用這些條例，不會趕盡殺絕，比較包容。而林鄭政府「嚴正執法」的態度，讓很多年輕人輕易地變成了犯人。

跟你們見面的那天早上，在裁判庭裡，控方指控這位年輕人因為在亞馬遜（Amazon）網站上買了豬嘴（防毒面具）跟眼罩等東西，就說這些是暴力示威者使用的東西，證明他是暴力示威人士。但我跟法官解釋，這些東西暴力示威者會用，但和平示威者也會為了保護自己而使用，所以這些器具是中性的，並不能因為被起訴人買這些東西就指控他是暴力示威者。

檢方不讓他保釋的原因是提出證據表示，這位年輕人曾在臉書上鼓勵民眾到機場集會，認為他有可能再犯；但其實年輕人po文的時候，法院還沒有對機場發出禁制令[1]。在沒有禁制令的時候，他呼籲民眾到機場，法律上是沒有問題的。

控方現在做的就是把這些證據轉向有利自己的一方，企圖引導法官相信被起訴人就是暴徒。這就是一開始就把這些年輕人都以有罪的方式來看待。

其實我開始接受這些年輕人被控的案件，原因有兩個，第一點，大律師公會有一條規定是說，如果你有時間、有能力還有這個案子的價錢合理，你必須接下辯護。第二，就是因為這是正確的事。雖然我可能會失去一些承接其他案子的機會，但我不在意。

這幾年來我開始覺得自己有點用處，不再單單只是要賺錢，我以前沒有這樣的機會可以幫社會，現在透過幫助年輕人，覺得自己有用了。

像旺角事件裡的盧建民[2]，是他在我幫其他年輕人辯護時來觀摩，所以要我代表他。我覺得無論輸贏，就是應該要有律師來做這個案件。我覺得盧先生在我這裡比較安全，我有信心在法律上幫助他。

香港逐漸不一樣了。其實是很可悲的，政府透過法律機器來針對這些年輕人。很多年輕人仍天真的相信法律是公義的，但是他們可能不瞭解，法律不能單獨來看。單單司法獨立是不能實現真的公義的，只有法治沒有民主是沒有辦法穩定的，這幾個東西是互相依賴的。反送中運動把這個事情「打」了出來，法律是政治秩序的一部分，民主議會、民主政府跟法治社會是互相扶持的。

政府在這個暑期這麼殘酷的對待年輕人。因為我自己不能夠上前線衝，但我可以做的

1　禁制令的效用是禁止任何人干擾機場運作，並且禁止在指定地點以外示威。

2　2016年2月旺角警民衝突多位以暴動罪被起訴人之一，2018年6月被高等法院判刑7年，還在上訴。

就是當年輕人被捕的時候做一些法律協助。還有即將到來的香港區議會選舉[3]，我積極參選。雖然區議員是沒有實質權力的諮詢機構，但是這是香港唯一我們能直選的民意代表。那個區域選出來的人是可以代表區域的特性，還有代表人們的意志，至少我們是真的代表民意的。我們得重奪建制議會裡的權力，要從基層做起。

目前的區議員多半是支持政府以及北京的，大多是保皇派和親建制派，不論是民建聯（香港建制派最大政黨）或是自由黨，都是很傾向自己的利益；其實五月時《逃犯條例》有小幅度修改，原本以香港商界人士組成的自由黨是反對修例，但當政府修改讓智慧財產權、勞工等跟商業有關的九項犯罪不會被引渡時，自由黨放棄了大眾的利益，轉向支持政府。

若香港變成像深圳那樣，只是中國的一個城市，我被迫變成中國內部的維權律師那種狀態，隨時會被消失三、五年時，我不知道會不會有勇氣再站出來；但我同意勇氣是會被鍛鍊出來的。這些年是這樣的。

我對香港的未來是悲觀的。在大時代的洪流中，香港的未來可能正在消亡，你問我這是不是垂死的掙扎？我想我會說，我不是在垂死掙扎，我是站起來體面地迎擊（decent fight）。

街頭教室教育者：教育就是社會運動
許寶強／五十九歲／前嶺南大學教授

五十九歲的許寶強眼神炯炯，隨時處於戰鬥狀態。採訪這天，香港中學生與大學生已開始全港串連罷課活動，學生們用自己方式表達對政府的不滿。這不是許寶強第一次見識到學生罷課了，二〇一四年的雨傘運動，當學生罷課，時任嶺南大學教授的他只好把教室搬到運動現場，沒想到「現場一百多位學生都真的好想要懂，他們的眼睛都在跟你的對話。」

在那之後他就明白，是教育把學生跟時代隔開了，把社會脈絡與歷史脈絡隔開了。學生只有真實感受過才知道自己要什麼，是社會真實的情境才能叫學生主動思考。這個衝擊了在大學教了二十五年書的他。許寶強之後離開大學，他在灣仔「富德樓」的文化空間裡，開了「流動共學教室」，與教師、社工等職業的成人一起共學，再由這些成人學生將共學的概念傳播出去。這次反送中運動的「罷課不罷學」裡，他又風塵僕僕，一只背包進到罷課現場，教起這群有無數疑問但眼睛發亮的中學生們，實踐他自己說過的「教育就是社會運動」這句話。

（以下為受訪者自述）

我二〇一七年離開嶺南大學有兩個原因，第一是因為全球教育環境的變化，讓大學內的管理主義愈來愈重，除了讓教育的空間變窄，學生可以主動學習的彈性少，愈來愈壓抑，大學只是一個在乎世界排名遊戲規則的地方。

第二個原因是我在雨傘運動裡的經驗，加速我離開的想法。最近中學生罷課的活動從二〇一四年那時就開始，只是當時規模較小。我們在學生佔領的金鐘辦了連續四、五天的「流動民主教室」，我現在在做的「流動共學」的概念也是當時那樣發展過來的。流動民主教室裡有義工有老師有學生，大家一起討論、互動，那是我連續教學二十五年來經驗最好

3　2019年香港區議會選舉於11月24日舉辦，共18個選區，選出452席議席。

的幾天。

當時我的感觸很深，會反思自己在大學上課的時候學生為何無法吸收，聽課都不專心，是不是有什麼隔閡？要學生看我們以前看過的，我們覺得受到很大啟發的經典著作，想把好東西教給他們，但後來發現，只能從二十幾頁的英文材料一直砍頁數，後來連兩、三頁對他們來說也太重了。

依賴過往經驗的我們，不懂得怎麼教好變化中的本科生（大學生）。但是傘運時，我在添馬廣場上教漢娜・鄂蘭（Hannah Arendt）的思想，討論權力跟暴力間的關係，其實跟我們在課堂上講解的方式一樣。但現場一百多位學生都真的好想要懂，他們的眼睛都在跟你的對話。在那之後我就明白了，現在的中學、大學，把學生跟時代隔開了，把社會脈絡與歷史脈絡隔開了。但是正在經歷運動洗禮的學生身在其中，他們會想要瞭解現在社會到底發生了什麼事。

在這次的運動裡，有學生到機場示威或是在哪裡被警察困住，或是因為地鐵站暫停營運沒有交通工具搭乘，回不了家，最後家長開車去接他們。這個其實是家長去接小孩子放學回家的感覺，因為學生跑到街上認識真正社會的面貌，他們正在學習。家長或社會也許不是這樣想的，但是這是一個各方要重新被理解的過程。

為什麼這個重要呢？因為政府跟社會太久沒有思考跟學習，現在已經拒絕接受不同立場的意見，所以問題沒解決、又累積了新的問題。

反送中運動裡，學生發動「罷課不罷學」，其實我認為社會看到的重點應該是在「不罷學」，而不是「罷課」。學生在廣場，在街頭上碰見真正的問題之後，我們（教師）要做促進他們學習的中介者，不要再把自己當做提供知識的維基百科。這對我們反而是好的機會，把阻礙他們學習的牆打開，高牆外的學習會很不一樣。

最近我進到中學校跟學生討論到漢娜．鄂蘭對暴力（violence）跟權力（power）概念的分別。當有人以武器施加暴力，要你屈服，就像是現在香港警察違法使用武力令人害怕，這種武力有沒有合理性？有的警察會說因為示威者使用暴力，所以警察要使用更強的暴力，試圖合理化自己的行為。但一個政府的權力來源是要用武力支持，還是必須努力用民心所向的合理性來治理，這是要去思考的。當我們先不去講誰對誰錯，而是試著這樣談，學生便能反思現在社會的狀況。

或是跟學生談，為什麼大家覺得五大訴求缺一不可？我問學生：政府已撤回《逃犯條例》，不再推了，是否還是缺一不可？他們回答說，因為政府可能會翻臉不認帳，用各種理由重啟《逃犯條例》的修法。

又或是要釋放被捕示威者這一訴求，他們跟我說大部分示威者都沒有犯法，所以應該被釋放。但是我反問：你們說是大部分的人沒犯法，但並不是所有的人都沒犯法，那我們對於觸犯法律的人怎麼想？在這樣的難題下，我們就接續討論，其實律政司可以用這次運動具有「公眾重大利益的理由」，先不對示威者提控訴，等到獨立調查報告出來，律政司再判斷。

但幾年前你跟學生談這些沒有人理你，但現在他們學習很快。因為整個時代都在逼學生來思考這些問題。

當學生帶著各種問題與好奇來到你的面前，你在回應他們之前，應該要先讀懂他的問題。就像是一個好的木工，要開始製作傢俱之前必須要判斷這塊木頭的木質適合什麼樣的工法。教學也一樣，你要先認真聆聽他的問題。如果你先用成見擋住了，認為他在找你麻煩，那這個學習的機會就完蛋了。

這場運動常常被政府說受到外國勢力影響，外國勢力的講法其實是想把香港主體性抹滅掉。政府挖出殖民時期法律裡很久沒有用的法例，英文是incitement（煽惑），認為香港示威者被煽惑。這個刑事的定義很模糊，連英國也把它刪除，但香港政府居然把這個挖出來，就是希望把人的主體性抹滅掉，說你是沒有主體性，你是被誘導的。我覺得這個邏輯是對這場運動最大的汙辱。

這個運動特殊的地方就是「無大台（沒有核心領導者）」，民主黨是無法動員這麼多人。一百萬人、兩百多萬人的出來。你要派多少車去接送？你看哪個政黨可能去動員，沒有可能。

現在這場罷課的運動跟五年也不一樣，這次不像二〇一四年幾個單位一起，所有大學中學集中在添馬公園四、五天，NGO（非營利組織）講者在那裡集體講課、交流。這次不一樣，每間罷課的中學或個別大學，會互相到對方學校裡面演講。如果依照政府說法，我們辦罷課不罷學，每家學校都有外國勢力進去。這很麻煩，也根本不可能，所以對我來說是莫名其妙的。

人的主體性是最重要的，但不論是外國勢力控制或是指控大家是港獨，都是抹消了香港人的主體性。

香港其實有一種市井文化，它包含了義氣、樸素與平民等元素，這些不是今天才有的。

這些人與人之間的實用主義或是說情感都是一直存在的。像是周星馳電影《功夫》裡的豬籠城寨，其實就像是我在旺角長大的社區一樣。平時大家都有自私一面，但只要有問題的時候，大家都會站出來。只是在運動這個被提升出來，讓民眾把情緒轉進到公共政治裡。

實像訊息紀錄者：用攝影機保護青年
廖潔雯／三十三歲／紀錄片導演

《用自己方式的時代》、《手足》還有《Trial and Error》是三部長度六分鐘到十分鐘的影片，三十三歲的導演廖潔雯從二〇一九年六月、反送中運動開始延燒後記錄的，從起初只有簡易的口罩、在示威現場撿到的簡陋頭盔裝備，與夥伴一起冒著抗爭前線的槍林彈雨所記錄下來的反送中運動紀實。因為拍攝題材與角度的獨特，台灣公共電視《獨立特派員》也在二〇一九年八月播出這三支短片，讓台灣民眾可以更瞭解這次運動的面貌。

「我想傳達出最真實的訊息，讓人們知道這裡發生了什麼事。」沒有什麼拍片計劃、群募方案、更沒有生涯規劃，二〇一四年時，二十八歲的廖潔雯就被這塊土地上發生的大小社會運動牽引著，當人們被捲入漩渦裡，她選擇拍出那場漩渦，看清漩渦的模樣。於是，她離開原本傳媒公司的幕後工作，走出攝影棚、離開安全安靜的辦公室，在前線吸入大量的催淚瓦斯，時常上吐下瀉。她說自己要用攝影機保護那些年輕人，把現場傳遞出去。

（以下為受訪者自述）

二〇一四年以前，我一直留意社會運動的發展，但最多就是去遊行，不會去參與運動或是做些什麼。我之前的工作都是在報社跟電視台的幕後，做的都不是做記者跑到現場的工作。

我在電視台的時候學了一點拍攝的技巧，所以在二〇一四年雨傘運動的時候，關心金鐘現場的情勢發展，在黃之鋒跟示威者衝入公民廣場的那一天，我拿了家裡的小型數位相機就跟朋友到現場去拍。我認為那是香港很重要的時刻，應該要被記錄下來。在那之後，我離開了電視台的工作，跟朋友借了比較好的攝影裝備，就從傘運開始拍攝社運的紀錄片。

我自己拍攝的方式是近距離方式，跟著現場運動的狀況走，讓不在場的觀眾有置身現場的感覺。像是第一支《用自己方式的時代》裡，不同示威者用不一樣的方式來傳達反修例的訊息，我就在旁邊拍他們在做的事，有的人會用A4紙印出傳單派（分發）給大陸人，傳達香港人反對《逃犯條例》還有五大訴求，有人用普通話解釋給遊客聽香港警察如何濫權，還有一些人會唱中國國歌來吸引大陸人注意。

還有一個最有趣的，他們會用手機的Air-Drop[4]傳送訊息給隨機的人，讓訊息可以透過他們自創的方式，傳達出去。這跟這場無大台的運動很像，大家利用自己的方式、不同的創意來達到同樣的目的。和理非用和平的方式示威，勇武派用衝撞的方式，就是兄弟爬山、各自努力。

第二支影片《手足》就是記錄勇武派的抗爭細節，我們幾乎是把自己融入示威者之中，他們蹲下、我們就蹲下，他們走、我們就走。因為我們靠得很近，所以可以看得到他們之間的互動，除了肩並肩互相照顧，也有看到他們吵架，口罩後頭的他們大聲說出想法，彼此互相溝通。就像一般的朋友、手足一樣，會有爭執也會互相幫助。

有幾次我們都還可以看到橡膠子彈打到旁邊，所以我很多時間都在比較後方，不敢走太前。

那次在拍的時候，就連我們也被他們示威者照顧。在最初期時我們戴著N95口罩，沒有辦法防催淚瓦斯，那些示威者還會叫我們快走。但其實裡面有不少年紀比我還小的女生，她們比我們還勇敢，都站得比我還前。

在拍《Trial and Error》的時候我們本來只是想拍佔領機場的活動，但後來在機場巴士站的時候發現氣氛很緊張。因為一直有謠言說警察會開始武力清場，大家都很害怕。我就開始把兵荒馬亂的狀況拍下來，也跟著他們的決定移動，有的人要搭巴士離開，有的人要用走的，也有人決定要留下來跟警察拚。那時我跟示威者一起從機場走到靠近機場的港鐵站東涌。

五年前我們播放雨傘運動的紀錄片時，傘運已經結束，大家看了紀錄片才發現原來有很多人都在默默幫助學生，讓他們很感動。但是因為反送中運動變化的速度太快，還有網路上有好多謠言，讓大家不知道什麼是真是假，所以現在我出去拍了之後，故事畫面夠的話，我會盡快剪出來。

會有這樣想法的其中一個原因，是因為我在網路上看到個故事，是說有一位前線示威的女孩買麵包的時候錢不夠，然後陌生人給她錢買。這個故事被很多人知道之後，大家就開始捐錢開始買食物兌換券，好像募集了有十幾萬。但是我覺得大家搞錯方向了，前面的

4 AirDrop是蘋果公司的MacOS和iOS作業系統中的隨建即連網路，可點對點傳輸，無須透過郵件或雲端硬碟，即可與鄰近的apple裝置分享及接收照片、文件等內容。

人需要的是人的支持、不是物資。

買那些食物券讓我感覺他們只是在買「贖罪券」一樣，想要消除自己讓這些年輕人在街上被警察暴力對待的罪惡感。所以我就趕快把拍好的素材剪出來，把訊息放出去。

像《手足》那支影片，我有兩層意涵，第一層的我想要傳達的訊息是讓觀眾知道他們其實很需要支持，他們不是無敵的戰士，面對全副武裝的警察還有警棍跟槍彈，他們是相當脆弱的。第二層就是希望讓香港人自己反思，他們到底是應該買物資給他們，還是應該要表達更多實際的支持。看到這支影片的香港人無論在社會的什麼位置上，都可以幫助這些冒著巨大風險為了香港的前途在前線衝撞，但年紀只有十四、十五歲的年輕人。

但有時候我也會感到到灰心，很多朋友會傳網路上未經證實的訊息給我，像是約好要出去拍的那天已有謠傳說醫院準備要接受大量傷者，警察要開始大抓捕。或是網路上有人說有南亞裔的人混入示威者準備搗亂，要無差別攻擊等等的。因為這些謠言大家就不敢出去支持前面的人，不敢出去拍，我覺得很不好。

但是也就是因為這樣，我知道我更應該到現場，除了快速地讓社會知道正確的訊息之外，攝影機也可以保護示威者。運動需要民間每一個人的力量，就算是你只有一台DV，你也可以在現場拍，因為攝影機可以保護那些年輕人。我們要監督警察，不能讓他們亂來。

未來我希望可以進到新聞媒體裡當正職的記者，用另外一種方式記錄跟傳遞訊息。但是我自己紀錄片的工作也會一直進行下去，尤其是在這個運動沒有結束之前，我不會停止的。

銀幕內外映照的香港未來

這些影片，為逆權黑夜帶來抒發與啟發

王曉玟——文
陳朗熹——攝

二〇一九年八月二十九日的晚上。香港，荃灣廣場。

近二百人安安靜靜在荃灣廣場看《凜冬烈火：烏克蘭自由之戰》（*Winter on Fire*）。這一部記錄二〇一三年末到二〇一四年初在烏克蘭首都基輔發生的廣場革命的紀錄片，意外引發香港人的共鳴。一個多小時的紀錄片放映結束後，許多香港人都流下淚水。這一天，全香港有超過二十個社區，民眾自發放映這部紀錄片。

《手足》紀錄片導演廖潔雯，那天也扛了攝影機，到了荃灣現場。

她看到，有十多位戴著面罩的勇武派，站在觀影群眾周遭，警戒守備，怕人鬧場。她記得，映後分享時，第一位上台說話的是一位媽媽，她說到烏克蘭獨立廣場有十三歲的小男孩學著扔汽油彈，想到這次被抓最年輕的也是只有十三歲[1]，她感到心痛。

當第二位觀眾正要上台說話時，下起了大雨，想不到觀眾紛紛打起傘，不願散去，開始喊起「光復香港、時代革命」的口號。喊了大約十五分鐘，突然人群中有人大叫：十點了！

十點鐘，是一個行動的口號。孤單的抗爭者們，約好了一起開窗，從自己的小房間對

窗外的城市大喊：「光復香港、時代革命」。黑夜中，一聲聲孤單的叫喊，在如山聳立的公屋大樓間迴盪。

十點多，廖潔雯離開放映會現場，走去地鐵，和剛看完《凜冬烈火》的示威者聊天。突然，一位示威者拿出手機，原來是看到Telegram上的訊息說，荃灣有人要跳樓。

瞬間，一夥人開始跑。廖潔雯顧不得拍攝，趕緊隨大家狂奔。不到半分鐘就看到天橋上有一個不到二十歲的少女，打算輕生。示威者一邊奔跑、一邊紛紛叫著：「不要跳，我們需要妳！」跑得最快的示威者向少女奔去，一把把她抱下來。這名少女不斷地哭泣，持續了一個多小時，趕到的社工師在她身旁陪她聊天。廖潔雯離開的時候，這群救出少女的示威者們站在那，不發一語，觀察也陪伴著少女。

像手足般，在真實世界裡扶持，也透過一起看影片，梳理香港在世界運動中經歷的同與不同。

「這兩個多月來，看到香港變得那麼壞，很多人受不了情緒的壓力。電影是一個出口，」廖潔雯說，自己現在正在剪片，往往看到自己拍攝的片段，還是會不停掉淚，需要暫緩一下才能繼續工作。

在香港反送中運動裡，看電影、說電影，成為不少示威者抗爭者的日常。

《凜冬烈火》描述了烏克蘭自由之戰，迫使親俄總統下台、贏得選舉的激勵故事。但此片也受批評，淡化了右翼團體的影響，將革命描繪成單純人民自發的力量，但此片仍足以召喚此刻港人最需要的手足精神。

電影不只陪伴香港人紓解運動以來的陰鬱，也給了許多示威者啟發。

才十八歲的鍾翰林，是主張香港獨立的學生組織「學生動源」的召集人，他前年就看

1　2019年8月5日，天水圍發生警民衝突，有13歲女童買書路過卻被捕。8月25日在荃灣又有12歲的男童被控以「非法集結」被捕。

過記錄香港本土派政治人物梁天琦的紀錄片《地厚天高》，也買了DVD回家不斷溫習。

「如果沒有梁天琦，我不會這麼投入政治，」鍾翰林說得坦率。

《地厚天高》裡準備投入立法會選舉的梁天琦，白淨纖細的臉戴著一副細框眼鏡，二十五歲的政治素人，有點脆弱、有些迷茫。鏡頭對準剛喊完「光復香港、時代革命」口號的梁天琦，他下台後自問：「我也會反省，我做得到嗎？我也是一個凡人，我是一個廢柴，一個雙失青年（指失學兼失業），一個情緒不穩定的人……。」

片中，距離立法會選舉前十一天，梁天琦在布置簡單的本土民主前線總部為兩位候選人練習演講時，告訴同伴：「有一句話我一直很想講，我們上一代為了逃離共產黨，逃到香港，安居樂業。不要把我們下一代交到共產黨的魔掌中。」

「很多初中生走出來是因為梁天琦。畢竟，二〇一二年黃之鋒反國民教育、二〇一四年雨傘運動的時候，我們（這群初中生）還是小學生，」鍾翰林觀察。

《地厚天高》誠實記錄了有過憂鬱症、畢不了業也找不到工作、住不起劏房的梁天琦。媒體號稱的港獨勇武派頭號戰將，其實只想當個平凡人，要的只是自由生活、直接選舉、港人自決的基本權利。梁天琦給勇武派的啟示是，廢青也做得到揭竿而起。

《十年》：現實比虛構更加光怪陸離

曾經拿下香港金像獎最佳電影的《十年》[2]，也意外成為抗爭意識凝聚的場域之一。反送中運動自二〇一九年六月延燒以來，《十年》的導演們也多次獲邀放映和與談。

香港政界高層：「恐襲就是要流點血才像樣。」
中國治港官員：「剛剛和上頭通了電話，上頭指示，愈亂愈好，香港人愈怕愈好。」
——《十年・浮瓜》

巴勒斯坦裔香港女孩：「香港沒有爭取到民主，就是因為沒有人死。」
作家：「共產黨當然是找黑社會做這種事情啦。」
在獄中絕食的港獨年輕人：「我有一個信仰，不看行不行，只看對不對。」
——《十年・自焚者》

都說藝術反映現實，但這一回，藝術卻預言未來。

以獨立製片之姿拿下香港電影金像獎最佳電影的《十年》，在二〇一五年想像崩壞的二〇二五年，以五支短片集結而成，在這次反送中運動裡，又引發注目。一批新銳電影導演當時鏡頭中的畫面，竟成為二〇一九年夏天香港街頭的日常。

「我自己也很surprised（驚訝），當初拍這個project（影像計劃），我們五位導演有個共識，就是要拍我們不願見到的未來，警惕才有力道。只是沒想到，這個未來這麼快就來了。這兩個多月令人吃不消，看到很多令人心痛的事，同時也有很多非常美麗、振奮人心的事情，」《浮瓜》導演郭臻說，真實的香港比《十年》想像中的香港更加光怪陸離。

《浮瓜》以黑白短片講述當權者為了在香港推行國家安全法，在西環一所中學自導自演一場行刺政治人物的「恐怖襲擊」。兩個幫會嘍囉，被利誘決定對政黨領袖開槍，以為可以帶著政客、黑幫老大應允的錢財遠走印度，卻遭香港警察當場擊斃。事後，早被控制

2　2015年12月上映，為五個故事構成的短篇電影合集，當中包括郭臻導演的《浮瓜》、黃飛鵬導演的《冬蟬》、歐文傑導演的《方言》、周冠威導演的《自焚者》、伍嘉良導演的《本地蛋》。2016年拿下第35屆香港電影金像獎最佳電影。

的媒體將此事件定調為恐怖襲擊，新聞主播傳聲筒似地不斷反覆播報：「國安法的推動，勢在必行。」資訊戰就在眾人眼底悄悄開戰。而喪命的幫會嘍囉，來自社會的底層，隱喻了只為求生、沒有明確政治立場的香港人：沒有想過拒絕、沒有想過會被出賣，最終淪為俎上肉。

「網友提到《浮瓜》，是看到大龍鳳[3]、西環政府和黑社會勾結掛勾、用恐懼操縱人民。我還想特別提到一點，那就是，我們生活在資訊戰的年代。片尾的新聞播報就是在提醒我們，要想辦法去應對官方對事件的定性，」郭臻說。

反抗的力量，經過十年的醞釀、潛伏。

約十年前，二十四歲的郭臻剛從香港演藝學院電影系畢業，香港社會喧騰一時的反高鐵，成為他的政治啟蒙。

他雖然沒有參加萬名市民包圍立法會，卻愈來愈擔心，香港不再是世界的香港，淪為中國的香港。廣深港高鐵的香港段造價高達八百四十四億港元（約新台幣三千三百四十億元），平均每公里造價比歐洲、中國都高，卻不見港府對削減香港本身貧富差距有具體作為，房價年年攀升。到了二〇一二年，梁振英當選特首，郭臻更加悲觀。

「他一當選就去中聯辦謝票。不僅是政治上，經濟上、社會上、教育上，香港的情況急轉直下，」郭臻說。

直到二〇一九年六月十六日，二百萬名市民走上街頭，這是《十年》電影意想不到的香港。一股「now or never」的微妙情感蔓延香港各界，跨階級、跨年齡、跨職業，串起香港的自我認同。

無獨有偶，《十年》另外一支短片《自焚者》導演周冠威的政治啟蒙，也是二〇〇九年。令周冠威憤怒的是，那一年香港政府推出的二〇一二年政改方案諮詢文件、特首選舉辦法，再次讓他感到普選無期。

「明明《中英聯合聲明》規定除了國防和外交之外，香港享有高度自治。普選也是《基本法》裡早被寫下的，應該二〇〇七年就可以實行。我覺得很失望，一次又一次被欺騙，一國兩制根本是個謊話，」周冠威舉證歷歷，他把《自焚者》定位為一部與謊言對抗的偽紀錄片。

《十年》之中最悲劇性的就是《自焚者》。

這部短片以偽紀錄片的形式，訴說在二〇二五訴求港獨的年輕人可能選擇自焚明志，片中男主角焦急地尋找巴勒斯坦裔的女朋友，最後劇情安排一位經過六四屠殺的中國老婦人，在英國領事館前澆油自焚。一旁燒毀的雨傘，象徵二〇一四年的雨傘運動。

「劇本選擇一位老婦人自焚，除了戲劇效果，也是因為我想指出香港這個家，是屬於所有年紀的人。不應該把抗爭的責任都推到年輕人身上。而這個抗爭，不單只是想像的未來，也是現在，也是過去；放在歷史的維度上，得到一點點戲劇的昇華，」周冠威解釋。

《自焚者》的叩問：願意爲香港犧牲多少？

十八歲的鍾翰林，還記得四年前看《自焚者》的震撼。

「在二〇一五年沒聽人說香港獨立啊，這是第一次看到用電影來討論，」他不諱言，是《自焚者》打開了青澀中學生的思路與眼界。

二〇一九年六月十五日，第一位在反送中運動犧牲生命的梁凌杰自殺辭世後，網友紛

3　香港俗語，來源於大龍鳳劇團，意指接近串謀詐騙，透過現實生活中的逼真表演，虛構不存在的事實，獲取他人認同或實際利益。後衍伸為「自編自導自演」的意味。

紛重新討論《自焚者》。周冠威則希望觀者重新觀看時，不要一味浪漫化單一事件，而是要看到抗爭之後的路，得一步一步踏實地走下去。

「《自焚者》是描述不想見到的想像。但我們不要向我們悲觀的想像屈服，還要具體行動。除了看清政治現實，觀眾也能看到片中的犧牲精神、誠實品格、獨立思考、自我反省等正面價值，」周冠威說。

當周冠威創作這部短片時，曾經參考各國的民主抗爭歷史，不得不苦澀地承認，民主運動需要犧牲。

「我寫下這句台詞：『香港沒有爭取到民主，就是因為沒有人死。』這是為了刺激思考，叩問香港人，我們願意為我們的家犧牲多少？」他回顧。

反送中運動爆發後兩個月，他應邀出席一個罷工集會的映後座談。他知道，現實已演變比電影更加危急。但他也鼓勵聽眾，反送中運動比起短片中的想像，更具創意、更有智慧、也更有希望。

曾經，在香港演藝學院和中學教課的周冠威，遇到學生問他：「老師，你每年七一上街抗議，政府卻愈來愈漠視民意，遊行有用嗎？」周冠威一時語塞，他自己面對現實，總有無力感揮之不去。但身為老師，意志迫使他回答，他當下對提問的學生說：「我有一個信仰，不看行不行，只看對不對。」

話一出口，他不確定學生心裡怎麼想，自己卻豁然開朗，遊行的每一步都更踏實。這句話後來也成為《自焚者》裡令人印象深刻的台詞。

就像廖潔雯走到運動前線，《十年》有些導演，也加入示威的隊伍。

郭臻也參加二〇一九年反送中運動裡九月一日的「機場交通壓力測試」，他尚未抵達機場就塞住，剛好搭上義載離開，轉搭地鐵。地鐵搭不到一個小時，就宣布停駛、封站，疏散時大雨傾盆而下，有一位熱心的街坊帶他去坐巴士。那位街坊還略有歉意地告訴郭臻，家裡還有九十歲的老媽，不能常出來幫忙。

「在這次長期的抗爭中，群眾的光譜是很寬的。有老年人、有爸爸媽媽、有護士、中產階級、甚至公務員。還有很多十三、十四歲的孩子站上前線，部分孩子每次出來都是有遺書在包包裡的。所以你說，我們怎麼會不害怕？只是即使害怕，還是要繼續。因為有比害怕更重要的事情，」郭臻平靜地說。

「身為創作者，我也擔心自己是最後一代有創作自由的香港電影人。但是，在這個充滿恐懼的年代，活出無懼是我們的責任。說出人們不敢說、或者引起爭議的話，正是創作人的天職，」周冠威說。

有香港學者稱反送中運動為「自由之夏」，在這場看不到結束的抗爭中，《地厚天高》給了年輕勇武派想像的燃料，《凜冬烈火》則在港人情緒的黑夜點一盞燭光。而《十年》裡《浮瓜》與《自焚者》兩部警世短片，戲假情真，從港人之眼想像香港被奪走的未來，從反面映照出港人真正想要的未來。

消費就是價值選擇

反送中運動如何改變香港人日常生活？

陳怡靜——文　劉貳龍、陳朗熹——攝

二〇一九年十月初的一個晚上，香港朋友跟我們約晚餐。赴約前半小時，她急急來訊：「我們換去旺角××店好嗎？原本深水埗那家很藍[1]。」來到朋友指定的小店，不起眼的門口掛著「香港加油」的黃色絲帶，裡頭高朋滿座，天花板掛著成串紙鶴，喇叭裡的音樂是反送中抗爭歌曲，一遍遍輪播著。人太多了，菜上得很慢，但沒有人介意，終於上桌的玉子燒，上面烙印著「香港加油」。

這樣的情景，已是許多香港人的日常。

香港反送中運動爆發之後，當勇武派往前衝時，和理非除了上街遊行、商場唱歌、藝術創作，還能做些什麼？許多人選擇改變消費行為抵制極權暴力，他們到立場一致的黃色餐廳用餐、購買黃色品牌、改搭巴士拒搭港鐵……，試圖推動「黃色經濟圈」。但這一切並不容易，食衣住行是生活基本需求，搭巴士可能耗去二倍時間，為找黃店消費可能得餓肚子超過半小時。

香港一家支持反送中運動的飲料舖，在店內設置加油連儂牆。

二十五歲的自由工作者阿芳（化名）便是如此。二〇一九年三月到七月，她在台灣生活。回到香港時已是七月了，反送中運動急速升溫，她開始挑選黃店光顧，如果不小心去到支持政府或中資企業的商店，就會特別不自在。每次消費前，她得想上很久很久，逐一檢視確認想去的商店背景，才會決定去哪裡買東西或吃東西。

阿芳也不搭港鐵，甚至不再使用便利的八達通卡。八達通是香港人熟悉的付費工具，可以搭車、可以買東西、可以到餐廳吃飯，每次交易，港鐵都可收取手續費。香港政府也有個交通津貼，市民每個月只要消費滿一定額度，便可拿著八達通到地鐵站「拍卡（使用儲值機感應卡片）」，公共交通費用補貼會退回戶頭給市民。

阿芳接案工作，收入並不穩定。過去她為了節省開支，八達通卡便是個好選擇。但如今，她斷然捨棄這個習慣，內心也會掙扎過，「是有一點矛盾的。搭巴士比港鐵的時間還長，巴士需要轉乘，車資可能花得比較多、通勤時間也會花得比較長。我沒有穩定的工作，會想要省錢。」但抗爭的念頭大於省錢的念頭，她正努力適應不搭港鐵的生活。

為什麼這麼堅持？「太多慘不人道的事情發生在港鐵裡，很討厭這個機構，一點也不想花錢在它身上。還有就是太子站[2]發生的事情，讓我覺得很害怕，警察也曾經在地鐵發催淚彈。我有一種感覺是，港鐵裡連空氣都是不安全的。」有幾次趕時間，她差點就動搖了，但想到「有一就有二」，她還是硬著頭皮跳上計程車。幾個月過去，阿芳有個額外的收穫：「我現在赴約，肯定都很準時了。」

1 香港人以「藍黃」形容政治立場傾向。藍絲、藍店是指支持建制派或反對反送中運動的人士與商店，黃絲指的是泛民派或支持反送中運動者的人士與商店。

2 太子站襲擊事件，又俗稱為太子831事件。2019年8月31日發生在香港九龍旺角太子站的嚴重衝突事件。最初兩批政見不同的乘客口角及動武，之後多名防暴警員及速龍小隊（特別戰術小隊）衝入太子站往中環的月台及列車，發生嚴重警暴，引發社會譁然。由於港鐵第一時間宣布列車停駛且未公布監視錄影器，導致有市民開始罷搭港鐵。

抗爭行爲生活化，網路工具號召動能

因著港人消費行為改變，網路平台也應運而生。有網友設計「WhatsGap」app，打開手機軟體定位，便可找到鄰近的「網民推介餐廳」，地標以黃色logo標示。Google Map上亦有人製作「黃藍飲食商店」地圖，讓市民按圖索驥。臉書上的「香港人飲食購物天地」社團有超過十三萬名成員，討論區裡天天都有網友上傳商店回報，透過#hashtag標註地區與藍黃，讓志同道合的夥伴得以快速找到理念一致的商店。

更激烈的手法也有，中資企業被認為是「藍店」，好比中國銀行，每每激烈示威過後，玻璃便被打碎、提款機遭火燒。美心集團也因董事發表反對運動立場的言論，遭港人強力抵制，美心集團旗下逾七十間商店受到影響，甚至造成部分連鎖店家被迫暫停營業。而美心旗下代理的元氣壽司、Starbucks、吉野家等商店都屬於網民認定的藍店，不只玻璃全毀，市民還集體寫信到海外總公司要求撤換香港代理商。甚至有市民大量預約中資餐廳，但人遲遲不現身，用行動癱瘓餐廳。

專長中港台研究的中研院社會所研究員林宗弘分析，在歷史上，消費抗爭並不罕見。早期基督教在羅馬壓制底下，教會便是抗爭的基地，自己生產自己消費。一九七〇年代左右，歐洲也有類似的城市消

台大社會系教授何明修認為，香港市民是有意識地打持久戰，從生活中盡可能改變，用港幣讓藍店消失。圖為美心集團旗下的南北小廚餐館。

費抗爭。全球化的現代，消費抗爭也常見，「好比對付全球化商品的產業鏈，破壞環境的商品、血汗勞工的企業等等，我們稱之為社會責任，試圖對特定品牌或產業產生影響。」

但香港的消費抗爭相對「政治化」，因為中國控制大資本家，一旦資方釋出同情抗爭者的立場，好比國泰航空、匯豐銀行，管理階層就可能遭到撤換，甚至涉及勞資關係衝突。「對於香港人來說，當然要有對抗的手段，同樣以商圍政，用網路工具發明新的消費模式。」林宗弘認為，港人正在改變傳統的消費抗爭，想盡辦法重新創造新的模式，「這樣徹底對抗的改變滿令人吃驚」。

這樣的消費行為正悄悄改變香港的城市景觀。

二〇一九年十月，我們走在香港街頭，不難看見商店因抗爭而無預警打烊，Starbucks、元氣壽司、吉野家等餐廳的落地玻璃也索性不修了，外觀皆以白色夾板包覆，遠看像是正在裝修而暫時停業，近看才知道夾板中開出通道，通道「門口」張貼著A3紙寫著：「本店營業中，歡迎光臨。」

再回頭看看黃色餐廳，有些門口貼著「米豬連」圖樣[3]，代表連登的粉紅色連豬取代米其林寶寶，成為一個推薦標誌。這是生活抗爭後的產物，網友自發組織各式網路黃店平台，以「米豬連」貼紙作為識別，沒有智慧型手機的消費者，也能快速辨別哪些是黃店。全面改變生活很困難？沒關係，每個星期四都是「黃店感謝日」，市民可固定這天以港幣「懲罰」黃店。

過去，香港人重視經濟發展，幾乎不曾有過大型消費抗爭。二〇一四年雨傘運動時曾有「撐小店」行動，但多是針對佔領區內受到影響的店家。台大社會系教授何明修認為，此波購物革命有了新的進化，市民是有意識地打持久戰，從生活中盡可能改變，用港幣讓

3　諧音取自美食評鑑指南Michelin的香港譯名「米芝蓮」（台灣譯為「米其林」），有港人自製米豬連貼紙，張貼在黃店門口，作為泛民派或支持反送中運動的餐廳指南。

藍店消失。這樣的改變也牽動香港區議員選舉，店門口少見建制派候選人海報，民主派候選人則相對容易被張貼，像是平安符。

對於港人抗爭深入生活，何明修觀察，可能來自於恐懼經驗的蔓延。「香港人的空間習慣跟我們不同，這次衝突地點從商場到地鐵，警察在天橋上發射催淚彈，這些都是港人日常生活延伸的空間，當公共空間變成戰爭空間，一定會產生恐懼。日常你覺得安全的地方，變得非常不安全，絕對會衝擊到市民生活。」何明修認為，生存恐懼與創傷經驗，會加深抵制藍店的行動力。

反送中運動從初夏走到寒冬，秋天開始時，幾乎每一個中午，中環街頭都在「和你lunch」。西裝筆挺的上班族、身著套裝的OL利用短暫的午餐時間，手持一把深色長傘，從辦公室下樓到街頭，與年輕人築起路障，一起佔據中環鬧街。他們多會戴起口罩，高舉give me five手勢，象徵「五大訴求，缺一不可」。這樣的情景，在二〇一九年十一月十四日起開始擴大區域，太古、觀塘等其他區域辦公商圈也出現這樣的午餐抗爭。

反送中運動從最初的撤回修例開始，抗爭方向已轉變為針對警察暴力。年輕學生周梓樂重傷過世後，婚禮業界也聯署發出聲明，指香港各處充斥催淚煙氣味，不論大街小巷、商場食肆、屋村屋苑，甚或至婚禮場所都無一倖免，「我們如何努力地保持專業，也是很有限的，在警方濫捕及濫暴香港市民的同時，我們已經不能容許自己在

中國工商銀行被視為「藍店」，外牆遭反送中示威者噴漆。

婚禮上再給他們送上微笑祝福。」

婚界共同聲明更宣誓，「在成立獨立調查委員會之前，所有警務人員的任何喜慶節目，一律不再接受預約。以上是我們一班婚禮從業員的心聲，希望能為香港我們這個家，盡一點綿力；以及將一直以來的核心價值包括公平、努力、包容、相愛，好好保護下來。而且我們更希望，香港不同階層、不同行業、不同身分的左鄰右里，也可以一齊加入、一齊罷接警婚。香港人，堅持！香港人，反抗！」

過去，每年農曆年期間，香港都設有年宵市場，總是熱熱鬧鬧、萬頭攢動，現場除了有許多與新年生肖有關的商品，亦經常可見大批學生籌辦攤位，販售自行設計的商品，讓年輕學生得以試試做生意的滋味。但香港食物環境署卻以維護市民安全為由，宣布二〇二〇年宵市場將禁止「乾貨攤位」，僅開放販售年節用花的「濕貨攤位」與提供餐食的「快餐攤位」。

此一舉措再引發民眾不滿，有立法會議員批評港府帶頭取消節慶活動，此舉是破壞經濟，且充滿政治考量，「是怕了香港人」。連登上則迅速出現「和你宵」行動討論，網友計劃自辦民間版年宵，呼籲民眾抵制港府版年宵，「自己的年宵自己搞」，藉此建構黃色經濟圈，推動大眾瞭解黃餐廳與黃零售店，不再只限於網上地圖，也避免年宵充斥大量淘寶貨品等狀況。

相對於黃色經濟圈，另一派發起藍色經濟圈，但撐藍店不如撐黃店來得有效果。反送中行動開始後，持續進行個案訪談的嶺南大學政治系助理教授袁瑋熙觀察，很多市民投入消費革命的方式有兩種，一是幫襯黃店，二是抵制藍店。從受訪者經驗觀察，「抵制藍店比幫襯黃店的多，簡單來說，不做某件事，比去做某件事，往往來得容易些。」

他也認為，藍絲和黃絲有基本上的不同，「藍的支持者，相對不會那麼強調人的主體性，集體行動力也比較低。但黃絲堅信人的主體性，所以才會這麼緊密，產生很強大的群眾力量，可能造就很大的經濟效益。」但對於是否真的能產生「經濟圈」，袁瑋熙則認為，還有很大的努力空間，因黃店多是小店，如何突破產業結構，會是一個問題。

港人長期抗戰：消費，是理念的實踐

但香港人的生活確實不一樣了。香港中文大學新聞與傳播系兼任講師梁啟智觀察，在反送中運動裡，每個人好似都想做點什麼，去持續這個運動繼續下去，「或者說，每個人都努力做好自己會的以及能做的事。」舉個例吧？生活有什麼不一樣？梁啟智笑開了：「我太太開始少搭港鐵了啊！起初適應得很辛苦，現在習慣了，出門前看app，就知道巴士還要多久來。」

對港人來說，這場消費經濟戰，也是一種生活態度與理念價值的選擇。

二十九歲的舞台劇演員小欣（化名）告訴我，過去她很關心環保議題、很在乎支持小店，但以前，不論她怎麼勸說朋友都沒有用。「但現在不一樣，大家敏感度都提高了，開始願意改變模式，在生活裡面做選擇。有種感覺是，那麼方便的香港城市、那麼懶的香港人們，好像正在覺醒呢。」但她隨即又笑，「但大家還是懶呢，光顧黃店，都擠去同樣的幾間。」

小欣在香港出生長大，二十多年來多靠著港鐵移動。但現在，她的世界不一樣了。她跟朋友開始研究巴士與van仔（香港公共小型巴士，載客量十九人以下）路線，發現過去約在地鐵站附近，鄰近的店家消費都高，搭地鐵時也看不見風景，「巴士和van仔會走地鐵不走的地方，我常常都很驚喜，原來這裡是這樣的風景啊！」原本是「不想搭」地鐵，隨著警暴事件日趨嚴重，她如今是「不敢搭」了，寧可花費兩倍時間乘巴士，「就當做去旅行吧。」

反送中運動進入第五個月時，我們訪問專長城市研究的年輕學者黃宇軒，他仍充滿希望，「傘運過後，香港悶極了，我差不多覺得香港大概不會再有人出來為未來抗爭了吧，抗爭好像是很小眾的事。但現在反而讓我覺得有點希望。在這個運動裡，我們把城市的每個地方都拿來用了，真的就是Be water，流到每一個角落裡。我覺得這是很香港的，我們就是一個城市，很意識到每一個空間的用法。」

運動會走到哪裡呢？長期觀察政治與社會現況的梁啟智也搖搖頭，「我不知道，但肯定是場長期抗戰，或許會像北愛爾蘭持續數十年也不一定。」同樣的問題問黃宇軒，他也搖搖頭，「我不知道。但沒關係，但至少大家開始在意生活的每一個環節，思考我們想要怎麼樣的未來，用所有的方法去實現我們的理想。我覺得這個非常重要，會思考從『我』到『我們』，所謂的撐黃店，或許不是很經濟的問題，而是一個抵抗的群體，是一種團結。」

「反送中」遍地開花的視覺進化

藝術家如何記錄和影響運動？

陳怡靜——文
劉貳龍、陳朗熹——攝

二十五歲的Kay Wong是插畫家，二〇一九年十月初，她與我們約在中環的藝廊裡拍照。人來人往的藝廊有整片通透清明的落地窗，裡頭聯展的是香港反送中運動裡的藝術作品。地板陳列著成排列隊、使用過的口罩，長牆上則是一幅幅抗爭圖像。Kay的畫作就在其中，她第一次畫下反送中圖像時，人就在立法會前的中信橋上。

她始終記得，改變她的那一天是反送中運動開始延燒的關鍵一日。二〇一九年六月十二日，香港立法會即將二讀《逃犯條例》修例，抗議民眾上午便紛紛聚集包圍立法會與政府總部，周邊道路已經爆滿，一波又一波黑衣人持續湧入。Kay帶著鉛筆與速寫本在人群中穿梭，看見幾個中年人趴在地上寫大字報，上頭的文字是：「POLICE NO ATTACK HONG KONG PEOPLE.（警察不要攻擊香港人民。）」

當時她不以為意，內心暗忖著：「警察怎麼可能攻擊人民？」但她還是拍下照片，縮回原本的位置開始速寫。沒想到的是，幾個小時後，香港警察發出反送中運動的第一枚催淚彈。Kay與朋友擠在人群裡奔逃，那是她人生第一次感受警察的壓迫與面對清場的恐懼。警察節節逼近，狂喊：「放下你們的武器！」但她們手上連長傘都沒有。

Kay的世界頓時不一樣了：「原來我心裡的想法，跟現實差這麼遠。」二十五歲的Kay過去是個「港豬（政治冷漠的香港人）」，她不在乎新聞，也不關心政治；二〇一四年雨傘運動時，她也沒有出街（上街遊行），即使朋友都去了，她還是照常生活，「就覺得那些跟我無關吧。」直到反送中運動爆發，她才意識到，未來可能只是畫頭豬，都可能會出事。

二〇一九年六月九日百萬人遊行反修例那天，是她第一次出街遊行。遊行的人很多很多，擠得她不能呼吸，「以前香港人是這樣的：在路上不小心推擠到，對方會很不耐煩的『嘖』一聲。但那天好多好多人，大家擠在一起，我覺得，香港人好像不太一樣了。」深夜十一點多，人才剛走到金鐘，香港政府就宣布《逃犯條例》修例會繼續二讀。

Kay的人生也轉變了，她感到無法置身事外。能做些什麼呢？畫畫吧，那是她最擅長的事。她畫下一張又一張反送中作品，甚至開放高解析度的印刷檔案讓網友自由印刷，最遠傳播到連加拿大都可看見她的明信片，「我不希望哪一天，連穿黑色衣服的機會都沒有。」

像Kay一樣年輕的創作者，在此次反送中運動裡，並不在少數。

法國國王路易腓力一世曾說：「圖畫比文字更具顛覆性。」不論是哪個時代，政治漫畫都像是把銳利的手術刀，精準地解讀當下社會氛圍。有眼睛就看得到畫，有耳朵就聽得到聲音，在香港反送中運動

裡，大量圖像、海報文宣透過Telegram、連登、臉書等網路傳播，圖像成為最感官的渲染工具，也是宣洩情緒的出口，快速引發共鳴並聚集全球關注。

以Telegram上的「反送中文宣谷Channel」頻道為例，截至二〇一九年年底，有超過十六萬八千名訂閱者，任何人都可以自由創作後投稿給管理員，光是二〇一九年六月到十月，粗估就有超過一萬則圖片與影片。一旦發現上傳的圖片有錯誤，或是文字需要翻譯，也會馬上有網友跳出來修正和協作。為讓國際網絡也能快速傳播，頻道也有英文版，有數萬名訂閱者。

創作類型自由奔放，如戰地裡的街頭藝廊

在反送中運動裡，藝術和視覺作品像是戰地裡開出的花朵，帶來微微的希望和驚喜。面對強大的極權壓力，圖像創作仍自由奔放，從行動宣傳、澄清謠言、記錄事件、情緒傳播等都有。但這些視覺作品已不像傘運時集中在佔領區，而是隨著遍地開花的抗爭，處處可見。原本以便利貼為主的連儂牆也進化了，貼滿圖像與文宣，後來更出現大如電影海報的連儂牆圖像，彷彿街頭藝廊。

海量的創作像是不絕的柴火，持續點亮這場運動。這些畫筆背後的創作者究竟是誰？

原本以便利貼為主的香港反送中運動「連儂牆」不斷進化，貼滿圖像與文宣，後來更出現大如電影海報的連儂牆圖像，彷彿街頭藝廊。

二〇一九年十月，反送中運動即將進入第五個月時，我們登入Telegram的熱門頻道「反送中文宣谷Channel」，框裡每天仍有許多圖像與訊息在傳遞。負責國外媒體聯絡的網友Vin（化名）告訴我們，工作群組最初成形於六月中旬，當時反送中運動剛爆發，已有兩百多名設計師與創作者組成工作群，只要有人提議主題、有人附議，就會產生作品，「但這只是一小部分，多數是創作者私訊投稿。」

幾個月來，創作量多到連工作組都數不清，類型從活動宣傳、重大事件傳播、資訊圖表、長輩圖、日程表、國際文宣、畫作、短漫畫與插畫、相片圖文、meme（網路爆紅事物，如連登豬）等都有，光是我們互傳訊息採訪的那一天，短短不到十二個小時，就已收到一百五十則投稿的信息。

雨傘運動過後，香港進入長達五年的沉悶期。不管是運動參與者或是一般市民，都能感覺到這五年是很「悶」的。二〇一九年初，香港浸會大學視覺藝術學院助理教授黃照達開始學術研究，大量搜集近年網路政治漫畫，試圖梳理網路政漫對傳統政漫的影響。但計劃才剛開始，反送中運動便爆發了，一瞬間，他的資料庫便爆滿，創作迸發的速度快到他來不及整理。

四十五歲的黃照達自身也是知名政治漫畫家，過去他畫兒童漫畫，不太關心時事。二〇〇三年是香港動盪的一年，五十萬人上街反第二十三條立法、SARS風暴籠罩、香港樓價暴跌……也是同一年，港星張國榮自殺。黃照達當時在英國學藝術，從遠方看見家鄉的新聞，才發現自己如此心繫故鄉。返港後，報紙找他畫政治漫畫，他便開始畫了，一畫就是十多年。

兒子出生後，他更感覺到政治漫畫家的責任了，彷若是他對孩子說明世界的方式。雨

傘運動佔領中環時，他為佔領行動設計logo標誌。反送中運動初期，黃照達還是繼續畫，在他筆下，林鄭月娥、李家超等港府官員成了腦袋破洞、口齒崩落的異形。抗爭遊行時，那些圖像便成為最吸引人的文宣手牌，成街都可看見黃照達的「寄生獸」系列跟著遊行人潮前進。

二〇一九年十月初，黃照達在浸大研究室與我們見面，他的辦公桌堆滿反送中相關文宣。我們請他說說這次運動中的視覺藝術，黃照達輕呼了一聲：「該從哪裡開始，太多了。」不久前，黃照達才在臉書發出「求救訊號」，指自己正在進行學術研究，請各方好友把搜集到的反送中圖像寄給他。我們跟著他的眼光看向電腦螢幕，資料庫以創作者名字排序，方便尋找。

其中有一個資料夾是無法歸類的，也是檔案最多的資料夾。黃照達觀察，相較於傘運時，多是尊子、阿塗等喊得出名號的創作者，這場反送中運動裡，更多的是匿名的創作者。大量的匿名視覺創作透過網路流通，圖像創作也跟著事件快速更迭，像是水流遇到障礙卻激起更多水花，恰恰反映出這場運動的兩大精神：Be water、無大台（無領導者）。

對於這個現象，Telegram「反送中文宣谷Channel」的Vin坦言，匿名是唯一保障創作者安全的手段，同時亦有「莫需問誰」的感覺，「大家都是為了香港，總之就是其中一個為香港付出的人。」

依照時間序翻閱，海量的圖片作品也像是圖像紀錄片，從二〇一九年六月開始記錄著這場運動驚心動魄的時刻，也傳遞出繪者的心境改變。以《抗爭少女日記》為例，起初日記式的畫作用色柔美，記錄著警察暴力清場的許多時刻；隨著運動時間愈來愈拉長，到了八月三十一日太子站嚴重衝突的那天，原先的柔美風格有了劇變，畫面顏色變得強烈，彷彿也呈現畫家悲憤的心情。

黃照達指出，這批反送中視覺作品風格多元，看得出創作者年紀偏輕，可能包括插畫家、漫畫同人誌作者，甚或是設計師，已不再是傳統政治漫畫家。香港資深政治漫畫家尊子也從作品中觀察，「從影片、動畫、圖片等作品產出，感覺這一次都是年輕人，看得出是看圖像長大的創作者。」尊子認為，機伶的傳播方式，也與年齡層有極大關係。

創作者同時也是運動者，解放過去政漫想像

反送中運動創作也解放黃照達過去對政漫的想像。他坦言，過去畫政漫，他總提醒自己要與事件保持距離，站得遠一點，看得清楚些。但二〇一九年六月十五日晚上，運動裡出現第一位犧牲者，身穿黃色雨衣的梁凌杰從太古廣場墜樓過世，震驚全香港社會。那個夜晚，黃照達非常激動，怎麼都睡不著，他坐回電腦前，開始畫畫，一邊畫一邊痛哭。

那是第一次，他任情緒落入作品裡，在雨衣男身邊，他捨去充滿高樓大廈的香港意象，在畫作裡留下大片空白，像是無語的沉默控訴。短短一天，就有超過八百人次分享，香港人太悲傷，黃照達記得那樣的痛徹心扉。再過幾天，他刊出另則畫作，滿版報紙是密密麻麻的香港人上街，彼此肩靠著肩，只有一句標題：「如果，我仍能和你一起走下去。」

那風雨同路的畫面，讓許多港人被療癒。黃照達意識到，政治漫畫可以做的，比想

像的多更多。黃照達學藝術出身，不久前，他再為反送中運動創作「重作名畫」系列，借西方經典作品，以油畫重繪現今的香港時局。其中一幅作品改做自愛德華・霍普（Edward Hopper）的代表作《夜遊者》（*Nighthawks*）。

霍普是美國藝術家，擅長描繪二十世紀寂寥的美國當代生活。在《夜遊者》原作中，餐館裡的四個人身處在同一個畫面裡，但卻好似各自活在自己的空間中，盡顯都會人的孤單。黃照達改作後，將背對觀眾的西裝男改為黑衣人，黃色頭盔就在身旁，暗示著他可能是示威者的身分，彷彿也像暗示香港人此刻深刻的無助與孤獨。

隨著反送中運動時間的延長，相關的圖像創作持續改變，從記錄事件、心情宣洩到為情緒自救，也開始有創作者集結作品印刷成小誌，許多還開放自由印刷，傳遞給更多讀者。短短一個夏天，這些小誌們被集結成「香港社運小誌展」，飛至加拿大、英國、美國、馬來西亞、日本等九個國家逾十個城市展出，讓世界看到香港反送中運動，目前展覽仍陸續進行中，飛往世界上更多地方。

香港團體「Zine Coop」長期觀察小誌發展，我們在灣仔富德樓見面，團隊成員之一的Forrest Lau攤開整桌小誌，內容從攝影集、文字書、圖文書到明信片都有，其中幾本關於運動情緒急救的小誌特別吸引人，好比《照顧你的小心靈》、《彼此守護事》、《自己的情緒自己救》，用暖暖的圖文呈現，希望在全城烽火之時，撫慰港人的心靈。

小誌有什麼樣的功能？Forrest Lau認為，「小誌是創作人回應時代的方式。」他進一步說明，運動開始時，在後面支持抗爭的人，都會問自己能做什麼？初期多以簡單的圖片、文宣為主，但漸漸地，有小誌創作者開始製作小誌，用自己的方式回應時代。譬如說，有爸爸製作一本小誌給女兒，跟女兒一起認識這場運動。

而這場反送中運動裡，也不乏世代衝突，許多年輕人因運動與家人疏離、甚至反目成仇，也有小誌創作者便以此為主題，創作《同老豆老母去遊行》，嘗試以俏皮的漫畫拉近世代差異。在運動中難免有緊綳憂鬱的時刻，也有瑜伽老師的小誌以《if you are in a bad mood》為題，以圖文帶領讀者用深呼吸、拉筋等方式放鬆。

在反送中運動裡，香港藝術家工會在前線也佔有重要角色。工會發起人之一黃嘉瀛是個年輕的女性藝術家，二〇一四年傘運時，她還是個兼職藝術家，白天打工、晚上就輪班睡在佔領區，整整三個月，沒有一天休息，「每天死守那個地方，生活非常顛倒。但佔領久了，民眾習慣沒有路後，所有東西又變得尋常了。」

黃嘉瀛記得，傘運之後，藝術界也非常低迷，感覺對什麼事都不太有希望。二〇一六年時，一票藝術家決定搞個工會，起初想得簡單，有工會就能談團體保險、開團購談折扣，偶爾來個同樂烤肉會，但開始招收會員後，才發現這是個正經事。如今回看，似乎都是為了反送中運動而蓄積能量，運動開始後的四個月內，工會人數從三百五十人增加到四百二十人。

藝術家、抗爭者、紀錄者的三重身分

二〇一九年六月十二日那天是工會行動的轉捩點，當天立法會預

香港團體「Zine Coop」長期觀察小誌發展，並在2019年夏天於加拿大舉辦「自由Hi！香港社運小誌展」巡迴展覽。

計二讀《逃犯條例》修例，全港發起三罷（罷工、罷課、罷市）。黃嘉瀛記得，行動前幾日，有成員來訊表達要請假罷工，工會擔憂罷工者遭秋後算帳，當機立斷寫公開信，呼籲美術館、博物館等領有政府補助的組織加入罷工行列。沒想到，當天香港有超過一百間館所與藝廊真的休館一天。

對全球藝術市場來說，香港是藝術買賣的天堂，許多重要的拍賣，如蘇富比等大型藝術品拍賣，經常選擇在此舉辦，「因為香港免稅，」黃嘉瀛指出，「罷工那天，對香港藝術圈來說，是核爆級影響，對全球藝術圈來說也是，反送中運動馬上就成為全球關注的話題。」那一天，藝術家罷工上街，就在政府總部旁畫起素描。

即便工會活躍在運動之中，仍有許多藝術家選擇匿名支持反送中運動。或許沒有人比藝術家更清楚，創作自由是多麼珍貴，對於即將到來的極權之手，藝術家可能是最敏感的。二〇一九年十月初，香港藝術家們在灣仔富德樓舉辦「一起義賣 we support」展覽，義賣藝術品為「六一二人道支援基金」與「星火同盟基金」籌款，聲援受傷、被檢控的香港人，感謝港人面對暴政從不退縮。

下一步，藝術家們要做更多。面對二〇一九年香港區議會選舉，香港藝術家工會有三名成員投入不同地區的選戰，他們都是政治素人，過去做的是藝術工作。但二〇一九年十一月二十四日選舉結果揭曉當天，泛民與非建制派贏得選戰，三名投入選戰的藝術家也全數當選，成功翻轉自己所在的選區。黃嘉瀛坦言，「過去，藝術家們總覺得自己很微小，聲音並不重要。但這次不一樣了，當我們站在一起，我們就可以做得更多。」

二〇一九年的初夏開始，整個香港彷彿都在沸騰，整個城市也像是全民藝廊，走到哪裡，都有「藝術」正在發生。

八月初，學生因購買雷射筆遭警拘留的隔日，港人發起「觀星」活動，數以百計的市民將雷射光束投影至太空館外牆。藝評人查映嵐對這天印象深刻，也撰文評論：「從集體情緒迸發的藝術有其必然性，它一定就是群眾當刻最需要的藝術。沒有大台、沒有作者、沒有預算、沒有策展人，卻成就了香港開埠以來最壯麗最powerful的light art show（光雕藝術秀）。……」

如今，在香港各地抬頭便是大片連儂牆，低頭滑手機也能看見馬路的噴漆。有創作者將畫作上傳網路，就有人下載印刷再貼到城市裡，這是視覺藝術。當你在商場購物卻聽見眾人齊唱〈願榮光歸香港〉，這是行動藝術。整個香港都在吶喊著，沒有人能忽視。

專長城市研究的年輕學者黃宇軒觀察，相較於傘運，反送中最重要的是「團結」與「變動」，行動不斷在轉變，連儂牆、連儂隧道、連儂人、塞爆機場、香港之路人鏈、手勾手蒙面再人鏈……運動裡迸發的創意，正是反送中運動得以走下去的原因，「我覺得我們會贏。說出來很土，但我們總會win something，我們一起這樣站出來，不會全輸的。」

創作者是用作品抗爭，既是藝術家，也是抗爭者，更是時代的紀錄者。該用什麼方式回望時代？藝評人查映嵐拿起手機，給我看她拍下的照片，那是某個地鐵站入口的資訊牌，被「火魔法[1]」給燒融了，塑膠火熔後垂下出美麗的波浪。即使未來這個資訊牌會被修復，照片裡卻已永遠留下這個夏天了。

1　香港人稱勇武派以汽油彈放火燒的行為。

從爆眼少女到太子警暴，柳廣成用漫畫提問：二〇二八年會是什麼模樣？

陳怡靜——文　劉貳龍——攝

有個小男孩在日本長大，八歲時隨著父母回到故鄉，不會說中文的他被同學霸凌，喊他「日本鬼子」，撿石頭丟他。他日日沉默忍耐著，等待放學時間一到，他便衝回家畫漫畫，一直畫一直畫。慘澹的日子裡，是漫畫救贖他。後來，小男孩成為漫畫家了。在反送中運動裡，他最初也是沉默的，直到急救員被爆眼的那一天，曾是弱者的他忍著眼淚拿起畫筆。手上的畫筆，成為反抗的起點。

他是漫畫家柳廣成。

柳廣成說起那一天。那是反送中運動爆發後的第三個月，二〇一九年八月十一日的尖沙咀，一名女性急救員遭警方以布袋彈擊中，鮮血汨汨從她的右眼流出，掉落的護目鏡也沾滿血跡。夜裡，柳廣成在家裡畫畫，看到新聞裡的那一幕，他太震驚了，不敢相信自己看到的一切。一時間，網路流言蜚語不斷，甚至有藍絲指女孩是被自己的同伴擊中。

香港中文大學肄業的全職漫畫家柳廣成，在那天之前，他默默支持反送中運動，穿著黑衣出街遊行、找黃店吃飯，但就是沒有公開表態。「我每天都在想畫（反送中運動）跟不畫之間掙扎，我覺得我有能力做更多的事，只是受到一點阻礙，所以沒辦法做，」所謂的阻礙，坦白講，就是工作。他是個漫畫家，有跨國合作的案子，業主的商業市場有一大塊在中國。

但少女被爆眼後的深夜，柳廣成再也忍不住了。「我覺得忍無可忍。急救員從來不分敵我、不分政治立場，不管你是警察還是示威者，都會幫忙。受害的是一個沒有做壞事的人。我好憤怒，覺得無法忍受。」他拿起鉛筆，唰唰唰畫下被爆眼的少女，畫到凌晨累極便睡著了。隔天在臉書發布漫畫後，他才知道，「我把她的傷勢畫太輕，她的眼骨碎裂，可能終身失明，我卻畫得像是剛動完白內障手術。」

二〇一九年的秋天，香港反送中運動持續逾五個月了，港人仍在白天生活、夜晚抗爭的日常中渡過。同年十一月八日，年輕學生周梓樂在醫院急救數日後仍過世，外界懷疑周梓樂在警察暴力下墜樓重傷。整個週末，香港人悲傷極了，夜夜各區都有民眾點白蠟燭持白花默哀。那幾天，柳廣成窩在工作室兼住家裡，仍在拚命畫著，他畫下的是二〇二八年的香港，抗爭與受傷已成為日常。

也是那個秋天，我們在香港跟柳廣成見面，地點是他的工作室兼住家，雖說是兩房一廳的格局，但其實小得不得了，有個窄小的開放式廚房，兩個房間都只容得下一張雙人床。這在香港，已是難得的住居，目測八坪大的空間，月租要價約六萬元台幣。我聽得咋舌，柳廣成也有點苦惱，這是他朋友的小屋，年底之後，就得還給朋友住，下一步，他還不知道該去哪裡。

那樣的窘迫，柳廣成也都給畫在漫畫裡了。二〇一九年十月起的每個週日，他都在香港《明報》的「星期日生活」副刊裡刊出專欄，系列漫畫主題是「二〇二八：香港」，其中一張作品描繪的是上班族，日日上班下班回家睡覺再出門上班下班回家睡覺出門，漫畫分鏡愈縮愈小，裡頭的人彷彿也被壓扁了，最後幾乎消失。全版漫畫只有一句對白：「仲要供多三十年。」意思是背房貸三十年，換來豢養自己的狹小牢籠。

二十九歲的柳廣成從小就愛畫畫，母親跟他說，他三歲開始就會拿筆畫畫。小小的柳廣成當時不知道畫畫對自己的意義，只知道畫畫是習慣，也是最開心的事。他在香港出生，兩歲大就隨父親工作舉家搬到日本京都。日本是充滿動畫與漫畫的世界，柳廣成跟多數的小孩一樣，很快就愛上身邊的一切，拿起筆的時候，不是模仿日本動漫角色，就是畫天馬行空的劇情。

八歲多那一年，父親因公司經營困難而失去工作，一家人拿不到移民簽，只能離開日本。柳廣成隨著爸爸媽媽回到故鄉，他的父母都是中國人，困頓之時，決定回老家山東待上一段時間。當時中國仇日情結仍盛，特別是北方人。起初，柳廣成連小學都找不到，有些學校一知道他是從日本回來的，就拒絕收他做學生。

好不容易找到學校讀了，卻是惡夢的開始。柳廣成當時說得一口流利日文，但半句中文也不會。他與哥哥入學就被霸凌，個子高大的哥哥選擇武裝自己，加入校園幫派，變成更有威脅性的人。但柳廣成個性內斂，當時個頭又小，日日被欺負，卻不敢吭聲。明明是有名字的人，但沒有人願意喊他的名字，同學只喊他「日本鬼子」。

香港出生日本長大，返中遭罵「日本鬼子」

歧視還不只來自同儕，柳廣成記得，有一次他的長尺不見了，他舉手說：「老師，我的尺子不見了。」老師立刻從背後掏出那把他的長尺：「是不是這把呀？」柳廣成點頭，老師笑著，拿那把尺開始打他。幹什麼呢？「不知道，就是想欺負我吧。老師欺負我，同學一定更欺負我的。」有時走在路上，不管大人還是小孩，總有人會拿石頭丟他。

「為什麼大家要這樣對我呢？」柳廣成很難過，回家問爸爸媽媽，爸爸開始解釋世界歷史，原來因為二次世界大戰的關係，留下的是民族的仇恨。雖然他很不快樂，但好似也懂了一點點。他告訴自己，「就是我不夠幸運，被誤認成日本人。」但他也疑惑，就算自己是日本人，也不該遭受這樣的待遇吧。身分，為什麼能決定一個人被對待的態度呢？

「我知道大家都是受害者，他們的祖先是被殺掉的，所以他們需要發洩。他們對我的憎恨，不是因為我的為人，只是因為我的身分，根據那些標籤去對我人格進行判斷。我當然非常不開心，但也只能忍耐，畢竟他們沒有殺掉我或是怎麼樣，就是打一打。我告訴自己，是我不好運，只能接受這樣的命運。但那時候，我真的覺得自己好像要完蛋了……」

從日本回來的柳廣成，一句中文也不會說，但面對強大的壓力，還不到九歲的孩子竟在一個月之內學會說中文，回想起來連他自己都不可思議，「一說日文就會被欺負，只好拚命學啊！」他記得自己每天都在忍耐，好不容易熬到放學，就衝回家看從日本帶回來的漫畫，然後拚命畫畫，「如果不畫畫，我就感覺自己堅持不下去了。」只有在漫畫的世界裡，他才得以舒緩。

漫畫真的救贖了他，起初是救贖他的心靈，後來是解救被霸凌的他。柳廣成老家在山東鄉下，日本漫畫風靡中國的當時，有同學注意到柳廣成下課時都在畫畫，畫的是《龍珠（台譯七龍珠）》、《寵物小精靈（台譯神奇寶貝，後改譯寶可夢）》裡頭的當紅角色。孩子還是單純的，倒也不吝惜欽羨的眼光，圍在他身邊七嘴八舌，開始有人跟他說：「你竟然懂得畫漫畫！」

你一言我一語，人人都想跟他要一張畫。內向的柳廣成也才鼓起勇氣，小心翼翼對同學說：「我幫你畫畫，但你不要再欺負我，好嗎？」交到朋友了嗎？眼前的柳廣成已是大男孩了，他苦笑著搖頭：「沒有，他們不會當我是朋友的。」但被霸凌的情境漸漸轉變，這是他第一次世故地交換條件，學會在夾縫中求生存。原來，漫畫可以幫助他保護自己。

也是那個時刻，柳廣成意識到，漫畫對他來說，有多麼重要。療癒了自己，也保護了自己。

在中國生活不到一年，他隨父母再回到香港生活。原本忐忑的心情，突然得到釋放。「對我來說，香港完全是天堂。我在內地的時候，知道世界大戰的前因後果，也知道為什麼內地人會討厭日本人，我就假設香港也是這樣。結果不是啊，我一說我在日本長大的，香港朋友都好崇拜我，還到處跟人家介紹我。我好開心，覺得好像從地獄來到天堂了。」

香港生活太快樂了。朋友們都喜歡日本，喜歡日本的電影與電視劇，喜歡日本食物，也喜歡一起聊日本漫畫。起初母親擔心他再被霸凌，特意送他上國際學校，同學都是不同國家的小朋友，馬來西亞、台灣、新加坡……他於是說得一口好中文與好英文。放學之後便是廣東話時間，他在書報攤翻看搞笑漫畫，為了看懂搞笑漫畫，開始努力學廣東話。

書報攤，像是他看世界的窗口。他記得在山東時，雖然流行漫畫，但能找到的書很有限。香港的書報攤什麼都有，可以買到最新連載的日本漫畫和香港當地漫畫。那個時候，畫畫成為一件有希望的事。雖然亞洲傳統父母總不認同孩子畫畫，柳廣成就以學業成績證明自己，一路畫到長大，後來考取香港中文大學藝術系，之後全職創作。

二〇一七年年初，香港藝術中心邀請柳廣成赴法國安古蘭國際漫畫節（Festival International de la Bande Dessinée d'Angoulême）參展，那時他正逢低潮期，一直以來，他雖然畫著喜歡的漫畫，但仍得順應商業風格，作品多偏向日漫表現手法。安古蘭漫畫節帶他看到更大的世界，柳廣成終於明白焦慮從何而來，「原來這個世界不只有日本漫畫，而是有各種風格的漫畫呢。」返港後，他什麼都不管了，一切從心，充滿衝勁地只畫自己想畫的東西。

創作的畫筆，成爲反抗的畫筆

這便是我們如今看到的柳廣成。他擅長以鉛筆畫漫畫，在A3白紙上唰唰過去，用自己的方式說故事。他像過去一樣在臉書上發表作品，獨特的風格大受歡迎，得到比過去多上許多的迴響，更多案子找上門。第一次與電玩遊戲公司合作的漫畫書，開賣短短四小時，限量版三百本就銷售一空。就連他飛到台灣參加圖像小說展，還有讀者專程捧著書找他簽名。

成名了，人生看似要起飛了。柳廣成卻執起畫筆，開始畫起反送中運動漫畫。畫政治漫畫是有風險的，他也很清楚。問他為什麼？是因為藝術家有社會責任嗎？他慢慢地開口：「我覺得，不是藝術家的責任，是一個市民的責任。從小到大，我們的教育不是教我們關心身邊的事，而是好好讀書、好好賺錢、好好活下去，但這樣真的對嗎？」

柳廣成記得小時候受過的傷，即使傷口已不痛了，但內心結的痂、記憶裡的傷，不曾淡去。「我經歷過那些不愉快，更加意識很多事情都有前因後果。很多不愉快的事，是以前的人造成的。那麼，可能是以前有一部分的人，沒有盡到一個責任吧？就是一種與威脅抗衡的責任，」他深吸一口氣後說：「如果人性可以無私一點點，關心身邊的事情多一點點，或許社會就不會太腐敗。」

從反送中運動裡，少女被爆眼的時刻後，柳廣成畫下一張又一張的政治漫畫，輕輕淡淡的鉛筆筆觸，呈現的卻是深沉的控訴。他記錄下少女被爆眼的時刻、太子站警察暴力的那個黑夜、被捕的示威者無法與家人團圓的中秋……。香港政府宣布將提案撤回《逃犯條例》的那一天，他還是畫，輪椅上的示威者遍體鱗傷，特首林鄭月娥輕輕貼上「撤回」的OK繃，「香港人身心都受創了，她只是貼上一張膠布，就想把傷黏好，可能嗎？一塊OK繃能治療全身重傷嗎？」

反抗的畫筆沒有停下，他仍持續畫著。問他不怕中國嗎？不怕付出商業代價嗎？柳廣成坦言，他是清楚的，也已經做好準備，「我知道我可能會面臨什麼。我個人不怕失去中國市場，但確實會擔心連累合作單位。」也因此，他與過去的合作單位漸漸保持距離，即便對方並沒有太限制他的言論自由。

柳廣成大學時就喜歡跳街舞，但總被學校保安以「廢青」、「不務正業」的眼神看待。漸漸地，香港能自由跳舞的地方也愈來愈少了。他說起最近剛完成的短篇漫畫，主角最後沒有地方跳舞了，就連繭居

的房間也被剝奪，只能拖著一身家當在街上無處可去。畫的是跳舞，但其實談的是香港。就如同他的「二〇二八：香港」系列漫畫，以悲觀的未來想像，拚命敲響著警鐘。因為他很清楚，有些東西如果失去，永遠都不會再回來了。

區議會選舉

政治素人與社運者參戰，首度無「白區」

陳怡靜——文
劉貳龍、陳朗熹——攝

二〇一九年的中秋夜，藝術家王天仁推著等人高的發光白兔，緩緩走在香港荔景區街道上。那是他手工製作的玉兔，趁著中秋月色上街，遠看像是玉兔自己遊街，街坊鄰居都為之驚豔。王天仁是藝術家、是老師、是綜合性空間「合舍」創辦人，他也是四歲女兒的父親。彼時，他更為人知的角色是香港區議員候選人，將挑戰葵青區荔景選區，這也是該區首度出現非同額競選的情況。

也是二〇一九年，反送中運動滿五個月的時刻，我們跟王天仁約在荔景地鐵站的行人天橋口見面，天橋儼然成為連儂橋，貼滿各式反送中文宣，裡頭亦夾雜不滿建制派無作為的抗議，立場不同的文宣比鄰而立，看似也安然無事。見面那天是十一月八日星期五，王天仁原本計劃街站派文宣，多接觸剛下班的市民。但當天上午，二十二歲學生周梓樂墜樓後急救數日仍過世，成為首位疑因直接警暴而喪命的犧牲者。

香港人悲傷極了，抗爭口號再從「香港人，反抗」轉變為「香港人，報仇」。距離區選投票日僅剩十六天，許多參選人仍決定暫停選舉宣傳，紛紛取消街站活動，王天仁也是其中之一。我們遠遠看見他，他穿著素樸、一臉憂傷，坦言說自己情緒低落，「政府與人民間的矛盾愈來愈厲害，信任愈來愈沒有了。香港這幾個月分裂得很厲害，這是我比較傷心的狀態。」

四十一歲的王天仁從來不是政治人物，他是個藝術家，擅長用卡板等廢材做藝術品；長年著力於藝術教育，學生從幼兒園到大學生都有。三年多前，他在深水埗大南街開辦「合舍」，希望在老舊社區裡打造一個自營空間，讓許多可能在空間裡發生，他們在裡頭策展覽、辦音樂會、開小書攤、辦電影放映會……左鄰右舍都可以進來聊上幾句，如同「合舍」的英文名稱「Form Society（建立一個社會）」。

王天仁十多年來住在荔景區，是約一萬五千名區民裡的其中一人，就是生活在荔景邨的居民，如同香港人口中稱的「街坊」。但二〇一九年六月底，王天仁決定參選，從街坊成為參選人，挑戰二十多多年來無人能出其右的現任區議員。有媒體形容王天仁素人空降荔景區，對此，他則說：「我是素人，但不是空降，我們住在這裡超過十年了，就是一個街坊。更正確來說，我是浮出水面。」

根據香港政府統計，二〇一九年「登記選民」[1]人數達四百一十三萬二千九百七十七人，較上一屆區選時（二〇一五年）增加近四十四萬人，登記人數與增加幅度都是歷年新高。更值得注意的是，相較於上屆區選出現六十八個「白區（僅一人參選的選區）」，二〇一九年則有一千零九十名參選人競逐全港十八區共四百五十二個地區議席，首度不再有白區，亦不再出現僅一人參選，故可自動當選的荒謬現象。

而逾千名區選參選人中，出現許多政治素人，他們來自各行各業、各種年齡層，有中醫師、會計師、藝術家、社工、建築師……等，甚至還有仍在學的大學生參選。他們沒有政黨背景，透過網路討論與社區組織，展開「填白區」行動。臉書上亦出現「自由系——

1　香港市民滿18歲即擁有投票權，但必須先登記為選民，才能投票。

二〇一九區議會資訊平台」粉絲專頁，成為數十位政治素人的後盾，透過臉書、連登等網絡進行後勤支援、協調、組織、宣傳等工作。

王天仁便是其中一位參選人。二〇一九年六月底，他決定投身選舉，即便他從來不曾參與政治工作。為何從街坊化身參選人？他說起女兒，「我有一個小女兒，她四歲了。我在想，將來我能不能夠很理直氣壯跟她說，爸爸當年也有做過一些事去支持自己認同的價值，爸爸是有努力過的，」他稍稍停頓後又開口，「我要做一個榜樣。不能繼續躲起來說，沒事沒事，我們自己家庭好就好。這不是我認同的價值觀。」

另一個鼓動他的是身為香港人的自覺。反送中運動升溫後，王天仁感覺社會氣氛愈來愈對抗、愈來愈激烈，眼看年輕人們押上生命去投入，他開始問自己：「我是一個有家庭的人，我有孩子有爸爸媽媽有家庭要照顧，我也賺不了什麼錢，那我還能做什麼？」王天仁不想束手無策，他開始盤算自己能做什麼，還能如何參與並一點點改變社會，「選舉，可能是比較合適的方法。」

「不再躲起來說沒事」，選舉成爲改變可能

像王天仁這樣的參選人，還不在少數。香港藝術家工會發起人之一黃嘉瀛告訴我們，雨傘運動之後，整個香港很悶，彷彿一切都沒有希望，藝術圈也很低迷。但這次區選，藝術家開始意識到行動的重要性，工會會員就有三人挺身投入區選。而根據香港區選候選人提報的資料，其中十多名候選人申報的職業與藝術文化領域相關，包括藝術家、插畫家、攝影師與設計師等。

過去相對不受重視的區選儼然成為運動新戰場。香港中文大學新聞與傳播系兼任講師梁啟智觀察，二〇一五年雨傘運動過後，曾有一波「傘兵」投入地方選戰，包括朱凱迪等社運人士，最終結果仍無法翻盤，十八個選區全由建制派拿下、議席比例過半，僅沙田、深水埗、西貢等三區差距在一至二席。但反觀今年，市民對於反送中抗爭者的支持程度遠高於後傘運時代，估計投票率也可能提升。

香港地狹人稠，十八區內再有四百五十二個分區，當選與落選往往在幾百票之差，選舉規模類似台灣的里長。如何受到選民青睞？施以小惠便是方法之一。梁啟智舉例，香港有句俗語「蛇齋餅糭」便是形容政黨在非選舉期間派發的小恩小惠，過去指蛇羹、齋食、月餅、粽子，現在則衍生為禮品、郊遊、剪髮、拍證件照等「社區活動」，雖為人詬病，但卻是有效的政治動員。

嶺南大學政治系助理教授袁瑋熙也分析，香港區議會並非立法機構，區議員的權力也不大，因此過去投票率偏低。相對的，不斷做地區工作的建制派就較容易拿到票。但二〇一九年反送中運動正熾，區選因此成為關鍵戰場。「現在的選舉，基本上是一個社會運動。

很多人投票，不是看參選人的政綱，而是看他們的立場，尤其是這次的選舉，會是非常政治的。」

袁瑋熙指出，「香港已經很久以來，所有的選舉都是社會運動來的。立法會裡面的辯論，也是社會運動的一個延伸。香港立法會權力非常受限，沒有提出私人法案的權力，所以大家在裡面的辯論，就是一種社會運動。」但區議會過去沒有社會運動動員的面向，直到二〇一五年傘運後的傘兵參選，區議會正式成為一個戰場，「當在區裡佔有一個位置，就能把認同的價值傳播給基層居民。」

這是一場民主自救，也是香港人無法迴避的選擇題。這場香港區選選戰也延續反送中運動的精神：「Be water」與「無大台」。不只白區被填滿了，參選人遍地開花，這些政治素人不一定會加入政黨，許多人以無黨籍背景參選，透過網路組織義工、組成聯盟討論策略，好比王天仁與四個夥伴組成「葵青傳承」，灣仔區十個候選人組成「灣仔起步」……兄弟爬山、互相鼓勵，但各自努力。

灣仔知名的獨立書店「艺鵠書店」成員羅偉珊便是「灣仔起步」的參選人之一，將參選灣仔區愛群選區。從決定參選那天開始，她幾乎日日早起街站，希望成為社區居民裡常見的面孔。決定參選的契機，也是因為反送中運動。「六月十二日，政府定性包圍立法會抗爭是暴動。但很多人受傷、很多朋友都不安，我們書店也罷工，但那天開始，就有很大很大的不安。」

羅偉珊學的是藝術，曾在挪威讀書工作，返港後進入艺鵠書店負責書店與藝廊經營。反送中運動開始後，她沒辦法安靜，「我每天都在想，是不是要繼續做展覽？搞一些小小的、只有幾十個人來看的展覽？我是做藝術的，我跟世界的關係是什麼？」但在艱難的時刻，大家都有個共識，「做好每個人能做的事情。」羅偉珊原本也是這樣想的，但不安仍在，某次藝術界開會時，夥伴們決定思考區選這條路，「那，我就一起吧！」

做書店與藝廊的人原是內斂，羅偉珊助選過，但參選是第一次，她日日街站，到處與居民聊天，知道市民面對著什麼問題。有天街站回辦公室途中，發現有老街坊把她的傳單貼在門口，「小小的動作，但我好開心。」整整幾個月，羅偉珊感覺到的是香港社會深深的悲傷，「我們不知道明天會發生什麼事，不知道香港下個月還在不在……有一點點聯繫與連結，就會很安慰。」

周梓樂過世那天，她無法再笑著街站，這才暫停日日必做的工作。再兩日，她站回街頭，但靜靜地不說話、不派傳單，只帶了張牌子寫著：「我們再一起加油。」那一天，有比往常多更多的人跟她說「加油」、「繼續啊」，彷彿一種彼此的療傷。看見新聞裡有參選人給打了，她也不去想會不會害怕，「我就是覺得，沒有退路了。警察不喜歡民主，政府也不想要有選舉，我們不能不出來了。」

等紅燈遭襲擊，上班族梁凱晴堅決不退選

二十五歲的會計師梁凱晴也是素人，她是社區組織「觀塘願景」的成員，也是觀塘區

月華選區參選人。選前一個多月，她在觀塘街頭拍政見宣傳影片，一陣風來，她手上的傳單被吹到馬路上，正等著紅燈想去撿拾，後腦勺瞬間被襲擊。個頭嬌小的她記得當時痛極了，她很快意識到自己被襲擊了，一回頭想看攻擊者是誰，襲擊者已跑開，她連對方長什麼模樣都沒看到。隨後是一陣暈眩，她撐著身體告訴義工她得回家。

回家後開始嘔吐，攙扶她回家的義工趕緊叫救護車送醫，後因腦震盪住院兩天。母親奔到醫院探視獨生女，問她：「要不退選吧？」梁凱晴記得自己激動極了，幾乎是嚷嚷著拒絕母親，「我不會退選，我沒有犯錯。我退選，是助長他們覺得暴力是有用的，會有更多人受害。我要告訴其他人這個信息，暴力是不對的，我是在做一件正確的事，我不會怕！」

梁凱晴畢業自香港理工大學會計系，曾到英國交換學生，考上會計師之後，該是大好前程了，她卻選擇在二〇一九年六月投入選舉，同時兼顧會計師工作。起初，她只是社區組織「觀塘願景」的成員，她從小在觀塘長大，對觀塘有極深的情感。反送中運動爆發第一次警民衝突那一天，是立法會預備二讀《逃犯條例》修例當天，她人在民陣申請的合法示威區，但港警發出第一枚催淚彈之後，整個情況便失控了。

「我們明明是合法示威，那個區域有不反對通知書的，但還是被暴力清場。」也是那天，港府定義「暴動」，指示威者是暴徒。接下來的幾個月，有人犧牲、有人受傷，身為運動參與者，梁凱晴沒有再開心過，「我在香港生活了二十幾年，一直覺得自己生活在很自由的城市裡。但突然之間，好像被掐著脖子，喘不過氣來了。」後來觀塘願景開會，號召人手「填白區」，白區肯定是不好選的，梁凱晴卻決定參選。

「我就是在想，除了可以出來遊行或文宣之外，還有什麼可以做得到。我知道，選舉

也是很重要的，而且時間非常近了。其實我原本只是想做義工啊，派派傳單、幫忙助選，但如果沒有人參選，義工也沒有用途。」素人變成參選人，她個性害羞，起初街站時面對大眾，讓她緊張得不得了，還得偷偷摘掉隱形眼鏡，「眼前什麼都看不清楚，好像比較不會怕公眾了。」

梁凱晴是個漂亮的女孩，宣布參選後，也直接面對女性參政的暴力。她記得有天正在公司結算帳目，私人手機號碼響起，話筒裡的男聲說：「妳要多少錢啊？」她一時愣住：「什麼多少錢？」對方又說：「跟妳上床要多少錢啊？」梁凱晴嚇壞了，匆匆掛上電話，發現自己全身發抖。還有更多攻擊從網路而來，有人說要潑她硫酸、有人罵她妓女，被襲擊後，還有人傳訊息給她：「妳不怕？那我拿刀割妳的面，不怕？」

怎麼可能不怕呢？梁凱晴說起母親，家人是她內心最柔軟的一塊，母親看著那些網路留言，對著女兒心疼得哭了。小時候，是父母親帶著她上街遊行，「我還記得反二十三條時，我才七歲吧，跟著爸爸媽媽上街。」參選初期，她不敢告訴爸媽，每天早出晚歸，媽媽看在眼裡、總是猜疑，還經常對她說：「妳不要去前線當勇武派啊。」她嘴裡虛應著，不敢說自己參選了。後來，爸爸甚至一度想辭掉餐廳經理工作陪她跑選舉，是女兒說服爸爸會有義工守護，爸爸才打消念頭。

與梁凱晴見面那天是二〇一九年十一月十一日，那是周梓樂過世後的第一個上班日，港人發起「三罷」並癱瘓交通，我們被卡在地鐵油塘站動彈不得，最後步行四十分鐘到觀塘與梁凱晴見面。我們坐在商場裡採訪，幾乎所有的店都關門，一樓還有示威者聚集灑冥紙。沒多久，一陣騷亂，有市民告訴梁凱晴，防暴警察封鎖出口。再沒多久，一個學生記者中胡椒水，痛苦地跑到我們所在的樓層求助。

這已經是香港人的日常了。反送中運動發生後，梁凱晴常常哭，她想不起來哪一天最難過，因為難過的日子太多了。「但看到年輕人出來，就是一個動力，讓我繼續。」梁凱晴說起二十二歲的周梓樂，她記得自己大三時參與雨傘運動，如今她已是上班族，但周梓樂卻沒有以後了。「這場運動裡還有好多中學生，他們都好年輕好有前途的，他們還是義無反顧衝到前線……我想問，為什麼成年人沒有做好的事情，要他們來受苦呢？未來是他們的嘛！這個承擔是不公平的。」

是區選更是公投，將反映香港實際民意

會怕選舉取消嗎？「很多人說會沒有選舉的。其實我覺得，只要一天沒取消，我們就要繼續下去。在這個時候，我們更要去告訴街坊，傳達我們的理念。年輕人出來不是要破壞香港，是為了香港有一個更好的未來。」即使香港政府像一扇怎麼敲都敲不開的門，她們還是不想放棄，「其實，成功，不是因為我們看見有希望才出來，而是我們要出來，才能看見希望的。」

素人參政真的有機會翻盤嗎？曾編纂《社運年代：香港抗爭政治的軌跡》的袁瑋熙坦

言：「我不知道區選結果會怎麼樣，但投票率肯定比以前高的，支持民主派的會走出來，不支持的人也會走出來。在議席上，泛民或民主派可能會比過去好很多，但會不會過半，還要觀察。」他也認為，對香港政府與北京駐港部門來說，區選結果也是一張成績單，「如果區選結果大敗，會影響到他們的『表現』。」

長期觀察政治與社會現況的梁啟智也認為，二〇一九年區選已從一個地方的選舉，成為全港的立場公投，非常值得關注。「區議員選區非常小，如果足夠用功、街坊都看得到他，立場又認同，那是有機會得勝的。」他也評估，在上屆區選，西貢、沙田、深水埗三個大區的藍黃議席比例相當接近，二〇一九年也有可能翻盤。盤點過去香港運動史，選舉結果都可能因為社會運動熱度而鬆動，反送中運動是近年來各種運動的累積，將是民主派與泛民派最有機會勝出的一次。

香港中文大學新聞與傳播學院院長李立峯則指出，此次區選結果會有非常重要的象徵，「市民搞了幾個月的運動，這個民意在選舉裡面，會是一個什麼樣的體現？我覺得非常重要。從兩個方面來說，區選也是地區資源的爭奪戰，其次就是，整場運動裡面，民意象徵的意義是什麼？我們也很想知道，做了這麼多次民調之後，民調結果跟真正投票的民意，有什麼差異。」

選前不到一個月，區議會選舉確實備受關注，開始出現各種呼籲投票的文宣、教戰守則，呼籲市民珍視手中選票。而選戰開打數月，種票[2]等各種亂象也頻傳，有一群香港義工更組織獨立選舉監察小組，成員為主要政界人士及專家，包括來自英國、立陶宛、加拿大等不同國籍的專家，監察選舉過程是否公正透明，以及社會環境是否能讓選民安全行使政治參與權。

2　指在同一個地址出現不合常理的選民登記人數。

但選前陸續有參選人被襲擊，代表社會民主連線投入沙田瀝源選區的民陣召集人岑子杰甚至二度遭襲。專長中港台研究的中研院社會所研究員林宗弘認為，「區選將是反送中運動的關鍵戰場，也考驗香港市民將做出什麼選擇。」林宗弘也研判，若投票率不如民主派或素人參政的預期，那代表港府的鎮壓是有用的。反之，若建制派一面倒敗選，將對北京造成極大壓力，「若港府仍繼續壓制，可能引發國際更大壓力，或是資金加速撤離香港、加速港人移民潮，整個城市將繼續惡化。」

距離區選倒數兩天時，香港社會氛圍異常詭譎緊繃，勇武派沒有動作，和理非頻頻催票。彼時，人人都擔心著，這場選舉真的能如期進行嗎？這個原本不該在公民社會出現的問號，如今卻是許多港人心中隱藏的恐懼，也是香港學者難以回答的問題。

外界多認為，此次區選將是香港市民給特區政府的成績單，市民對港警愈來愈不信任，社會分歧也日漸擴大。

參選以來，政治素人王天仁深入社區，他曾直接面對區選民直球挑戰：「你支持警察還是暴徒？」他坦白說出無法接受警察過度執法時，也曾遭選民痛斥黑白不分，「但這就是現實，世界就是會有不同想法，如果社會一面倒，那才恐怖。」對他來說，有分歧的意見，就有溝通的空間，「所以我覺得，社區裡面這種包容性非常重要，對事情有不同的看法，各自有表達意見的權利，天橋可以張貼不同的意見。我希望，社會保有這種空間。」

近晚的黃昏了。這是一天當中的魔幻時刻，天色開始轉暗，夕陽穿過三十五樓高的大廈棟距間，從政治素人王天仁身後撒下。或許是感覺到身後雲彩變化，他起身打斷採訪：「對不起，請稍等我。」他拿起手機往欄杆走去，迎著火紅的夕陽，拍下眼前他生活十多年的荔景。我想起他才說過的：「我一九七八年在香港出生，最近幾個月，是我感受過最黑暗的時間，但也是看見最多光芒的時刻。」

「很老土的說，光明都是從黑暗裡面才找到的。年輕人的光輝、市民的互相幫助，對於這個家有強烈的愛，都是在最黑暗的時候表達出來的。現在如此黑暗，有這麼多壓逼，生命也有可能危險，但大家更願意去釐清什麼是重要的事情，努力去保護重要的事情，這些是香港不曾感受到的。悲觀的說，環境是愈來愈恐怖、愈來愈黑暗，但也因為愈來愈黑暗，這些光芒才更耀眼。」

後記

本文最初完成於二〇一九年香港區議會選舉前，並於十一月二十二日於《報導者》網站刊登。十一月二十四日，香港區議會選舉出現史無前例的盛況，從早到晚都是排隊等待投票的人潮，也創下史上最漫長的開票，直至隔日凌晨才開票完成。

根據香港政府統計，二〇一九年選舉人數創下紀錄，共有二百九十四萬三千八百四十二名登記選民投票，投票率達百分之七一．二三。民主派與非建制派大獲全勝，取得百分之八十五的議席，多數選區「由藍轉黃」。這則報導裡的王天仁、羅偉珊與梁凱晴也全數當選，成功翻轉所在選區。

區議會選舉
遇襲、被捕、電話騷擾，他們為何堅持選到底？

陳怡靜——文
陳朗熹——攝

二〇一九年香港區議會選舉被許多港人視為是九七年香港主權移交後最重要的選舉。政治新人、素人、社會運動者紛紛加入香港區議會議員選舉，而青年更是買機票返港投票，因為他們擔心，這「可能是最後的選舉」。

二〇一九年十一月二十二日凌晨，距離區選日不到四十八小時了，香港氣氛顯得緊繃詭譎。在台港生組成的「香港邊城青年」在臉書粉絲頁發出呼籲：「我們一起回家，好嗎？」學生們說的是，返港投票。溫軟但悲傷的文字末尾是這麼說的：

那，讓我們一起回家吧。
一起回去守住可能是最後的選舉，
一起回去為香港盡自己的社會責任。
就算最後區議會選舉取消了，
我們還是可以在那一刻與香港手足，與我們的家人，
齊上齊落、並肩而行，一起攬炒也無所畏懼。

「可能是最後的選舉」、「就算最後區議會選舉取消了」，短短兩句話盡顯港人對於未來的疑慮與恐懼。

二〇一九年十一月二十四日舉辦的香港區議會選舉是香港史上最受矚目的區選選戰，不只政治素人遍地開花，岑子杰、朱凱迪、梁國雄（長毛）、岑敖暉等社會運動者也投入選戰，選前紛擾不斷，暴力事件頻傳、多人遭受資格審查，原本參選海怡西選區的黃之鋒也因「民主自決」的主張，慘遭取消參選資格。

回看選前不到一個半月，二〇一九年十月十六日晚上，民間人權陣線召集人岑子杰遇襲，他躺臥血泊中的照片怵目驚心。遇襲後三週，我們與岑子杰約在香港立法會附近見面，他雙手拄著拐杖，一旁有朋友貼身保護。至少不用輪椅了，天色要暗了，我們央求他到添馬公園濱海處拍照，他小小聲咕噥：「那麼遠。」他其實還不太能走遠，但更讓他與友人疑慮的是，短短二百公尺的距離，會不會又遭埋伏？

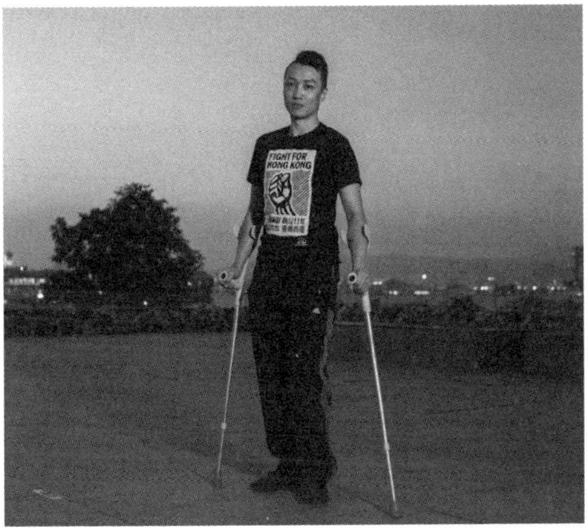

那是岑子杰兩個月內第二度遇襲了。二度遇襲前幾天，他才代表社會民主連線登記參選沙田區瀝源選區議員，取代二〇一四年因佔中案遭判刑而無法參選的黃浩銘。登記後第六天，他獨自前往開會的路上遭埋伏者攻擊。眼看著目的地就在眼前，他知道自己會議遲到了，趕緊小跑步起來希望能趕上會議，就要踏進大廈門前時，一旁車子裡竄出多位蒙面人，對他就是一陣猛打，重擊他的頭部與雙腳膝蓋，造成他膝蓋受傷，頭部留下三．五分到五公分的多道傷口。

憶及當時，岑子杰顯得冷靜，「當時感覺不到痛，意識特別清楚。我可以感覺到，行凶的人是有控制能力的，我的骨頭沒有碎沒有裂，他不是用全力要我死，是要恐嚇我，要我受傷，要我走不動。」他在醫院整整躺了三天，沒辦法下床走動。直到此刻，他仍需要單邊拐杖協助移動。但岑子杰還是繼續跑選戰，能自己街站就自己街站，親自對選民述說政綱。

岑子杰是民陣召集人，民陣是約五十個組織、政黨、社團組成的聯盟，過去最常主辦每年的七一大遊行。反送中運動爆發後，多場大型遊行都由民陣發起，包括史上參與人數最多的二百萬人大遊行。二〇一九年六月十二日，港警發出反送中運動的第一顆催淚彈，港府更將當天民眾運動定義為「暴動」。回應港府時，也是岑子杰數度堅定重申：「沒有暴動，只有暴政。」

反送中運動將滿三個月的前幾天，二〇一九年八月二十九日，他與友人在餐廳午餐，突然遭襲擊，友人為保護他而受傷。接著就是十月十六日遭埋伏重擊，問他當下痛苦嗎？他搖搖頭說還好，反而是急著想處理後續，躺臥血泊還請路人分工叫救護車、通知工作夥伴，接著還幽自己一默：「早知道我那天就不抓頭髮了，受傷後九天沒洗頭啊，頭上都是血啊、汗垢、髮蠟、定型噴霧……很可怕的！」

在一場沒有大台的運動裡，即使不是領袖，岑子杰還是太顯眼了。岑子杰人生第一份工作是區議員助理，他熟悉社區工作，卻從來沒想過參選，直到反送中運動爆發，社民連徵召他參選，他才義無反顧投入。二度遭襲，沒想過退選？「沒有，我不怕的。」他很清楚這次的目標，「區議員雖然沒有多大實權，但區議員有責任說真話，把居民想法告訴政府。」

岑子杰說，二〇一九年五月底，有逾百校中學生連署反對《逃犯條例》修例，但香港區議會的十八區主席們卻連署贊成修例。六月多時，曾有區議員提出要求撤回修例，但區議會想方設法讓會議流會，「很多建制派或獨立參選人會把社會跟社區政治分開，他們會說不要把政治帶到社區。」但生活怎麼可能跟政治無關？他忍不住想：「如果當時擋下來了，香港現在會是這般模樣嗎？」

整整持續超過半年的反送中運動，難以計數的催淚彈、警暴衝突……香港已遍體鱗傷。「每件事，每個人受的傷，都讓人難以忘記。最傷的是，我們曾經覺得香港是有制度的地方，但你看到現在，什麼制度形同虛設。」過去，岑子杰是運動組織者，但反送中運動至今，他覺得自己只是廣大群眾中的一個人，「我覺得這樣很好，我們都去做會的事情，大家都會走應該走的路。」他決定參選，投身社區，與遍地開花的政治素人點燃星星之火。

九七後最重要選舉，朱凱迪三度挑戰區選

另個從政治前線跳進地區選舉的則是立法會議員朱凱迪。四十二歲的朱凱迪是香港知名的社會運動者，過去他是菜園村拆遷、反高鐵運動中的要角，他有清楚的政治意識，包括民主自決、城鄉共生與復興農耕，二〇一一年與二〇一五年挑戰區議員失利，二〇一六年當選立法會議員。朱凱迪從小在灣仔鬧區長大，如今卻住在城市邊陲的八鄉村落裡，即使路途遙遠，他也不搭港鐵[1]。

反送中運動延燒後的香港區選，他再重新挑戰元朗區八鄉南選區[2]。約訪那天，他揹

1 反送中運動後，為挺黃色經濟圈，朱凱迪盡量不搭港鐵。

2 八鄉是新界元朗區東部的鄉村地帶，屬於較為低度發展的地區，當年菜園村反高鐵抗爭便位於此處。

著傳單與選舉布條、腳踏單車前來，那幅選舉布條是手寫的，大大的油漆字就寫在空白帆布上，翻過面去，才知道那是其他候選人用剩的布條背面。這天下午是既定的居民大會，他和另外兩名盟友候選人共同主持，眼前只有兩名聽眾，另外二位參選人顯得有些緊張，義工忙著派傳單，朱凱迪仍氣定神閒。

十分鐘、二十分鐘、三十分鐘過去……路過的居民停下來，最後圍成一個小圈，認真地討論起社區裡的問題，好比哪裡的溝渠總是不通、哪裡的水源有污染，以及近月催淚彈四射，該如何維持市民的健康。這是朱凱迪非常投入的時刻，後來他對我說，香港已經好幾個月無法好好討論議題了，「我們經常會做這樣的討論會，但最近幾個月，空間變小了，大家都很情緒化。這樣的討論，很不容易。今天真的很好。」

這是朱凱迪第三次挑戰區議員，已是立法會議員，為何又投入地區選戰[3]？「我個人的政治生涯規劃，應該先選上區議員的，先顧好地區。」朱凱迪是個貼地（接地氣）的人，對他來說，區議員更接近人民，也能考驗自己的政見是否能得到支持，這是擁有「實」的基礎。另方面，此次區選新人輩出，「我也希望有示範作用，讓年輕的參選人可以安心一些。」

政治新人、素人在各選區遍地開花，像是運動戰場延伸到選戰。朱凱迪也觀察，「這次區選是香港九七以來最重要的選舉，真正在政治上面有意義的選舉。」他也認為，這是香港人給中共最後的機會，也是市民給彼此的一個機會。「如果要維持一國兩制，你可以接受你失敗嗎？共產黨能接受自己失敗嗎？這一次是有可能翻轉的，中共可以接受嗎？如果可以接受，二〇二〇年的立法會選舉也可能變天。」

相較於雨傘運動後的區選，當時市民對抗爭運動的接受度不算高，遠遠不如二〇一九

年的反送中運動。「當時傘運的佔中，是鎖定幾個地區佔領。但因為這次示威運動、催淚瓦斯發生在不同的社區，整個社區都搞動起來，社區開始有意識，我們要彼此保護，不能讓警察進來搞我們。」在選戰過程中，參選人與社區最需要磨合的部分不存在了，彼此共患難的意識非常高，全民對運動有極高的共同投入感。

採訪彼時是選前不到三週，香港的選舉氣氛非常微妙，朱凱迪是有些擔心的。「過去港人不太能感受到選舉在政治上的能量，但這次，大家都感覺到了。愈是感覺到了，就愈可能翻盤，愈是可能翻盤，共產黨就愈有可能翻桌。一旦中共翻桌了，以後還有選舉嗎？」

二〇一九年十一月八日，年輕學生周梓樂過世當天晚上，朱凱迪到中環參與悼念行動，結束後搭船回到九龍島再轉搭巴士回到八鄉，下車慢慢走到家門口時，看見三個警察等在門口將他拘捕。同一時間，共有七名議員被捕，被指涉嫌在五月十一日立法會的修例草案委員會上違反《立法會（權力及特權）條例》第十九條。朱凱迪很清楚，違法只是藉口，更多的是警告。

反送中運動開始後幾個月，朱凱迪的手機頻頻遭到攻擊，與記者通WhatsApp也屢遭打斷，一通十分鐘的電話被中斷數十次，目的似乎要他噤聲。二〇一六年他參選立法會

3　在香港如果選上區議員，不需放棄立法會議員資格。

議員時，也同樣收到恐嚇威脅，當時港警還出動保護他與妻女。二〇一九年香港區選，他又接到恐嚇，他只去警局備了案。還會想申請警察保護嗎？「不會了。現在不會想了。」

朱凱迪說起這幾個月最難受的事。幾乎每個禮拜，他都會去探視因反送中運動被拘捕的年輕人，「他們也許完全不知道面對的是多長的牢獄？但我感覺他們的心態上都很有準備。」只是他忍不住會想，如果換成他呢？該怎麼面對？「有些人的犧牲，已經到我們沒辦法想像的程度。」更難忍受的是，可能有人還沒坐牢，卻被酷刑暴力對待，又或者已經送到中國。

他提起一個不到十八歲的孩子，「他是勇武派，父母都不理他。被關之後，我們去看他，我應該是第一個去探視他的人，他當時的情緒緊繃到十多天沒有上大號……整個人一直在發抖。」像是回憶起當時，朱凱迪顯得憂鬱起來，他記得，那個孩子不斷對他說：「謝謝你來看我，真的謝謝你來看我。」朱凱迪很清楚，眼前的孩子即將面對的是什麼，「起碼得關四、五年吧，我想起來就非常痛苦，因為他可能不知道……。」

從反抗到堅持，人民的力量可以比資本還大

黑暗的日子裡仍有微光的時刻吧？朱凱迪是土地正義聯盟成員，過去長期關注城市規劃與公共空間議題，香港許多新地區都是資本控制的商場空間，難以公共化。但在這次運動裡，商場也成為政治空間，「這件事讓我很感動，每次看到大家在商場裡唱歌，我就非常感動。政府太小看人民了，人民其實可以比資本還要大。」是這樣小小的微光，讓朱凱迪看見人民大大的力量。

「以前常說香港是沒有民主但有自由的地方，如今，我們已經知道，沒有民主的自由，其實脆弱得無法想像，沒有防禦機制能自我保護。因為我們只是被給予自由，對方要收回就收回。這讓很多香港人重新去想，到底什麼是政治？什麼是民主？為什麼民主很重要？」朱凱廸是這樣解讀的，「以前香港人對民主半信半疑，不會確定民主是能保護自己的核心價值。但這次不同了，反送中運動為何能持久？其中一個關鍵是：大家不會再相信由其他人給予的自由了。」

回溯持續不墜的反送中運動，抗爭口號從「香港人！加油」開始，《禁蒙面法》頒佈後改為「香港人！反抗」，再到周梓樂過世後的「香港人！報仇」，轉變的口號也像是覺醒之路。或許如朱凱廸所觀察的，港人正開始思考：「民主是什麼？」

岑子杰則給我們一個小小的總結：「我覺得，現在是『香港人！堅持』了。我們維持最長的是希望，不能失去的也是希望。」

後記

本文最初完成於二〇一九年香港區議會選舉前，並於十一月二十三日於《報導者》網站刊登。十一月二十四日，區選結果開票後，岑子杰當選，朱凱廸以三百六十四票之差落敗，但朱凱廸得票數較上屆區選已大幅成長。

區議會選舉結果
寫下歷史紀錄也向國際傳達港人意志

楊智強、雨文——文

二〇一九年十一月二十四日，香港選舉史被重新改寫。創紀錄的兩百九十四萬人投票、百分之七一．二投票率，讓第六屆區議會選舉結果「翻轉黃藍」，親港府的建制派兵敗如山倒，當選席次只剩下不到兩成，非建制派總席次則一舉飆升超過八成。這場被視為「全民公投」的重要選舉，向北京政府及國際社會傳達了香港人民爭取自由民主的堅定意志。

香港選舉採取登記制，選民必須事先登記才能投票。香港政府在選前公布，香港近七百五十萬人口中，此次選舉有四百一十三萬兩千九百七十七人登記成為正式選民，與二〇一五年區議會選舉相較，四年來新增了四十三萬九千名選民。

儘管新增登記選民中，十八至三十五歲的新選民共有十八萬八千人，其中有許多是反送中運動所激發出的年輕選民，但一般預料支持北京中央及特區政府的建制派將全力動員，因此也會有不少對反送中運動反感而投票的新選民。

由於二〇一五年區議會選舉百分之四十七的投票率，在香港選舉史上已算是高投票率，因此部分觀察選舉的學者認為，此次投票率不容易再創新高。但香港「ASI大數據」分析預測，這次區議會選舉的投票率會超過百分之六十，甚至有可能高達百分之七十。等到區議會選舉結果出爐，創下高達百分之七一．二的投票率。

而香港主權移交以來，無論在中央級的立法會選舉或地方性質的區議會選舉，建制派席次始終占有優勢，二〇一五年區議會選舉建制派更奪下約七成席位，包括泛民主派、本土派、港獨派、中間派等非建制派人士只有約三成席位。反送中運動則讓此次區議會選舉競爭激烈，十八區區議會要產生四百五十二個民選席次（連同二十七個當然議員，區議會合計四百七十九個席次），各界選前預料非建制派席次將大幅增加。

為了不讓港府有任何取消選舉的藉口，反送中運動示威者在選前即已明確宣告，不會在投票這一天進行抗爭行動，希望選舉能夠順利進行以展現最新民意。然而，港府仍在投票前夕大動作宣布，將會以「高姿態」加強安全部署以面對任何突發狀況。

香港登記選民人數暴增

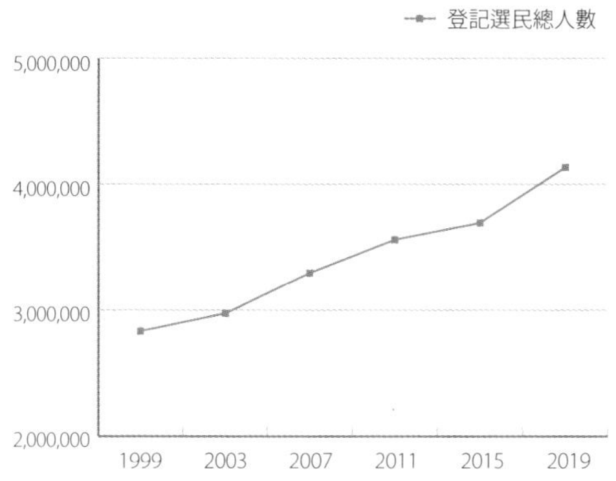

18歲到35歲登記選民
首度超越36歲到50歲選民

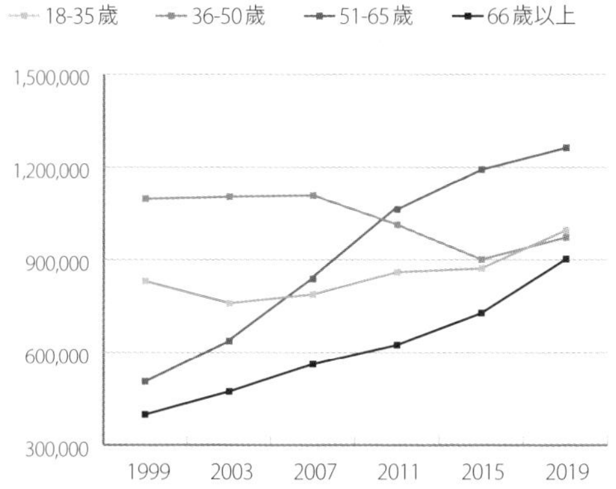

資料來源：香港行政特區選民登記數字網站
資料整理：楊智強
製表：黃禹禛

投票率、投票人數都締造紀錄

在各界高度矚目的氛圍中，十一月二十四日，上午七點三十分開始，各地投票所就出現排隊人潮，這是過去區議會選舉不曾出現過的狀況。

香港選舉在投票當天仍可進行拉票活動，因此在投票站附近仍可看到各陣營助選員拿著大聲公拉票。港府在每一個投票站派出兩位防暴員警，還有民眾安全服務隊與外聘的保安人員來面對突發狀況。由於選舉氣氛緊張，港府也限縮可拉票的區域，防止衝突發生。

選舉這天，我們一大早就來到過去以建制派支持者為多數的屯門區觀察，許多民眾在香港路德會增城兆霖學校的操場上排隊，靜靜地等待，準備投下自己的一票。

二十九歲的李先生投完票後告訴我們，在二〇一五年區議會選舉時，他根本不需要排隊就可以進入投票站投票，這是他第一次要排一個小時的隊伍才投到票。雖然等待的時間較長，但他仍希望透過投票的方式，讓政府聽到人民的聲音，改變最近社會上許多的不公義。另一位六十歲的蔡女士則說，她很感恩今天平靜的投票氣氛，她希望香港早日回歸以往的和平與繁榮。

來到其他選區，三十多歲、第一次行使投票權的何小姐，是典型不關心政治的沉默大多數，「我這麼多年都沒有投過票，總覺得投不投都無所謂，也改變不了任何事。」她寧願把精力放在工作和家庭生活上。不過反送中運動爆發後，她開始問，「我們原有的自由、民主、人權等，《基本法》都寫得很清楚，並承諾給予港人的，為什麼現在一下子全沒了呢？這不合理！我們原本所擁有的都被削奪了。」

何小姐決定把選票投給一名不熟悉的非建制派區議員候選人。雖然她明白自己的一票未必能發揮作用，但「做一點點好過不做。特首一直說她聽不到民意，我們現在就（用投票）努力要讓她聽到。想告訴她，我們不支持政府的做法，政府不可以當嚴重的警暴問題不存在。」

嶺南大學政治系助理教授袁瑋熙受訪時強調，登記投票選民陡增是反送中運動的延續，尤其是選前兩週在中文大學與理工大學的衝突，讓不滿政府的民眾認為應該要出來投票，改變區議會長期遭建制派把持的狀況。相反地，支持政府的人則是希望透過投票讓「暴力分子」知道，期待維持和平穩定才是香港的主流聲音。

相較於各地平順的投票狀況，理工大學附近仍然有大量防暴警察駐守，氣氛明顯緊繃。數十位抗爭者仍在理大內部留守，並以標語抗議警方持續包圍理大，讓他們無法前往投票站投票，嚴重侵害了他們的權利。一位剛從理大逃出來的勇武派抗爭者向記者表示，無論非建制派是否贏得區議會席次的多數，他仍會在投票結束後繼續上街抗爭。

全日共兩百九十四萬人投票。總投票率不但是歷史新高，並且首度突破七成。此次投票人數則是二〇一五年區議會選舉一百四十六萬人投票的兩倍，顯示反送中運動激起的投票效應非常驚人。

向國際社會傳達港人意志

我們在沙田瀝源區觀察徹夜開票過程，各地非建制派候選人紛紛傳出捷報，具有代表性的多位建制派候選人則落選下馬，許多民眾更在網路上持續關注開票進度，直到天亮才心甘情願入眠。

二十五日凌晨兩點左右，沙田瀝源區候選人、在反送中運動遭人用鐵鎚擊傷的岑子杰得知獲勝後非常興奮，並在投票站外大喊「光復香港、時代革命」以及「沒有暴徒、只有暴政」等口號，讓一旁的支持者激動落淚。

岑子杰說，反送中運動讓區議會選舉變成全民公投，這是港人勝利，希望行政長官林鄭月娥順應民意，落實反送中運動五大訴求。

今年二十四歲的瀝源區選民馬小姐表示，雖然這次的選舉結果令人滿意，但她還是害怕建制派與政府，在未來會用技術性手段來DQ（Disqualify，取消資格）當選人。另一位在現場等了一整晚的七十歲藍女士則在知道選舉結果後，笑得合不攏嘴，並表示自己要回去與丈夫開啤酒慶祝，睡一夜好覺。

此次選舉非建制派的民主黨、公民黨和社會民主連線等全是贏家。多名在反送中運動期間十分活躍的人物、前學生領袖及首次參選的新人，都成功當選。而此次參選區議員的非建制派立法會議員，八人中只有朱凱迪落敗，勝出的有民主黨的許智峯、鄺俊宇、林卓廷、尹兆堅及涂謹申，以及新民主同盟的范國威和街工的梁耀忠。

支持港府的建制派則崩盤潰敗，多位指標性人物全都落選，包括反對示威活動的獨立派候選人何君堯，以及民主建港協進聯盟（民建聯）的張國鈞、鄭泳舜、劉國勳及周浩鼎，工會聯合會的何啟明、陸頌雄和麥美娟也都落敗。

港人投票率71.2%，創歷年新高。

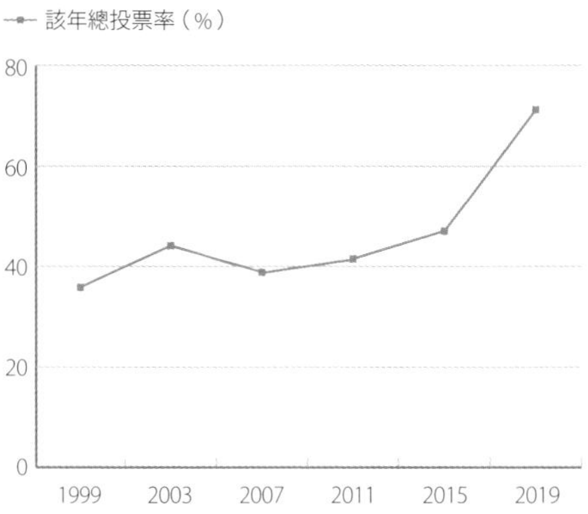

資料來源：香港立法會秘書處「香港青年參與公共事務的情況」報告ISSF04/17-18
資料整理：楊智強
製表：黃禹禛

屯門選區的建制派立法會議員何君堯大輸對手一千兩百票之後，在臉書上承認敗選，大量網民湧進他的臉書專頁留言諷刺。在開票站附近等候的民眾高聲歡呼，並打開準備已久的香檳慶祝。而何君堯的對手盧俊宇在勝利後也指出，他未來會在議會內守護更多年輕人，並且鼓勵更多香港青年勇敢參政，改變現況。

另外，幾位素人參選人如荔景區的藝術家王天仁，藝術聚落富德樓中經營獨立書店的成員羅偉珊，以及在觀塘的會計師梁凱晴等人都成功當選新科區議會議員。而專門幫助反送中示威者辯護的律師劉偉聰，以及前警察邱汶珊也都在這次選戰中勝出。

非建制派代表性人物「長毛」梁國雄，在這次選舉中把原本經營多年的選區讓給年輕後輩，前往建制派的鐵票區，挑戰民建聯主席李慧琼，但他與朱凱迪一樣，兩人皆以三百多票的微小差距落選。梁國雄在選後強調，香港人贏了，「選舉結果證明政府認受性（正當性）等於零」。

選舉最後結果，在四百五十二個民選席次中，非建制派一舉攻下三百八十九席，建制派僅獲得五十九席，派系不明確者四席。非建制派從原本只佔三成席位飆升到超過八成，建制派則從原本七成席位剩不到兩成。在總得票數上，非建制派獲得五成七選票，建制派只得到四成一選票，雙方得票約為六四比，差距四十多萬張選票。由於港人向來以「黃絲」代表非建制派、「藍絲」代表建制派，選舉結果已是徹底「翻轉黃藍」。

更重要的是，由於非建制派在十八個選區中狂掃十七個選區半數以上議席，其中大埔與黃大仙兩個選區裡，建制派議員甚至連一個席次也沒有拿下。這也表示，此次選舉結果徹底翻轉了過去十八選區全是由建制派議員擔任主席的現象，進入非建制派全面當家的時代。

此外，因為香港區議會議員可以互相選出特首選舉委員會[1]一千兩百人中的一百一十七人（上屆建制派取得全部配額），而非建制派原本就已掌握二百二十五個席次，若再加上新增的一百一十七席，將會讓非建制派陣營佔有特首選舉委員會中超過三分之一的選票，可能扮演關鍵角色，打亂未來中共高層在特首人選的安排。

反送中運動延燒近半年後，這場被形容為海嘯級大勝的區議會選舉，已形同對林鄭月娥政府投下不信任票，並向北京政府及國際社會傳達了香港最新民意。香港人民堅定爭取自由民主的態度，成為二〇一九年底各大國際媒體的焦點，並在香港選舉史頁寫下波瀾壯闊、令人動容的里程碑。

泛民派狂勝，囊括超過八成席次
（席次分配圖）

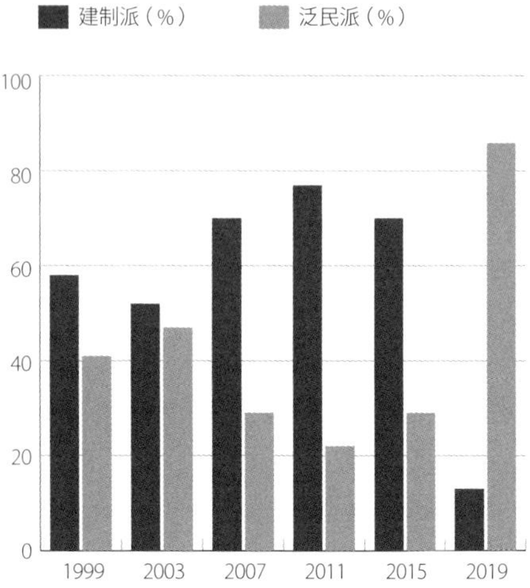

資料來源：香港行政區政府選舉管委員會網站，
歷屆區議會選舉報告書。
資料整理：楊智強
製表：黃禹禛

1 現今香港選舉委員會的制度，是按照2012年港府推動的「政治制度改革」訂下來的辦法而產生。委員會分為38個不同專業「界別」、1200位的代表人，擁有間接選出香港特區行政長官的權利。這些界別是由工商、金融、勞工、社福代表，以及立法會議員、區議會議員跟人大與政協代表等所組成。

4

等待黎明

成為一個新香港人

反送中運動這數月，世界重新認識香港。過去，香港人有個外號叫「港豬」，形容經濟至上的香港重視發展，漠不關心政治與衆人之事。直到去年爆發反送中運動，不僅全世界，連港人都以新的眼光認識自己。

這個城邦在短短四十年間，從五百萬人口增加到今天的七百五十萬，來自中國的新移民和港漂已佔了總人口五分之一，約一百五十萬人。過往城邦裡的人們爲了搵食和糊口，曾經權衡利弊默不做聲，直到本土居民與新移民間矛盾盡顯，近年傘運、魚蛋革命、再到反送中運動，港人漸漸丟掉物質主義，上街爭取民主與自由。

香港城邦此刻巨大的轉化，是源於地域、階級的差異？還是一種價值與生活方式的選擇？此刻的港人正試著重新摸索「香港人」的樣子。但成爲一個自由的香港人是有代價的，運動後出現的政治犯世代及大規模的運動創傷，他們又該如何癒合？

而對一國兩制疑慮漸深的香港，如何遙望台灣，同時汲取與中國博弈的能量？流離各地但仍舊關心香港命運的人，會形成什麼樣的「新香港人」的面貌？

香港歷史分水嶺
街頭路線到議會路線

雨文——文

「現在的香港，已不再存在沉默大多數。沉默已屬少數了，大多數人都已投了票。」一名親政府、成功連任的楊姓候任區議員慨嘆道。

事實上，香港社會每次遇到重大政治事件後，都會推高隨之而來的選舉。像二〇〇三年反對香港《基本法》第二十三條[1]之後，該年區議會選舉投票率為百分之四十四，隔年立法會選舉投票率為百分之五五．六；而二〇一四年雨傘運動之後，隔年的區議會選舉投票率為百分之四十七，二〇一六年的立法會選舉則創下百分之五八．三最高投票率。這兩次都是港人爭取雙普選以及捍衛香港核心價值的重要政治議題。

二〇一九年十一月二十四日的區議會選舉則一舉打破紀錄，投票率高達百分之七一．二，非建制派（指泛民派和本土派）更大獲全勝。楊姓區議員說，港府要對這次選舉結果警惕。「你不能再以沉默的大多數作擋箭牌，說他們支持政府，支持止暴制亂，沒這藉口了，你現在必須要聆聽民意。」

反送中運動以來，政府、建制派以及警方，面對示威者和抗爭者，經常認為他們是小眾。即使在一百萬、兩百萬人的大遊行後，以及民調多次顯示民間支持五大訴求，不滿政府、警暴的呼聲佔多數，政府仍指沉默的大多數支持止暴制亂。究竟何謂沉默大多數？

「沉默大多數」是誰？

「沉默大多數」一般用來指三類港人，其一是基於個人利益考量。這類港人由於個人利益關係，擔心一旦表明個人政治立場後會為個人帶來負面影響，如一些必須經常到大陸工作或作生意，或在香港的中資公司工作的人士。他們在權衡利弊後，「被迫」選擇沉默。

其二是忙於胃口奔馳的群體。這類大多草根階層，每日忙於工作和家庭生活，從不關心政治，只看重生活及眼前的事情。

最後是認為「反對也沒有用」的香港人。這類人為數不少，他們認為香港的一切已受中共操控，即使如何不滿、如何反抗，港人也無法以七百五十萬人口對抗十四億人的政府。既然如此，不如省些氣力，賺多點錢更實惠。

而政府與建制派一直所強調的沉默大多數的第三類，則是親中建制的支持者，他們認同自己中國人身分，相信中共政權，有些甚至在建制中獲得個人利益。

上述三類，被政府和親建制學者統一稱之為務實理性，渴望社會穩定和經濟發展的香港沉默大多數。

不過，反送中運動自二〇一九年六月爆發後，這個一直是政府口中的沉默大多數群體，在歷經警暴和政府以強硬態度撐警暴後，已有變化和明顯覺醒。

根據區議會選舉結果統計，此次新增選票有一百五十萬張。當中一百零九萬人投給非建制派，得票由上屆的五十八萬激增至本屆的一百六十七萬。其餘四十一萬人投給建制

1 2002年北京要求香港政府為二十三條立法。2002年到03年期間，香港政府就此推出立法程序，但市民強烈反彈，以至03年的七一遊行有五十萬人上街。此法就香港境內有關國家安全事項立法，即叛國罪、分裂國家行為、顛覆國家罪等。

派，使建制派得票由七十九萬張增至一百二十萬。也就是說，新增選票中，百分之七十二支持非建制派，只有百分之二十八支持建制派，顯示除適齡新增選民外，「沉默大多數」蜂擁而出反建制。

即使是政府口中支持其施政的沉默大多數，在今屆亦出現逆轉。周先生就是其中一個。「我以前支持民建聯（民主建港協進聯盟，建制派最大政黨）。總認為親中政黨能和大陸溝通到，應該可以幫到香港。」反送中運動以來，周先生為了確認政府和建制派口中的暴徒究竟如何，決定到示威現場尋找真相。結果，他發現真相與政府所講的相反，「所有挑釁行為都是警方發起的，隨便說個地方是封鎖線就是封鎖線，然後數一二三後就舉黑旗，就開始發射催淚彈，然後就是打人、抓人。完全不給示威者先撤離的機會，你把他們的後路全封了，往哪撤？然後就是圍打示威者。警方卻反過來說是示威者不肯走。我們不是不願守法，是香港的法律被香港政府自己搞砸的，執法人員不依法執法才是最大問題。是你在製造暴力。」

眼前的真相令周先生氣憤，也使他醒覺，建制派原來從未站在港人這邊，而是政府和北京的幫兇，「他們在香港，幫大陸推行送中條例，《基本法》第二十三條把香港弄得愈來愈亂。你是不是加深港人仇恨？建制派失去民意是你自己造成的，不是香港人想用暴力。香港人其實很和平、很勤奮，大家互相照應。你看香港年輕人被警察這樣打法，只要有良知的都會走出來了。」

過往區議會選舉一直是建制派囊中物，此屆選前，政府和建制派仍然信心滿滿，以「一票制亂」為口號，要求沉默大多數投票支持建制派。結果，建制派崩盤式敗選。對此，周先生說，「政府整天說聽民意，區選民意結果出來了，你是不是應該聽民意，是不是要切實回應民意呀！」

不過特首林鄭月娥在回應選舉結果時，雖指「特區政府一定會虛心聆聽市民的意見，並認真反思」，但她也同時指出，「不少選民都希望透過投票展示對暴力的不滿。」選舉過後，首場獲警方發出不反對通知書的三十八萬人大遊行，依舊受到警方催淚彈的攻擊。政府的強硬態度與警方的暴力，並未因區議會選舉結果而有所改變。

六七暴動：香港的第一波社會改造

不過在社會層面，區議會選舉卻是港人在歷經六個月反送中運動，政治全面覺醒的最佳印證。非建制派雖勝出選舉，但是泛民主派政黨、示威者和市民都清楚，這只是民主戰線的其中一條陣地戰，未來議會戰線和民間戰線仍要雙腳並行。區議會選後當天，代表年輕人聲音的網上討論區「連登」上，已有人呼籲要為下一場議會陣地戰的立法會選舉，作出準備。

「這與北京和港府所期待的完全不同。」一名不願透露姓名的政治學者指出，「如果說六七暴動是香港戰後歷史分水嶺，那麼這次反送中運動和區議會選舉結果，就是香港歷史分水嶺二・〇版，對香港發展有著深遠影響。上次主要影響香港經濟、文化，本地意識相對較薄弱，但這次是全面建立香港身分、香港價值的過程，包含了政治、文化和經濟等方面。相較上一次，這次內涵更廣，影響更深遠。」

回看香港百多年歷史，一直烙印在港人記憶中的是六七暴動。一九六七年，北京授意並由香港親共組織發起了反港英政府的暴動。當時，商業電台節目主持人林彬多次在節目中強烈抨擊左派組織的行為，結果卻遭到左派組織燒死。左派組織更在全港範圍放置真假菠蘿（土製炸彈），導致包括兩名年幼姐弟無辜被炸死的多宗死亡個案。事件激起整個社會民憤。港英政府在民意配合下，嚴厲打擊，歷時超過半年才把暴動平定。暴動期間，政府共發現一千多枚真炸彈，和八千多枚疑似炸彈。整場暴動造成最少五十一人死亡。

六七暴動後，港英政府對事件作出檢討，認為必須調整管治香港的策略。接任的總督麥理浩，進一步推出全面的系列改革措施。包括成立廉政公署、提供九年免費教育、推出十年建屋計劃，經濟上奉行「積極不干預」的原則，以及文化發展等影響深遠的利民措施。使香港經濟得以迅速發展，由原本的輕工業轉型到以金融和商業為主的經濟型城市。香港一躍成為「亞洲四小龍」。不過港英政府並未同時推出民主制度改革措施，一來避免觸動北京政治神經，二來亦有利於殖民統治。形成了港人政治上冷感，只著重追求經濟利益。

一九八〇年代的民調正反映出港人這種心理。有相當大比例的港人，認為香港是個充滿機會的地方，而自由主義經濟體系亦為市民提供了公平機會，故市民應自力更生而不是靠政府救濟。

一九九七年香港主權移交後，北京對港策略同樣以經濟利益為利誘，但政治上卻以逐步收緊的方式運作。由小圈子選出的特首，當選後首要關注的對象是他的選舉委員會「選民」，特別是一眾大財團，而非市民，以致經濟發展日益傾斜財團。每年亮麗的ＧＤＰ增長數字背後，卻是屢創新高的貧窮人數增長。

根據Wealth-X《全球富豪報告二〇一八》公佈，在世界排名前五名富豪之都裡，淨資產達三千萬美元的港人有一萬多人，人數超越紐約、東京、洛杉磯、巴黎，雄踞榜首。但同一時間，特區政府統計處於同年公佈的香港貧窮情況數據則顯示，香港貧窮人口近一百三十八萬，貧窮率突破百分之二十，亦即大約每五位香港人就有一位窮人。香港已成為全球發達地區中貧富懸殊問題最嚴重的地方。

九七前一直運作良好的機制，在移交後卻逐漸崩壞，甚至淪為前立法會主席、民建聯創黨主席曾鈺成所指的「禮崩樂壞」的境況。港人，尤其年輕人向上流動的大門幾乎被堵死。

導演舒琪（原名葉健行）對此解釋道：「由港英政府過度到中共底下的香港政府，他們只有一個目的，而且這個目的很清晰，就是要把香港人變成一個個非常自私的個體，一個完全不關心別人、不關心社會的個體。不論政府、教育甚至社會氛圍，都在告訴我們最重要是賺錢，最重要是保住自己的利益。而對年輕人，則要求他們要好好讀書，找到份好工作、賺到錢。這種自私自利的觀念，在過往數十年根深柢固存在於整個社會，尤其是擁有物業的經濟受惠群體。」

香港近年雖然先後爆發二〇一四年雨傘運動，和二〇一六年魚蛋革命，但沉默大多數仍然未有所動。直至由反對《逃犯條例》修例所觸發的反送中運動，才出現徹底改變。舒琪指出，年輕人走出來是因為對香港有種很深的責任感，「他們不是為了自己的利益，而是看到我們這麼多人的聲音未被聆聽，未被重視，所以他們決定走出來。即使他們為此而身陷險境，身體受到傷害，他們仍然想著要先保護別人而不是自己。這令我們大部分成年人都感到很羞愧，可以說是當頭棒喝。」

舒琪回憶自己在六月十二日當天，在電視直播裡的示威現場，一個個戴著口罩的年輕人，令他感到非常震撼，「我一生沒看過一對對如此純淨、堅定、年輕的眼睛。這種堅定的眼睛，由六月到現在未曾退縮過。年輕人對責任的承擔較我們任何一名成年人都來得堅定、沉重，如果我們還未醒過來的話，真的是沒得救了。」

議會與街頭路線並進

反送中運動喚起眾多沉默大多數，藉著選票向政府表達強烈不滿。而發起運動，並帶領運動走到今日的眾多站在前線「衝衝子」（勇武衝擊抗爭者），又是如何想像下一步呢？

二十二歲的衝衝子大學生阿均說：「很鼓舞人心，可以說是幾個月以來較大喜訊，我們的聲音終於可以在議會層面裡發出來。選票的數量反映出我們年輕人對民主的渴求。」他認為，要達到最終目的必須多條戰線發展，議會路線和街頭路線缺一不可，「區議會選舉屬體制內，我們希望可發揮好最大的官方能力。而街頭抗爭是屬於民間的。兩方面相互配合贏面才大。」

阿均說：「全民投票，全民選舉，有了選舉後，用選票發聲音，我們就不需用磚頭、不需用燃燒彈來發聲，也不需要勇武示威，不需要受傷、也不需要流血，這是我們最想要的。這對兩方面都公平。就算是藍絲（支持政府人士），我想他們也希望看到這樣情況。奈何現在只有區議會才可以做到幾乎百分百民選，立法會不能，特首選舉就更不用提了。當我們用不了選票來懲罰政府時，就只能用武力來做。」

過往一直隔在非建制派（黃絲）與建制派（藍絲）之間的沉默大多數，隨著區議會選舉落幕也已歸隊，香港社會似乎只有「黃藍對峙」。有學者已對此表示憂慮，擔心社會撕裂會進一步惡化。阿均卻認為，修補社會撕裂本是政府責任，但政府不但不願意承擔責任，反而令情況持續惡化。他認為這反而是最好時機，讓非建制派區議員透過地區政績，把建制選民拉攏到黃色陣營，「如果議員能夠多聆聽，貼近民意，真能把地區事務做好的話，黃色政治光譜可以持續擴大，這也是我們一直想做的。」

阿均的考量有著現實政治意義。二〇二〇年九月，香港將迎來另一個選舉主戰場——立法會選舉，難度遠較區議會選舉高。七十個議席當中，一半屬地區直選，一半屬功能界別[2]，後者長期由建制派主導。因此，非建制派必須要爭取過半議席，才可以增加對重要議案的影響力。

曾經在二〇一七年提出「風雲計劃」，力爭非建制派奪得過半區議會議席的香港大學法律系副教授戴耀廷（二〇一四年發動佔領中環的佔中三子之一），如今又有新目標，希望二〇二〇年啓動「雷動二・〇」，爭取非建制派攻下過半立法會議席[3]。「區議會始終不能撼動制度核心，未來策略應讓泛民透過選舉進入制度，取得政治資源，變相令北京無法操控議會，從而迫使政權跟泛民協商。」

戴耀廷指出，非建制派取得立法會過半議席，雖不能徹底改變香港憲制，卻能令「立法會轉變為一個守護香港核心價值的重要堡壘。」他舉例，諸如《逃犯條例》修定草案，以及《基本法》第二十三條，就不可能獲立法會通過。

此外，特首選舉亦會出現變數。在一千兩百名選委選出特首的小圈子選舉裏，當選門檻需逾六百票。過去兩次特首選舉中，梁振英只獲得六百八十九票，林鄭月娥雖「高票當選」，亦只取得七百七十七票。全國港澳研究會副會長劉兆佳坦承，北京現時能動員的選委僅僅過半。故過往在特首選舉中，一百一十七席區議會互選的選委佔有舉足輕重作用。但今屆區議會選舉變天，使建制派僅餘十五席。戴耀廷認為，這個結果大大增加北京可控制議席的風險。但卻令民間在爭取終極普選之路，又向前邁出關鍵一步。

2 由指定業界和商會選民選出。

3 香港立法會共設70席。當中，一半屬地區直選，一半屬功能界別。戴耀廷根據區議會選舉得出數據分析，假設非建制派以進取策略在五大直選地區派出候選名單，則非建制派可取得共24議席，建制派則有11席。而35席功能界別中，非建制如能保住現有7席功能組別、3席超級區議會，加上新添的1席區議會功能組別，再搶回建築、測量、都市規劃及園境界功能界組別1席，甚至工程界功能組別1席，立法會奪半目標就能做到。

「和勇不分」[4]是區議會選舉大勝的關鍵詞。勇武前線阿均指出，反送中運動做到遍地開花，而區議會選舉結果變相是在制度裏遍地開花，「如果非建制區議員能好好把握這個機會，把五大訴求的內涵帶到社區讓更多市民支持，那我們二〇二〇年贏的機會就會大增。」

阿均指，像他這代年輕人，與上一兩代人的價值觀不同，「我們以價值作最主要考量，自由、民主、法治、人權、公義這些香港核心價值才是我們所追求的，與上一代只追求經濟收入不同。香港人在經歷六個月來身歷其境的政治教育，大家都關注政治，堅持到現在，為的就是要爭取公平的選舉，公義的社會。」

他也知道，這將是一場持久戰，「抗爭是需要許多年的，要大家合力走出來一起做。像區議會選舉就是大家共同向前邁出眾多一小步的其中一步。現在，我每週都會出來，參與不同形式的反送中運動。因為大家都有心理準備，這會是一場持久戰。」

4　和勇不分，指的是「和理非」和「勇武派」不割蓆，不分你我。

「香港人」是誰值得擁有的身分？

專訪中國新移民、香港教育大學講師黎明

楊智強——文
陳朗熹——攝

二十多年間，來自中國的新移民和港漂已達香港總人口七百五十萬的五分之一，約一百五十萬人[1]。雖然一九五〇年代有逃港的中國人，一九七〇年代末也有不少赴港的中國移民，但香港移交後，赴港求學、生活、定居的中國人大增，原本存在本土居民與新移民間的矛盾在反送中運動過程中更顯現，新移民不免被貼上了親政府的藍絲、反民主、來港稀釋選票的政治間諜等標籤。

香港教育大學講師黎明自北京舉辦奧運的二〇〇八年從上海來到香港，在這十一年間，她見證族群衝突增加，香港人開始用「蝗蟲」、「支那」形容來自中國的新移民，讓香港反中的情緒愈來愈強烈，在反送中運動的這六個月裡，也讓多數新移民為了自保不願表態。

但三十五歲的黎明卻做了選擇，她舉著上海話的標語參加反送中運動，在二〇一九年六月初她簽署了「一群在港大陸新移民反對《逃犯條例》修訂聯署聲明」，並且參與絕食抗議，九十小時未進食後送

醫。她一方面揹著中國新移民的包袱與原罪、頂著中國人罵她賣國的壓力，另一方面，也在電視節目以及報章雜誌中點出香港社會對中國新移民的誤解與偏見、在學校開設認識中國新移民的相關課程；她認為新移民應該勇於讓香港社會聽見自己的聲音。

從港漂到拿到永久居留權，黎明不只是拿下一個身分，她努力透過行動融入香港成為香港的一份子。但目睹反送中事件導致族群間加深的不信任，她憂心生活在同一個城邦下的本土香港人和中國新移民，有可能找回互信？傷口要透過什麼方法能夠癒合？

（以下為受訪者自述）

我出生在上海、成長在一個共產黨員很多的家庭，當時我在上海大學畢業，二十出頭歲，想離開上海這座城市到另一個不同的地方生活。我中學的時候，也認識了不少香港來中國念書的學生，我們一直有保持聯絡。在我離開上海之前，香港對我來說是一個既遙遠、又有點熟悉的地方。

二〇〇八年來到香港，我在中文大學攻讀碩博士。二〇〇九年因為朋友邀約，我去了人生第一次「六四」的集會。我們在參加完集會、去吃糖水（甜點）的時候起了爭執。那時候我很強硬的堅持六四沒有「屠城」，我認為集會上的用詞太誇張。但是朋友們也沒有跟我吵，大家默默地換了個話題繼續吃糖水。但我後來發覺，其實我對六四也沒有想像中瞭解。

從那一次之後，我開始有意識地跟別人聊相關的歷史事件，或是參加一些講座，並且觀察自己為什麼在某些特定議題上面，會像是被按了一個按鈕一樣，情緒變得很激動。在過了一段時間之後，我發現有許多真相跟以前所相信的完全不一樣。我花了幾年的時

1　根據香港特區政府統計，從1997年至今，透過中國公安部審批的「中華人民共和國前往港澳通行證」，簡稱「單程證」制度，發給有香港或澳門親屬的中國內地居民前往香港居住的新移民，人數已經超過100萬人，加上透過投資與就學留下來工作的「港漂」，總人數將近150萬人。

間重建自己的價值體系，這個過程是很痛苦的。

我深深地覺得，現在我可以跟香港建立起深厚情感的原因，就是那時候香港社會給了我寬鬆的反思空間，並且還有一些包容我的朋友們。

但若拿現在跟十一年前的香港相比，現在的社會留給大陸學生瞭解香港的機會非常少，容忍他們犯錯的機會也非常的少。現在也很少有人會耐心的去跟他們解釋，內地跟香港政治環境還有文化習俗上的不同。

我舉一個親身經歷的例子來說。不久前一位內地來的朋友跟我一起到香港長洲島旅遊，我們都用普通話聊天。因為她手髒了，順手拿了礦泉水洗手，水濺到地板上。我旁邊的香港人看見我朋友的舉動後，翻了一個大白眼並且發出厭惡的聲音。我雖然阻止了朋友繼續洗手，但其實我朋友並沒有犯下什麼大錯，我認為是因為她來自大陸的關係，被放大檢視了。

我想說的是，現在的環境會對特定族群會以相當嚴苛的標準去檢驗。在她犯錯後，馬上將這個錯誤歸咎到她來的地域以及她的身分上，不會花力氣溝通講解兩地文化的差異。甚至有可能直接把手機拿起來拍，準備上傳網路了。

雖然我可以理解他們的想法，但是用這種方式創造出來的環境，並不會解決問題。如果我是現在來到香港，朋友問我說去不去六四集會的時候，我若猶豫，他們可能就會說：「哎呀，我就知道，妳大陸人不會想去。」又或者他們根本不會想要邀請我去。也有可能我一來這裡，就只剩下內地的學生會跟我做朋友。

近期才到香港的內地學生會覺得他們在這裡讀書不安全、感覺到受威脅。我認為這個想像的危機跟現實可能有程度上的差異，但這個想像並不是不切實際。簡單來說，這個社會跟我二〇〇八年剛來的時候相比，收緊了很多，變得沒有以往那麼的寬鬆和包容了。

被敵視後，更可能被中聯辦收入囊中

其實香港社會有這樣的想法，主要是因為面對一個不屬於自己群體的「異己」，他們會有一種受威脅的危機感。他們認為每天有一百五十個內地人，不斷被輸送到香港，是有意識來稀釋香港的人口，甚至在成為公民後可以影響選舉結果。

社會有很多聲音都認為這些新移民是有政治任務的，但若一開始就有這樣的前提假設，雙方根本不可能有對話的機會。

我認為大多數過來的新移民很多是對政治冷感，不關心政治、甚至會盡量遠離跟政治有關的東西。當然，像是中聯辦這些組織也會搞一些新移民組織或是偽學生組織，施一點小恩小惠來攏絡新移民。原本對政治冷感的這一群人，在香港社會對他們產生敵視、讓他們感到環境不安全的時候，他們就更有可能被中聯辦的組織收入囊中。

兩方缺乏信任的狀態下，產生的結果就是成了一個自我實現的預言。社會的刻板印象導致大家都敵視外來者，而這些原本不是特務的人因為感到受威脅開始「抱團」，最後香港社會製造出了自己的敵人。

因為這樣的狀況愈來愈嚴重，我希望可以讓更多人瞭解新移民真實的面貌。我現在在教育大學社會學系開設了「社會網絡」以及「身分認同」等科目，在學校裡上課的時候，我會要求學生分成幾個小組，要求他們在紙上畫出自己認為的新移民是什麼樣子。多數時候他們會畫出來一位穿著豹紋緊身褲的大媽、很俗氣、講話很大聲，是個暴發戶並且沒什麼品味的樣子。但其實學生們是把水貨客、大陸遊客跟新移民的印象混在一起。

下一個任務我會請他們拿著自己的畫到校園裡去尋找他們認為是新移民的人，並且跟他們聊天，請他們指出自己畫的圖有哪裡跟現實不相符。學生們尋找的時候會先觀察人們的穿著跟舉止，最後跑去跟對方攀談，但往往發現找到的是一位香港本地居民，而不是內地來的大媽。

但這其中出現一個有趣的現象，學生在到處求證的時候會發現，有些人會跟學生說他已經來香港十多年、不算是新移民了。他們還會指點學生去找一些來到香港不到七年的人[2]。在這樣的狀況下，學生也可以反思新移民的定義到底是什麼，反省他們是不是對這個群體的想像太過單一。

在學校裡我還有另外一堂叫做「命運選擇題」的課程。我會讓學生扮演新移民婦女、新移民的丈夫、公公婆婆以及爸爸媽媽，然後讓在課堂中發出狀況給他們。我會問他們要不要在香港生孩子？遇到家暴時要不要離婚？或是政府有關於新移民的政策忽然出來，還有人可扮演網民來發出網路霸凌等等。我也會請幾位真的新移民在一旁當顧問，給學生意見。

我就是希望他們可以設身處地的為新移民想，當你是他們的時候，你該怎麼做。因為在學生從他者的角度來看這個群體，可能會出現「這一定是假結婚」、「這一定是騙錢、騙綜援[3]」等等的想法。但若讓學生自己代入這個角色來思考，在自己做決定前問一下爸媽、公婆還有老公。在這個過程中，學生可以瞭解到新移民的想法還有做決定的原因，不會這麼容易落入刻板印象的框架之中。

我覺得這個是滿成功的，很多同學都會在結束之後，會跟課堂上的新移民坦承，他們以前沒有想過新移民的真實狀況比想像中還要複雜的。尤其很多人以前只從一些抽象的數字跟故事下去看，就會缺乏很多具體的脈絡與認識。

但可惜的是，這些變化只會發生在課堂上，社會中那道隱形的牆，還是讓人很難會有這樣的耐心去瞭解一個不熟悉的族群。

新移民的「好榜樣」？

除了那道難以打破的牆之外，我試圖讓更多人知道新移民的面貌時也受到不少挫折，尤其許多挫折都是以一種非常「正向」的方式呈現，跟我溝通的人都是很熱烈地擁抱我，跟我說「我們很歡迎像妳這樣的新移民」。其實這是很令人感到悲傷的，因為我開始覺得自己變成一種新的標準，要成為我這樣的新移民才會被接受，沒有表態的新移民自然就會被歧視。

我有一種被收編的感覺，他們用我這個樣板去施壓給其他新移民。尤其社會上的標準會隨著時間還有氛圍在變動，如果有一天今天這個標準變了，那以前符合這個標準的人不就也被排斥了。這並不是我想要做的事情，但很無奈，大眾很容易這樣去理解。

最近會有人開始討論誰才是香港人？或者是什麼樣的價值才是香港價值？我覺得一個族群應該要通過相同的經驗，依賴這樣的共感讓你與這個群體產生連結，你才是群體的一份子。舉例來說，在二〇一四年以前雖然我會去紀念六四的集會，但我都沒有去過香港的七一遊行，因為我認為那是香港人的事，跟我上海人沒有關係。

但在二〇一四年九月二十六日當天，我在電視上看到「學民思潮」衝進去公民廣場，

2　新移民的定義是在7年之內仍未拿到永久居留權的人，但通常人們也會把近期才拿到證件的人也稱為是新移民。

3　指綜合援助，一種香港的社會福利。

因為我那時候是助教，自認為算是半個老師，所以想要買點麵包到現場幫助學生。我到了現場才發現根本進不去公民廣場，就待在添美道附近的「命運自主台」聽學生演講。結果好像是有警察想要抓人，民眾開始拉起人鏈，我也不知不覺地被推到比較前面的地方。一位警察朝我們噴灑胡椒噴霧，雖然我朋友撐起雨傘幫我擋，但我們還是遭到波及。

那一次的經驗對我來說是很震撼的，因為我一直認為，電視上有人被噴胡椒噴霧噴到都是因為行為比較激進，所以才會被噴。而我就是來送個麵包，從來沒想過會被噴到。那天晚上我心裡都不能平靜，一直想到底有多少人跟我一樣只是路過「打醬油」、但卻被被捲了進去。

那時候我才知道到現場很重要，因為在現場才知道狀況，在現場也等於是保護了一些人，在場可以給人們安全感。還有經歷過身陷險境的時刻，大家一起冒過某一些風險。

在那次之後，我就開始去七一遊行了。

我想用行動來定義自己是誰

這是一個很具體的經驗、很具體的形式。但就算我那一天沒有出現在那裡，我跟香港示威者之間，其實已可以從其他方式產生一些經驗的共鳴。

我是上海人還是香港人其實不應該用地域來區別，我可以用行動去定義它。我可以用自己的選擇與自己的行為做為累積，最後這些經驗才會造就我成為一個什麼樣的人，地域只是一個非常小的因素。

來了香港十一年，現在香港對我來說是家，上海對我來說，是一個感情很深、但回不去了的家鄉。詩意一點來說，家鄉跟人的關係不一定是距離的關係，有時候就算距離再遠也不一定會有鄉愁。相反地，如果我現在生活在上海，但這個地方正在以一個我不熟悉的方式在改變，這樣我跟它的距離就會愈來愈遙遠。

香港現在其實也是變得面目全非，只是這邊的人還在努力想要留住它。這樣對我來說，它還沒有完全變得陌生。

在十一月底區議會選舉結束之後，雖然非建制派攻下了超過八成的席次，但是仍有不少人將少數選區失守的責任歸咎給新移民，在網路上的一些關於新移民進來稀釋香港人口、控制選舉的貼文仍然被廣傳跟支持，可見這樣的言論還是有市場的。但其實在天水圍或是水泉澳等新移民重鎮區都是非建制派獲勝，人們傾向把政治立場分裂的原因放在本地人跟移民之間，但幾個失守的地區都是集中在寶馬山之類的富人區，所以我認為差異應該是反映在社會階層之間才對。

族群之間的和解也不完全是沒希望，香港也有聲音在為新移民解釋，只是社會需要更長的時間去消除偏見帶來的選擇性判斷。我對香港的未來雖然不能說是樂觀，但在這次運動裡，在區議會選舉之後，至少我們踏出了重要的一步。

台港同盟
從平行到共享命運

李雪莉——文

台灣與香港相距僅有七百公里，但直到二〇一九年，在中國因素的巨大壓迫下，兩地人們的情感與命運才緊密交會。

從最高層級的、總統蔡英文承諾的人道援助，到台灣民間組織與教會伸出援手，陸續為來台避難的港人提供法律和經濟援助；台灣的上班族與學生們，緊盯著理工大學和中文大學的抗爭現場直播，徹夜未眠；大學校園或咖啡沙龍裡與反送中相關的活動、社運人士與前線記者的演講，場場爆滿；台灣的中學生也關注香港動態，在週記裡頻頻以「最重要的國際大事」書寫香港；台灣人臉書也紛紛換上「爆眼少女」、「五花瓣黑洋紫荊旗」的頭貼；近日更迎來許多開始思考投資移民台灣的港人。

一直以來，台灣與香港像在一個經濟宇宙裡競賽的兩條平行線，從一九六〇年到一九九〇年間，被放置在「亞洲四小龍」東亞迅速發展的經驗框架裡，理解彼此；一九九〇年前後，台灣汲取著港劇、港星等流行文化的養分，認識這個輝煌多變的城市；而再之後，我們則進一步理解政治下從英殖民轉殖到中國的香港。

多數台灣人到過去半年才密集關注香港的命運，但台港之間的平行線早在近年漸漸靠攏。從香港的民調研究裡，看得到香港近年對台灣的關注，以及香港人對台灣和中國間的詮釋，出現不同於以往的觀點。

一九九三年開始，「香港大學民意研究計劃」[1]團隊就開始在香港對台灣進行四個問題的民意調查，分別是：「是否贊成台灣獨立」、「有無信心大陸同台灣終能統一」、「一國兩制是否適用於台灣」、「是否贊成台灣重新加入聯合國」。若把歷經二十六年的民調攤開來看其趨勢變化，會看到港人對台灣獨立的支持站上歷史新高，對一國兩制不適用台灣，以及兩岸統一沒信心的比例，也是歷史最高點。

原香港大學民意研究計劃總監，香港大學榮譽講師的鍾庭耀表示，一九九三年開啟「台灣系列」的四個民調提問，是基於一個大中華區的概念，針對中華民族命運共同體的概念做分析。

如果從「贊不贊成台灣獨立」的提問來瞭解港人意向，可以發現，香港在九七移交後，從兩千年到二〇〇八年，贊成台灣獨立的比例只有十到二十個百分點，但從二〇一〇年後贊成台灣獨立的比例開始往上走，到二〇一九年最新民調是百分之四三・七；而反對台灣獨立的比例則從二〇〇八年前後的最高點百分之八十二降到百分之四四・一，贊成與反對的人數比相當接近。

二〇〇八年認同大翻轉

「香港民意研究所」數據科學經理戴捷輝二〇〇八年起執行此計劃十一年，他觀察到港人對台獨的看法在過去二十六年呈現一個「U」型。一九九三年還有近百分之三十的港

1 「香港大學民意研究計劃」在2019年年中從港大獨立出來，目前以「香港民意研究所」持續運作。

人贊成台灣獨立，但愈接近九七年移交中國，港人對台獨的支持度則往下走。

同樣以民調見長的香港中文大學新聞與傳播學院院長李立峯認為，「任何一個地方想獨立，坦白講關香港什麼事，是吧？它要獨立或不要獨立，本來就不是香港人要考慮的事。但一九九三年開始對台獨的看法是一路下降，那是因為從九三年開始一直到回歸之後，香港人在看這些問題的時候，尤其在看台灣的問題，是從整個中國的框架去看。」

從中國的框架下，港人在「一國兩制是否適用台灣」及「是否贊成台灣重新入聯」的議題上，和「是否支持台灣獨立」的想法上，有十分相似的走勢。民意顯示，二〇〇八年是重要的分水嶺。

一九九八年，認為「一國兩制適用於台灣」的比例，首次超越「不適用」；二〇〇八年港人的態度開始反轉，當時認為一國兩制適用的比例高達百分之六十．六，但接著快速下滑，二〇一九年來到最低點百分之二七．二，而認為一國兩制不適用於台灣的比例，也在二〇一九年來到最高點百分之六三．二。

至於是否贊成台灣重新入聯，二〇〇七年是反對的最高點，達百分之六六．九，贊成的最高點則是二〇一八年下半年（百分之五十九），其次是二〇一九年的百分之五七．二。

而二十六年來持續的民調裡，對於「有無信心台灣和大陸終能

6成3港人認爲一國兩制不適用台灣，來到歷史高點

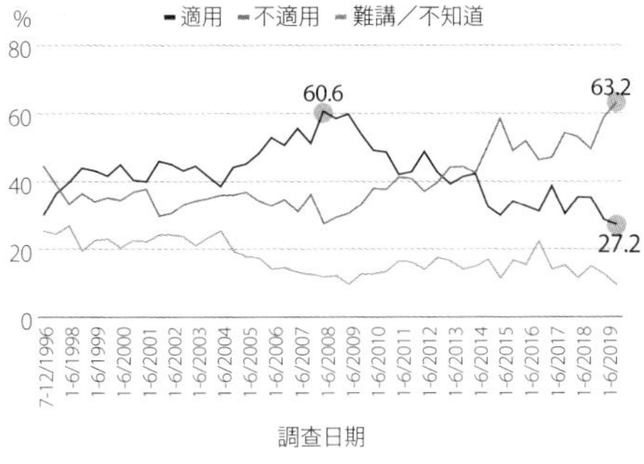

近4成4港人贊成台灣獨立，創歷史新高

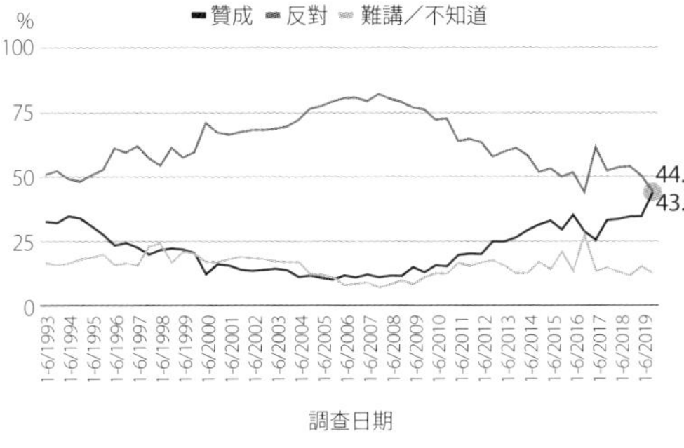

統一」的問題裡，二〇〇九年信心最高點（百分之六四・九），但二〇一九年來到沒信心的最高點（百分之五九・五），相較下有信心的不到三成。

二〇〇八年做為一個香港對台灣圖像理解的轉折點，香港人對中國人的認同感有個巧合的變化。一九九七年到二〇〇八年，香港人對中國認同是直線上升，而後在〇八年後下降。那一年，雖有北京奧運拉高了中國的國族意識，但那一年出現汶川地震，爆發了豆腐渣工程，還有中國各地的毒奶粉和環境汙染等事件。

李立峯指出：「〇八年之前，大家平時看看新聞，不會看得特別深入或特別多。〇八年因為那幾件事，大家突然之間對中國大陸關心，尤其是年輕人拿到很多資訊，對中國大陸非常非常矛盾的資訊，一方面你看京奧好像很厲害，好像發展得很成功，非常繁榮，但另外一方面，地震本身是天災，跟地震裡面所出來的貪汙，還有毒奶事件裡沒有良知的商人。通過〇八年，港人突然發現，那裡原來是這樣的一個地方。」

中港融合的效應在〇八年後出現非常負面的影響，遠遠超過〇八年之前，自由行和高房價給香港帶來的影響。

香港人的政治身分認同變化的分水嶺就落在二〇〇八年。

香港民意研究所從一九九七年開始調查港人認同至今，認同自己是「中國人」的比例在二〇〇八年達百分之三八・六的高峰，當

**對中國大陸能否統一台灣，
6成5沒信心，達最高點**

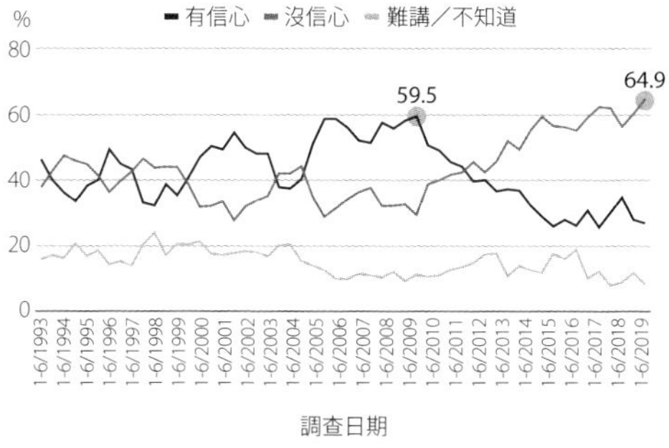

%　　　　　━ 有信心　━ 沒信心　━ 難講／不知道
80

59.5　　　　　　　　64.9
60
40
20
0
1-6/1993　1-6/1994　1-6/1995　1-6/1996　1-6/1997　1-6/1998　1-6/1999　1-6/2000　1-6/2001　1-6/2002　1-6/2003　1-6/2004　1-6/2005　1-6/2006　1-6/2007　1-6/2008　1-6/2009　1-6/2010　1-6/2011　1-6/2012　1-6/2013　1-6/2014　1-6/2015　1-6/2016　1-6/2017　1-6/2018　1-6/2019
調查日期

近6成港人贊成台灣入聯

%　　　　　━ 贊成　━ 反對　━ 難講／不知道
80
　　　　　　66.9
60　　　　　　　　　　　　　　59
　　　　　　　　　　　　　　　57.2
40
　　　　　　　　　　　　　　　26.6
20
0
1-6/1993　1-6/1994　1-6/1995　1-6/1996　1-6/1997　1-6/1998　1-6/1999　1-6/2000　1-6/2001　1-6/2002　1-6/2003　1-6/2004　1-6/2005　1-6/2006　1-6/2007　1-6/2008　1-6/2009　1-6/2010　1-6/2011　1-6/2012　1-6/2013　1-6/2014　1-6/2015　1-6/2016　1-6/2017　1-6/2018　1-6/2019
調查日期

註：本圖採半年期數據。
資料來源：香港民意研究所　　整理：柯皓翔　　製表：黃禹禎

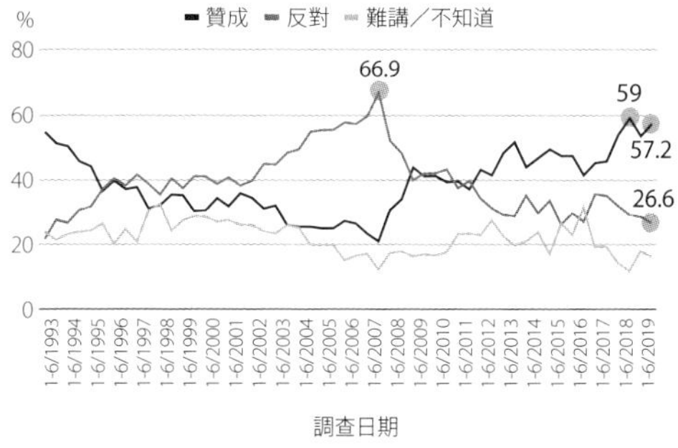

時認同自己是「香港人」的比例歷史新低，只有百分之十八・一[2]。但〇八年後，香港人的「中國人認同」和「香港人認同」開始反轉，二〇一九年最新數據，認同自己是「香港人」的出現移交以來最高峰，百分之五二・九，而認同自己是「中國人」的來到歷史新低點的百分之十・九。

台港心理鏡像間的互依

就像「鏡像」原理，港人在自我政治身分認同的變化中，投射台灣處境，兩方都在凝視自我與回望彼此時，看見兩地與中國命運的交纏。

長期關注中港台政治體制，最早提出「中國因素」概念的中研院社會學研究所研究員吳介民認為，港台在過去五年呈現同樣的情緒結構，都在抵抗中國因素的入侵，「香港為什麼關心台灣被親中的候選人拿走？因為一拿走，香港就被捏死了；港台間的心理狀態是沒有時差地以光速進行。就像照鏡子裡的自己一樣。」

吳介民以兩個相同分子式但有不同結構的「同分異構」(isomorphism)，解釋台港間的糾纏。他說，台港是

台灣人身分認同，2009年後，「台灣人」認同皆在5成以上

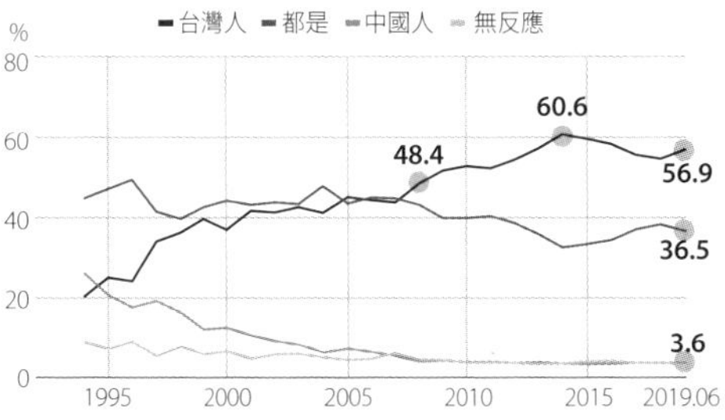

註：1993年無資料。
資料來源：國立政治大學選舉研究中心「重要政治態度分佈趨勢圖」
整理：柯皓翔　製表：黃禹禎

香港人身分認同，「香港人」認同創主權移交以來新高，「中國人」認同創歷史新低

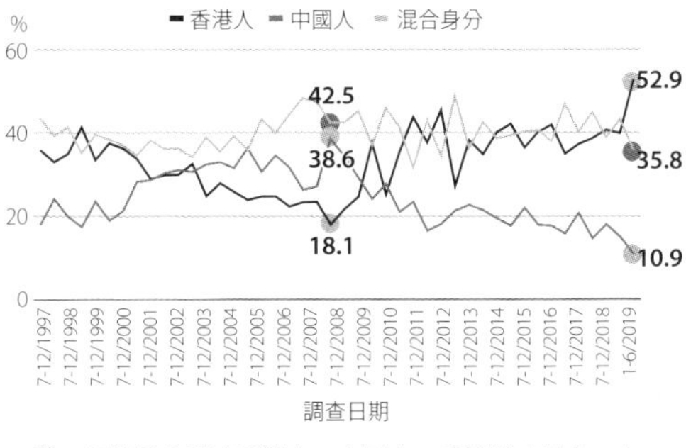

註：電訪員會讀出香港人、中國人、香港的中國人、中國的香港人四項，後兩者即爲「混合身分」。「其他」、「不知道」等類目，不在此列。本圖採半年期數據。
資料來源：香港民意研究所
整理：柯皓翔　製表：黃禹禎

不同的殖民脈絡與選舉脈絡，但近年在政治身分認同上卻轉趨相近，開始尋找本土的身分認同。

從政大選舉研究中心歷年執行的民調——台灣民眾的自我認同趨勢分佈——來看，在台灣認同自己是「台灣人」的比例也在二〇〇八年後，前總統馬英九任期內，從百分之四八．四持續一路快速上升，到二〇一四年達最高點百分之六十．六，二〇一九年則為百分之五六．九；但「中國人」認同快速下降，目前只有百分之三．六。

台港間是否因而出現一種「反抗者同盟」，基於對民主、法治、人權的基本公民價值走在一起，而形成對中國的反抗隊伍？

吳介民認為，在中國入侵的前提下，香港是前線，台灣是香港的腹地，的確有唇齒相依的命運；但台灣還是實質獨立的國家，而香港是中國主權的特區，香港人即便想「脫中」（脫離中國），也沒有像台灣的政治條件。

但港人已透過這次反送中運動，意識到中共目前對港的治理方式，與港人意識和香港價值有極大的落差。

只是，「我是香港人」的認同，究竟是一種公民意識取向，又或是國族認同取向？

戴捷輝認為，「香港人」是個在變動的概念。過去香港是七百五十萬居住在港島和九龍土地上的人，但在反送中運動後的香港已不同，「香港是否一定得在一國兩制下存在？已有少部分人在討論港獨，有人建議成立城邦，甚至有人想買島把香港搬到另一處的概念，原來那個對香港很實體的想法突然變得有各種可能。」

沒有人能預測香港強烈的本土身分認同會怎麼帶港人走下去，但這條認同之路已是不可逆的趨勢。

2　除了「中國人」和「香港人」兩個選項，還有「中國的香港人」（2008年6月數字為29.2%）以及「香港的中國人」（2008年6月，數字為13.3%）兩個混合的選項。

到二〇一九年十二月十六日為止，香港反送中運動參與者中，有六千一百零五人遭警方逮捕；在九百七十八位遭到起訴的人裡，有五百一十七人被以「暴動罪」起訴、一百二十二人被控「持有攻擊性武器」，其中暴動罪的刑期最高可達十年。香港在歷史上創造了年輕的政治犯，也出現跨世代感受到城市戰火的市民。這群港人對中國的認同更低，甚至會持續在各處反抗中共。

主流的香港仍是一個重視經濟、強調穩定發展的城邦，但經歷這場戰役，香港人已長出自己豐厚的港人意識，是個關於民主、人權、政府治理方式的正當和合理性的想像，也是一種香港人共同體的想像。此刻的香港在快速變動和摸索中。

大後方撐故鄉的在台港人
他們在台灣反送中

曹馥年——文

握著機票，十八歲的在台港生阿凱（化名）一下課就搭機趕回香港。這屆香港區議會選舉是他人生首度投票，對多次參與港台反送中遊行集會，且對港府漠視民意感到失望的他來說，這張選票是和平且直接的表態，將自己對香港民主與五大訴求的堅持送到政府眼前。

往返香港的機票近六千元，對阿凱而言負擔不小，來自「香港邊城青年」的資助讓他順利成行。這個由一群在台港人發起的組織透過募款，補助通過審核的在台港生每人兩千五百元回家投票。

香港邊城青年（邊青）用四個月籌備這項計劃，「我們花很多時間研究在台灣募款的規定，也謹慎審核每件申請，不希望好意被濫用，」香港邊城青年發言人Justine說，計劃迴響很大，捐款超出預期，原只打算補助五十人，最後補助九十六人返鄉。

Justine也自費返港投票，她選區的泛民主派候選人以十票險勝，讓她看開票看得冷汗直流。「真係多你一個好多，」Justine說，有受補助的同學寫信感謝邊青幫助，讓成員感到欣慰，不過路還很長，邊青想繼續做實質幫到香港的事。

近十年，在台的香港移民增加，其中不乏港澳學生會、在地群組，但性質偏重權益促進與資訊交流，沒有具規模且架構明確的在台港人組織，而香港邊青是第一個。反送中運動讓這群素昧平生、均齡二十多歲的年輕港人迅速集結，他們在臉書這樣介紹自己，「身在異鄉，心繫我城」。

九七後世代在台撐香港

二〇一九年五月，《逃犯條例》修訂草案將進入二讀的消息傳出，在台港人的臉書與Telegram群組，一下子湧入對港府不按程序審議的憤怒。

就讀文化大學美術系並雙主修哲學系的港生何泳彤是不平者之一，她在香港主權移交中國的一九九七年出生，經歷北京慢慢收緊對香港控制的過程，發現愈來愈多媒體為中國喉舌，書店逐漸看不到與六四、港獨相關書籍，中國意識型態滲透教科書，民選議員被DQ（Disqualify，取消資格），她感受香港人的自由正如溫水煮蛙般消逝。

得留在台灣考期末考的何泳彤於是建立一份呼籲連署撤回條例的Google表單，傳給每個認識的人。

群組沸騰的憤怒，迅速凝結出在台港生的團結，表單不到一週，網上就有超過六百五十人連署，不少人回覆希望舉辦實體聲援活動。「在台香港學生及畢業生逃犯條例關注組」迅速集結，這群多數素昧平生，且幾無社運發起經驗的組員，在台呼應香港反送中現場，靜坐、陳情、響應罷課，將公開信送進總統府。兩週後的六月十六日，他們在台灣立法院前舉辦逾萬人的撐港集會。

去不了第一線，跨海聲援是否有用？何泳彤回答：「要想的不是行動多有效，是我們能做多少。」

七月，更多港生與在台工作的港人成立香港邊青，呼應反送中運動「無大台」抗爭特色，以理事會共同決策、計劃導向模式運作。約三十人的團隊串連在台港人，為前線抗爭者募集物資，並在台灣的校園與城市裡的公共空間發起連儂牆，辦講座對話與發聲，並持續舉辦撐港集會。九月二十九日，南北「撐港反極權」遊行有逾十萬人冒雨響應。

這群香港青年形容自己感到強烈的憂慮、迷茫、憤慨、離散與無奈，心繫香港，卻無奈身在異鄉。

但他們相信，在外，也有在外能做的事。

二〇一二年開始，來台讀書的香港學生逐年攀升，絕大多數是九七年前後出生的「九七後世代」。他們發現「馬照跑舞照跳五十年不變」的香港，不到二十二年就發生劇烈變化。他們想掌控自己的命運，縱使中國試圖建立「中國香港人」的身分認同，但部分九七後世代不將中國視作「祖國」，而是新的佔領勢力。

九七後世代認同的困境，某種程度牽動年輕人留下或離開，未來要往哪發展的抉擇。離香港很近的台灣，成為他們的選項之一。

教育部國際及兩岸教育司科長賴信任分析，二〇一三年台灣放寬大學單獨招生港澳生，加上香港「三三四」學制改革[1]後和台灣學制銜接，是港生來台就讀的拉力。二〇一四年香港發生佔領中環事件後，來台港生人數也上升。

台南「榮寓冰室」負責人Ricky，一九九六年從香港到台灣念書，台大法律系畢業後曾在台、港、澳門三地工作，因為喜歡台灣，後來以留台港生身分移民取得中華民國身分證，二〇一五年在台南開店，親歷二十多年來在台港人求學、創業與移民的歷程。

Ricky表示，香港的大學僧多粥少，錄取率低，港生到外地升學是常態。在九七年左右到台灣念書的港生，許多是家庭和台灣有淵源，或是專攻牙體技術等台灣的優勢技術。近年港生留台因素更多元，除了政策吸力，還有學術研究風氣、政治因素考量、家庭傳承（父母也是留台港生），也有人以來台讀書作為往後移民跳板。

在數場撐香港集會中走上街頭的港生，主要是來台讀書的九七後世代，不少人確實是因政策誘因與較低的生活成本到台灣留學。但也有港生認為，雖然中國也端出利多吸引港生，在台灣做研究卻有更高的學術自由，尤其人文學科，不必擔心踩到敏感紅線。

港生Pasu正是為了台灣的自由研究風氣而來，對香港現狀的焦慮是他上街撐港的原因，「我們都十幾二十歲，若往後回香港，還有好幾十年要過。」

投入撐港活動的港生Katy，母親擔心她太活躍會被鎖定，影響就業。Katy告訴母親，

2012年起，來台就讀大專院校港生人數明顯成長

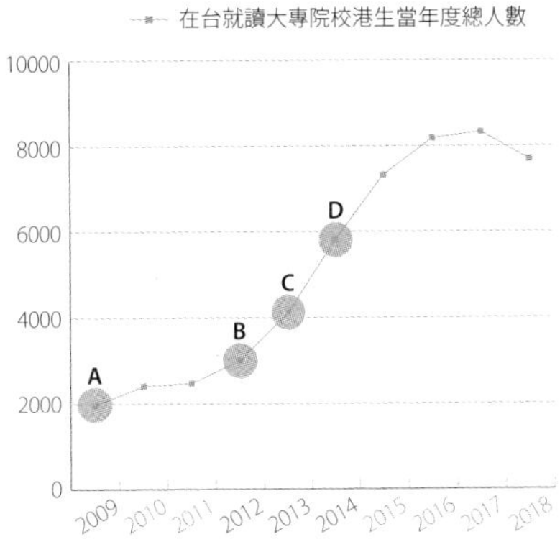

A 2009年，香港的中學改為「三三四」學制
B 2012年，香港的大學改為「三三四」學制
C 2013年，教育部開放各大學單招港澳生
D 2014年，雨傘革命與佔領中環運動

資料來源：教育部
資料整理：曹馥年
製表：黃禹禛

1 英屬香港時期，香港中學教育比照英國教育制度，採取三年初中、二年高中、二年預科及三年大學的制度，即「三二二三學制」。香港主權移交後，從2009年開始實施教育改革，推行三年初中、三年高中及四年大學的「三三四學制」，這也是台灣以及全球多數國家所採用的學制。

現在不管問題，往後只會花更多時間解決，出來抗爭是不讓未來的自己後悔。「香港是我的家，總有一天要回，我（對香港的未來）有責任，」她堅定地說。

反送中掀新一波香港移民潮

當異鄉遊子憂心多年後的歸鄉之路，在香港，反送中運動又已帶來新一波移民潮[2]，而且未因港府撤回《逃犯條例》趨緩，反而在港警濫權、抗爭力度升級中遽增，多家香港移民代辦、移民顧問公司聲稱業務呈爆炸性成長。

根據香港中文大學香港亞太研究所二〇一九年十月的調查，有四成受訪市民想移民或移居外地，近一成有移民準備，比去年底顯著增加，創近四年最高紀錄。對香港政治與社會情勢的擔憂是移民三大主因，多年來的重要外移因素「居住環境擠迫」，這次罕見掉出前三名榜外[3]。

這批被媒體形容為「出逃」的香港人，目的地包括加拿大、澳洲、英國、星馬以及台灣。移民署統計，約從十年前開始，台灣漸成為港澳人士的移民熱點，二〇一四年出現超過八千人的居留與定居高峰，之後每年移居來台的港澳人[4]在七千人上下，現約有九萬名香港人在台灣生活。

榮寓冰室開張那年，碰巧遇上港人移台潮。那時每月有兩、三組香港人來Ricky店裡，問他對台灣未來的看法，要怎麼開店、申請定居。

每回遇到想移民的客人，Ricky都會問他們為何選擇台灣，答案包括相對較低生活開銷、較低投資移民成本、宜居生活環境、為子女教育升學以及較少的語言文化隔閡。

除了經濟與文化考量，有一半以上向Ricky徵詢意見的客人，都提到政治因素是他們離鄉背井的驅力，「他們對港府不滿，對未來香港情勢不放心，所以來到距離近也民主自由的台灣。」

並非每位港人「台漂」後都能一帆風順，Ricky也曾勸退幾類移民者：「有些人不會說國語、不瞭解台灣，只想找到一個暫時離開中共勢力的地方；或對自己為何選擇台灣、之後如何營生毫無概念，我都會勸他們審慎考慮。」

綽號「天爸」的羅鎮祺，二〇一四年為讓三個孩子接受華德福教育，從香港移民台灣。他和伙伴Charles經營部落格「親子．生活．去台灣」，分享親子移民的經歷與見聞，為網友解答移民的疑難雜症。二〇一九年中

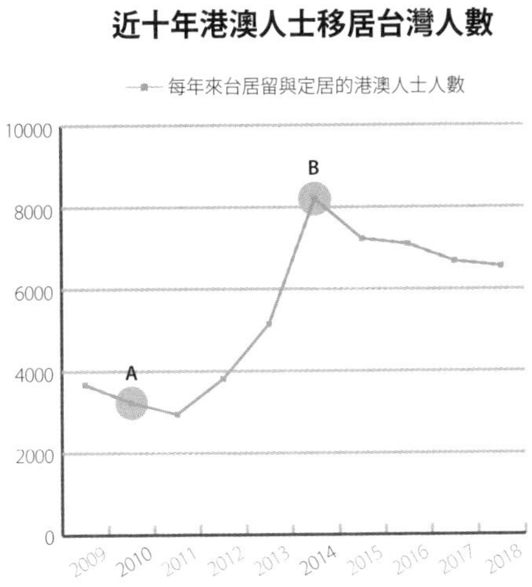

A 2010年：2003年香港開放陸客自由行以來，訪港陸客逐年增加，香港該年度3000萬人次旅客中，6成爲陸客，往後逐年不減反增

B 2014年：雨傘革命與佔領中環運動

註1：此處「移居」爲居留與定居，包括移民、就業、就學。

註2：港人移民台灣有4種主要管道：投資移民、技術移民、創業移民、在台升學。

註3：移民署自2016年起始將香港、澳門移居人數分開統計。但此表爲港澳加總人數。其中香港佔總人數的8至9成。

資料來源：內政部移民署

資料整理：曹馥年　製表：黃禹禛

2 政治因素向來是港人移民的重要推力，六四之後，港人對香港前景感到不安，對一國兩制心生疑慮，連續五年、有逾30萬人移民英國、加拿大等地，多數移民者社經地位較高，資金人才外流，撼動香港社會結構。但有些人發現移民生活不如預期，歸化取得外國護照後，又回流香港。
而1997年香港主權移交後頭幾年，移民海外的港人人數下降，隨後中國的移民政策、經濟、醫療、文化衝突、開放自由行等引發的中港矛盾，加上被陸客炒到買不起的房價，感到民主倒退等，讓港人再度對未來產生懷疑，移民人數攀升。過去十年，香港居住資源、醫療、社會福利逐步被瓜分，民生所需的小店與文化設施也不見。不少人觀察，2014年之後的移民港人，許多是抱著不再回來的心情離開。

3 根據香港中文大學調查，讓港人打算移民或移居外地的前四大因素，依序為：香港政治爭拗太多／太煩／社會撕裂嚴重（27.9%）、香港政治不民主（21.5%）、不滿中央政府／中央政府獨裁／對中央政府沒信心（19.5%）、香港居住環境擠迫（19.1%）。

4 移民署自2016年起始將香港、澳門移居人數分開統計，2018年的台漂港人為5238人。歷年移居台灣的港澳人士中，八至九成是香港人。

旬，他們開始做收費諮詢，協助有心移民台灣的港人瞭解台灣實況。

他們緊接著遇上反送中運動，「這半年來找我們的，幾乎都是因為政治移民，」他們暑假期間在香港辦移民台灣講座，座無虛席。

天爸說，許多家長認為香港看不到前景、沒安全感，想找另個能延續生活的地方。尤其十月以後，港警施放的催淚彈被發現會釋出有毒物質戴奧辛，不少家長毅然帶孩子到台灣定居或短期就學。

對照移民署統計，港人移居台灣人數從二〇一九年六月來與日俱增，六月以前每月約兩百到四百名移居的港人；七月則超過五百人，九月起更大幅成長，十月曾有超過一千三百人，而十一月，則有七百三十人核准居留或定居。[5]

香港媽媽Eva與兩歲兒子，剛透過天爸協助在台灣落腳，家住元朗的她生活不虞匱乏，攜子離鄉背井的驅力，是危險與恐懼。

「沒想過事情會這麼糟，」Eva說，六月初，兩百萬人上街和平遊行時情況還不差，未料港府沒回應人民訴求，暴力事件還逐步升級。元朗白衣人暴力、太子站警暴、港警在香港全區施放催淚彈、圍攻大學校園，讓她感到香港不適合孩子健康成長。於是決定先生留港工作，她藉投資移民帶孩子到台灣受教育。

「很多人都有這樣的移民打算，尤其中產階級家長，他們收入很好，但覺得香港目前情況對孩子不好，有能力就離開。」

台漂港人撐港：爲親人，也爲故鄉

香港主權移交以來，學運、社運風起雲湧。過程中，香港身分認同逐漸抬升，成為港人無論身在何處，都願為我城[6]盡力的理由。

香港籍的台東大學文化資源與休閒產業學系助理教授鄭肇祺，曾在香港、加拿大求學，以及在台灣做研究。他從研究香港有機農業運動開始，進而關注環境、土地政策以及港人生活。香港人眼中的中國，長期是他人類學田野的一部分。

一九八四年出生的他，記得在香港讀中學時，老師培養學生的「祖國認同」，也帶學生參與香港的六四集會，因為認同國家、學習民主，都是成為公民的過程。他認為，香港八〇後的成長過程，同時有中國與香港的身分認同。

「香港人一直看著中國，有人很愛國，有人喜歡去中國大陸旅遊，但發生在中國大陸的許多事情，他們不願發生在香港身上。」

而他發現，隨主權移交後香港社會的巨變，近十多年，在土地、環保、政治等不同社會運動中，港人對香港的身分認同逐漸高過中國。「祖國」離八〇後世代愈來愈遠，到了九〇後世代，以在地認同自居的人更多。

「這成為讓你去做事的理由，」多次在台灣參與撐港活動的鄭肇祺說。

反送中運動以來，對家鄉情勢的在乎，讓在台港人跨出熟悉生活圈，串聯不同組織走上街頭，且行動力極高。

在Ricky記憶裡，以往傘運等香港的大型社運，台灣各縣市有港人零星聲援，但人數不像這次多。「我們這個移民世代，與香港的牽繫並沒有完全切斷，還有許多親友在港。

5 2019年10月份移居人數為1365人（居留1243人，定居122人），11月份的移居人數則下滑到730人（居留609人，定居121人），但仍超越6月前的移居人數。

6 作家西西的小說《我城》，以香港70年代為背景，被稱作香港本土意識崛起的文學作品，後被廣泛用為香港代稱。

我們關心他們的命運，也關心香港的命運，畢竟那是故鄉。」

「高雄香港學生逃犯條例關注組」、「台南香港關注組」均由在地的港人、港生組成，這群平凡素人緊盯不斷變動的香港情勢，協助募集物資，舉辦撐港集會，傳遞反送中理念。

不少活動掀起在地迴響，例如高雄香港學生逃犯條例關注組七月在高雄募集二手安全帽，送到前線保護抗爭港人安全，目標五百頂，一天就募到逾千頂；九二九全台撐港集會，台南、高雄均有數千台灣人與香港人上街，吶喊「撐香港、護台灣」。

關注組成員認為，或許是台灣與香港同樣感受到中共威脅，對香港議題能感同身受，並化為實際支持。

在台撐港活動觸動中港台關係，加上碰到敏感的總統大選，港人如何摸索台灣政治「眉角」是一大考驗。

辦活動過程不免與民代、政黨交涉，有政治人物用心出力，也有人光說不練，讓在台港人惡補台灣地方政治學。「不同（台灣政黨）顏色的勢力、不同顏色的分布、不同顏色的關注程度，經過這幾個月，慢慢會看出哪些人是同路人，」高雄香港學生逃犯條例關注組總召Ivan說。

Justine則強調，香港邊城青年只和NGO組織辦活動，不跟政黨合作，不允許政黨背景人士或公務員加入，希望保護這次為反送中走出來的素人。

「每次找來賓，一定特別注意我們不想被認定和跟特定政黨有關連，也不能讓對方把活動現場當成個人政治舞台。」曾幫忙舉辦撐港活動的Ricky深吸一口氣形容，這段時間的摸索歷練，讓港人們有如在電玩打怪練功。

「世界各地的香港人都在學習，香港人學習怎麼面對催淚瓦斯與港警不合理對待，海外港人學習如何讓世界各地的人知道香港發生什麼事，」Ivan說。

在台灣思考下一步

二〇一九年十一月，防暴警察闖進香港多所校園逮捕抗爭者，先於香港中文大學爆發攻防，密集發射催淚彈、橡膠彈，校園形同戰場；接著對理工大學展開連續十三天圍城，一千三百七十七人遭拘捕。

在多所香港學校宣布提早結束學期同時，台灣有二十多所大學公布專案，開放香港學生以訪問生身分到台灣就學銜接課業。截至十一月底，有逾六百名港生[7]申請來台隨班附讀。

清華大學是專案接受香港訪問生的大學之一，校長賀陳弘看著中大與理大的衝突，想起四十年前的自己。

那時台灣經歷退出聯合國、中美斷交等挫敗，大學生認為該為鄉土盡心，興起「社會服務運動」，成立社團進入困難社會角落。他當時在台大念書，大夥在政府反對下秉著抗爭與理想精神，辦研討會、在半夜張貼海報，反映社會不公義，造成政府衝擊。香港學生的心情，他能感同身受。

他在清大的聲明中指出，大學是富於理想性的地方，所以經常難以見容於當時的政府，政府不分黨派，都應以軍警未經大學同意不入校園，來珍惜這一份理想，「清華大學在校史上經歷過多次，台灣社會也走過，我和許多的國內大學校長，都會守護這個原則。」

香港理工大學學生David（化名）是這波來台的訪問生，他從六月開始在香港投入反送

7　此批專案港生除了香港籍，也包括在香港求學的台灣籍學生（例如台灣高中畢業後到香港升學），目標為學業不中斷，至於能否抵免學分，由香港母校認定。若想取得台灣大專院校學位，則需通過轉學考，教育部亦啟動港生轉學來台專案。

中，眼見和平示威不被回應，目睹港警持續放催淚彈，看到港府完全不是代表人民，只是中共的棋子，要同化香港。一連半年，他都在抗爭前線，問他經歷過什麼，他沉默一會，乾澀地回答「很多事」。圍攻理大時，他因響應罷課不在學校，看著直播，心中只有痛過頭的麻木感。

他認為警方已熟稔上街抗爭的因應之道，自己在香港街頭能做的事已不多，接著會是經濟、人權的長期戰。他決定以台灣為中繼站，繼續學業，在十一月二十四日的區議會選舉投票後，收拾行囊，來到台灣，思考下一步行動。

無論在最前線或大後方，香港人持續以各種方式撐故鄉。聖誕節前夕，台南香港關注組在一場撐香港音樂會中提供明信片，讓觀眾將關切捎給因反送中入獄或還押的手足。

「雨傘運動講的遍地開花精神，真的實現了，」鄭肇祺發現，在這場無大台的運動中，每個人都在找自己的位置。不能出門，可以做文宣；能參選的人，投入選舉試圖改變；身在台灣，就對台灣與國際發聲。純粹上街容易被打散，但這種動員會讓政府頭痛。

他認為，這就是反送中運動的「續航力」所在。

失根的在台「旅行者」

他們為香港而戰，卻回不了香港

陳星穎、Shu Huang、Jim Huang——文　陳星穎——攝

「我已經有好多不同的名字了，你們就隨便稱呼我吧！」我們與旅行者Mike（化名）的第一次相遇就約在一個教會中略嫌壓迫的小房間。在幾次約訪逐漸建立信任後，Mike問我們要不要一起到他喜愛的餐廳用餐，對他來說，好好地享受美食是種奢侈的獎勵。

然而，那天到了約定時間卻不見Mike的蹤影，一問才知道安眠藥的藥效讓他睡過頭。我們稍候片刻，在他急忙趕到之後才開始用餐，過程中Mike不時看手機發語音，關心香港朋友在運動中的狀況，似乎不想放棄任何能幫得上香港的地方。

香港反送中運動中，警察的濫權行為造成無形的恐懼，許多示威者在前線行動時被警察認出或記錄下了個人資料，他們因為擔心會被秋後算帳而被迫遠走他鄉，來到了人生地不熟的地方展開生活。香港的網友不願意把這些義士說成是在「流亡」，都說

他們只是去了「旅行」，盼望他們有歸來的一天。

自從反送中運動開始，Mike就一直在前線遊走。六月十六日的大遊行，「兩百萬加一人」上街要求「撤回」修例，但政府不作任何回應。Mike自此對和理非抗爭行為徹底死心，「是政府教我們和平遊行是沒有用的，」從此走上了「勇武」的抗爭之路。

七月一日香港立法會佔領事件，Mike見識了真正的警暴。凌晨時分，在立法會外示威區的Mike，憶述警察不斷攻擊示威者，「我所有的東西都被打破了，」像是防禦物、背包裡的手機、頭盔、甚至是他的頭。當天晚上，同樣進入立法會的抗爭者梁繼平[1]脫下口罩發表《香港人抗爭宣言》，有佔領者決定跟梁一起留守，但Mike選擇的是拿起盾牌，跑到最前面的防線，站在與警察衝突第一排的位置，他也在衝突中受了傷，「那感覺離死亡很近，很近，很近。」

隔天，有人試圖在金鐘跳樓死諫，Mike聽到後立刻坐計程車去救人，卻也因自己的顯眼傷勢被警察注意到。

當時的Mike在前線運動已接近一個月，自己曾被警察抄下個人資料，加上看過不少同路人在被拘捕後被控暴動罪，Mike擔心自己會被警察秋後算帳，於是萌生赴台灣的念頭。沒想到這一走，就快半年。

離鄉是因背著被整肅的恐懼。

二〇一九年十二月九日為止，在港被捕的運動人數超過六千人，是一九六七年香港左派發起「六七暴動」後，最多人被捕的社會運動。被捕者中，已有一千三百多人被以暴動罪逮捕，其中有五百一十九人被以暴動罪成功起訴。他們不但得面對多年的司法程序，若暴動罪成立，最高要面對十年的監禁。

1　梁繼平參與了2019年7月1日佔領立法會事件，並為唯一拉低口罩發表《香港人抗爭宣言》的示威者，2019年7月2日由台灣轉機至美國尋求政治庇護。

香港旅行者移居台灣的途徑

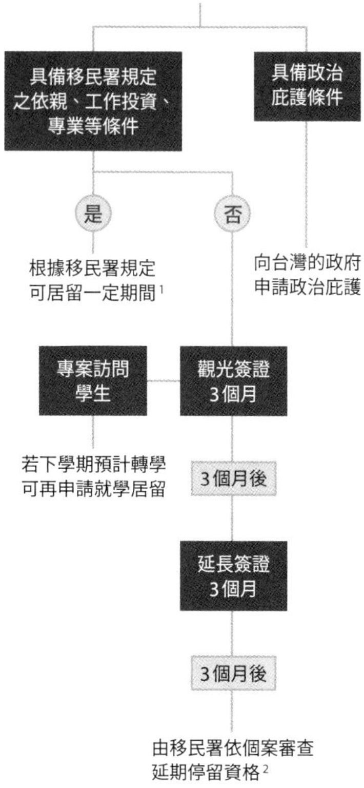

註1：居留期間相關規定請參考「香港澳門居民申請在台灣地區居留送件須知」
註2：截至2019年12月，所有香港旅行者的個案仍在進行審查中，尚無審查通過案例
資料來源：內政部移民署
資料整理、製表：陳星穎

近百港人赴台求助

像Mike一樣離港來台的旅行者並不在少數。

在反送中運動後，有人因對香港前途失去信心計劃移民到台灣、英國等國家；也有像Mike一樣怕被檢控入獄失去自由，對自己未來充滿恐懼的運動者。

根據內政部移民署規定，香港民眾在台申請居留可以依親、工作、投資或專業等形式申請，在台灣也有專門的移民顧問公司能協助港人落地生根。然而，對無根的「旅行者」來說，他們是這之中最不幸的一群。

無根的旅行者，在被警察盯上的幾天之內就得倉卒離開香港，行李都來不及整理妥當，更不可能有時間深入研究台灣的居留規定。

「勢必就是有一些人沒有辦法用正常的申請方式去拿到長期居留，」前台灣人權促進

會祕書長的邱伊翎[2]說明，「這些人只能靠申請入境短期停留，他其實是沒有辦法念書，也沒辦法工作。」

以Mike為例，沒有足夠經濟條件的他不符居留申請資格，緊急趕來台灣只能先申請六個月的短期停留（三個月觀光簽＋三個月延期停留），如今六個月即將期滿，下個月人會在哪裡，他自己也說不準。

原本的學業、工作被迫中斷，在台灣也沒有辦法展開新生活，像Mike這樣的旅行者成為被居留條件遺落的人。

所幸，這群旅行者在絕望之際，還是有人向他們伸出了援手。一群台灣律師組成的「香港抗爭者支援工作台灣義務律師團」，以法律專業協助了遭遇法律困境的香港人。

律師與NGO合作，由NGO和民間團體先行瞭解港人的身心狀況、經濟條件，並確認當事人居留台灣的意願，再轉介律師團協助進行法律諮詢，並進一步與政府機關溝通。根據律師團成員陳雨凡估計，目前向他們求助的港人數目大約落在一百以內。而這樣的「旅行者」，《紐約時報》在日前的報導粗估至少兩百位。

近期也傳出有港人以非法途徑來到台灣，「目前我們所有協助的當事人都是合法入境（指以觀光簽進入）的，」陳雨凡說明，「只要是有參與香港反送中，希望來台灣做一個比較長期的居留，我們都希望可以協助他。」

「最大多數都是良民證的問題，」陳雨凡補充，「包括就學、就業都要出示良民證，良民證又必須是香港那邊的警察機關開的，可是他們可能來的時候沒有，或是說他們要再回去拿是非常困難的。」

類似這樣的情況，目前共有約二十位律師在協助港人以個案的方式跟政府溝通，在欠

2　邱伊翎訪談於2019年11月執行，當時她任職於台灣人權促進會祕書長，但於12月中卸任，轉職到國際特赦組織台灣分會。

缺法源基礎的機制下，義務律師的目標是讓個案順利居留。

異地求生：租屋難尋、每天一餐

面對不確定的居留狀態，年輕的流亡者惶惶不安地踏上台灣，一無所有之下，安穩的住宿成為奢望。

過程中，有民間團體、在台港澳人士，為他們安排暫時的棲身之所。也有熱心的旅館經營者跨縣市合作，每個月各自提供五張床位讓支持反送中的港人免費入住，對於短期來台的運動者是一大福音。

剛到台灣半個月後，Mike透過台灣友人認識願意幫忙的民間機構，找尋暫時安身的環境。曾想要租長期一點的房子住下，卻遇到房東不敢租房子給「流亡來台」的港人。Mike自己就搬遷了好幾次，但所謂的搬家也不過是帶上從香港匆促塞進行李箱的衣服和來自親友的紀念品。

直到最近，Mike才終於和之前在反送中運動一起奮鬥、同樣因躲避香港法庭檢控而來台的三位隊友住進家庭式套房，對這些旅行者而言，每天起床不用擔心晚上要睡哪，已是莫大的奢侈。

住宿的打理之外，三餐的安排也和半年前完全不同。「我每天只吃一餐，」Mike說，「因為在這邊預計也要長期生活，就更加節省一點。」曾經在香港餐廳擔任工讀生的Mike，平常就會在家裡開伙，主要負責家裡四個人的伙食。香港人愛吃海鮮，Mike偶爾也會去市場買幾條魚回來料理，「台灣的海鮮比較便宜，但是這裡買的魚要處理很麻煩，一整條活的魚湯起來很麻煩。」

如果不像Mike擁有拿手的廚藝，許多旅行者也就像台灣人一樣，習慣在路邊的小吃攤填飽肚子。對生活津貼有限的他們來說，便宜又容易有飽足感的滷肉飯是最佳食物選擇，偶爾因為生日等特殊聚會，才可能吃得上一次烤肉吃到飽，抒發生活巨大壓力。

即使來到台灣，Mike也不曾退出這場戰役，日夜守著手機掌握最新消息，從前線與警方拚搏的勇武派，到退居幕後的後勤隊，香港的戰火燒了多久，Mike就戰了多久。

港警圍住理工大學的那幾天，Mike盯著直播焦急如焚、連夜無眠，熟悉現場地理位置的他，一心想的都是怎麼找路線把隊友救出來，深怕錯失了任何可以救援的時間。在連登、臉書、Telegram輪番查看，Mike不停刷新訊息，前線隊友出動的同時，他也在遙遠的台灣透過live location定位隊友的位置，分析地圖後協助安排動線，如果隊友被捕了，接到消息就馬上聯繫律師、找醫護人員。彷彿他身處平安的每一秒都想拿來為隊友爭取多一分的脫險機會。即使是香港情勢稍緩的日子裡，他依然在找能為家鄉做的事，被暴力籠罩的香港，徒剩下想守護的人。

理工大學被攻陷後，校方宣佈復課無期，許多學生也被警方留下了資料。基於跟Mike一樣的安全顧慮，又有一批香港人來到台灣，而來台已經半年的Mike，自然成為初來的港人尋求協助的對象。經隊友牽線，目前Mike已接觸了十幾位旅行者，這些人落地後的情況，一部分由他個人、教會協助，接住旅行者的還有其他民間團體。

「你在香港跑過來，在這邊能幫到的也不多，也只有這種，能幫多少就幫多少。不管是精神上的還是實際上的。」但Mike也坦言他其實有贖罪的心態，當朋友都遭警方逮捕，自己卻在台灣安好，好幾次衝動想飛回香港，冷靜下來又認清留在台灣才能幫上忙，回去也只是為被捕名單多加一員。就算心灰意冷，但現在每分支援的力量都至關重要。

看著反送中運動一路從和理非到現在年輕人不惜賭上未來，這其中的轉變，讓Mike認為香港真的覺醒了，一掃過去的保守性格，香港人改變了。「這個運動之中，我最喜歡的是可以見到香港人那種團結、人性的光輝，」Mike的眼神，帶著對自己家鄉的驕傲，「那種感覺從雨傘（指雨傘運動）以後，我是再一次感受到香港人那種無私的付出，其實這場運動之中我是滿感動的。」

最放不下是母親

但對香港城邦的付出，對自由和民主的渴望，是有代價的。日夜不停地關注運動，加上龐大的心理壓力，讓Mike的一天被迫延長，他經常在深夜裡折騰於失眠與惡夢之間。沒有身分證、健保卡的Mike，最初想服安眠藥還得委託台灣的朋友去藥局購買，「醫生說我應該是有抑鬱啊，那種創傷後遺症，所以精神方面，我有一陣子要吃安眠藥睡覺。」

睡眠過程不是發抖、醒來，就是做惡夢，港民受警察施暴、性暴力、跳樓等事件，夜裡埋伏到Mike的枕邊，他做惡夢不是夢到自己被打，而是那些受害者的經歷。長時間陷在香港情勢直播中，Mike愈發難以抽離，感覺有人還在受害的煎熬也讓自己難以接受，「我怎麼還這麼安全地在那邊逛來逛去，感覺平靜、和平不應該是我得到的東西。」

他被醫生診斷有PTSD（創傷後壓力症候群）。而這個狀況在香港示威者身上很普遍，許多旅行者也患有此症，但初來乍到的他們，光是來台後要安頓好生活就不大容易，心理壓力的排解自然被擺至最後，他們大多選擇自行承受。除非幸運一點的，遇上民間團體轉介醫生協助。

為了紓解心理壓力，Mike聽了醫生建議，多去外面走走，像是爬山、郊遊或是去台中的高美濕地；Mike也看了場電影，讓自己逃離現實世界的紛擾。他向我們展示包包裡的《冰雪奇緣2》飲料杯，杯蓋上頭有一隻活潑可愛的雪寶。在那刻，Mike彷彿普通的青春大男孩，而不是回不了家的示威旅行者。兩小時的電影是Mike一週當中少數可以不看手機的時候，「因為裡面可以強制性地不能拿起手機來看嘛。」然而短暫的抽離卻在電影播畢後，迅速接回了香港的現場，「天啊那個選舉亂象太誇張了！」Mike生活裡的每個縫隙，就是這樣被香港的即時資訊塞滿。

夜以繼日的警備狀況，Mike一刻也不得清閒。除了服用安眠藥，強制自己入睡外，上一次順利入眠，應是理工大學遭圍城那幾天，因太久沒睡而體力不支，昏迷在電腦桌前四、五個小時。令人心疼的是，被問到何時能真的放鬆，Mike卻說，是睡覺的時候。

離開家鄉近六個月，談起當初為他送機的家人與女友，Mike泛起了罕見的笑容。

他向我們透露，女友在前兩週曾驚喜現身台灣，「她來找我的時候我都不用吃藥，」即使另一半剛開始不能理解自己在這次運動中做的決定，在半年的遠距離溝通後，她終於逐漸接受運動的殘酷。兩個人都在台灣的週末，他們什麼也沒做，只是靜靜窩在家裡，陪在彼此身邊，共享亂世中難得的安定感。

出身單親家庭的Mike，在面對最親近的親友，還是得承受她們一時的不解。他甚至給母親留過遺書，謝謝她的陪伴，也請求她體諒他這個不孝的孩子，「我媽其實是意見相反，」即使經過無數次爭吵和流淚，他還是盼望母親能理解「為什麼這個社會要逼到年輕人這樣子做」。

相隔七百多公里，政治立場相左的母親終究難以割捨親情，打電話關心時，Mike總是回應自己過得很好，三餐都有吃飽。他也不忘提醒住在示威區的老人家，出門在外不要隨便摸、記得戴口罩。

電話掛掉後，他繼續獨自面對未明的前途。

黑暗盡頭有光？

回不了香港，也不確定能在台灣待多久，Mike的下一步在哪裡，沒有人知道。

「蔡英文政府看起來好像宣示了，說『我們會人道救援、個案協助』，可是在制度面上面，他們是消極的，」邱伊翎感嘆，「這些制度不夠清楚、不夠完備，最後就是讓第一線的民間團體等於是在處理一個燙手山芋。」

邱伊翎指出，《移民署組織法》第二條其實已明定其業務範圍包含難民之認定、庇護及安置管理，「但過去相關個案的人數實在太少了，所以他們（移民署）也沒有編列相關的人員去做這件事，甚至沒有這方面的訓練，所以不知道要怎麼處理這一類的事情。」放眼國際，日、韓、港、澳、紐、美等國家都有相關的審查制度以及相關權利保障的規定，邱伊翎呼籲政府應該借鏡外國的機制，並加強相關單位執法人員的培訓。

這次的運動中，還沒有任何個案被台灣政府裁定適用《港澳條例》第十八條[3]，法條欠缺具體的配套，加上複雜的兩岸法治脈絡，這群旅行者成為了《難民法》與《港澳條例》都無法照顧到的政治受難者。

雖然《難民法》的問題經常因相關單位擔心中國因素介入難以認定難民資格，影響國家安全；但陳雨凡強調，在等不到《難民法》通過前，目前留台的港人，需要清楚居留的審查標準，「不清楚的情況下大家都亂做，或是各自揣測，我不覺得這個是好的方向。」

正值青春年紀的Mike，來台至今仍感到無所適從。「沒有找到留在這邊快樂生活的方式，就是普通地過日子而已，真的好像也是無所事事。」雖然喜歡台灣的自然環境，但Mike終究希望能完成自己的學業，找到生活的目的。

日子過一天算一天，隔著網路看同胞的抗爭，Mike也不曉得自己與香港的未來會變得如何，人生也因此被迫快速成長，然而，這趟沒有歸期的旅行還是得繼續走下去。

「我們也是走在一片黑暗之中，你不走下去，跑遠一點的話，你怎麼能看到，可能前面會有一點光。」

3 《港澳條例》第十八條：對於因政治因素而致安全及自由受有緊急危害之香港或澳門居民，得提供必要之援助。

城市戰爭體感的政治犯世代

香港年輕人未來何去何從？

楊智強——文

「在荔枝角每天上演不同的故事，有人面臨失去當教師的夢想，有人在探訪房隔著鐵窗求婚，有人錯失兒子出生的一刻⋯⋯從被捕一刻開始，我們就知道將失去，幾年甚至十年之青春和自由。身在牢籠，日子雖苦，所作之舉，無怨無悔，乃義之所至，與有榮焉。」這是被關在香港荔枝角拘留所的反送中示威者，在十一月二十七日對全體香港人發出的公開信。他們希望仍在外面的「手足」，不要忘了他們的犧牲。

到二〇一九年十二月十六日為止，香港反送中運動參與者中，有六千一百零五人遭警方逮捕；在九百七十八位遭到起訴的人裡，有五百一十七人被以「暴動罪」起訴、一百二十二人被控「持有攻擊性武器」、一百一十九人被控「非法集結」等罪名，其中暴動罪的刑期最高可達十年。

這些人成了香港史上，繼六七暴動[1]之後，人數最多的一批政治犯，其中是大量的年輕人。

年紀輕輕，就成了政治犯

被逮捕人士有將近四成是在學學生，年齡大多都是落在十五到二十五歲，也有人才剛出社會，開始了人生的第一份工作。司法系統無法短時間消化爆量的政治犯，有些人要在拘留所內等上一到兩年的時間，才能確認判決。而等著他們的還可能是重罪的刑期，要與殺人者或毒販等重刑犯在監獄一同服刑。

青春才要翱翔，但他們卻飛不高了。一國兩制的崩壞讓不少年輕人鋌而走險，用身體對決政權，原本應該恣意揮灑的青春，可能被鐵窗歲月給取代。他們的心理充滿著不安與恐懼。

從二〇一六年開始，香港旺角魚蛋革命之後，就有年輕的政治犯被判刑入獄。這些年，陸續有牧師進到監所內帶領他們禱告；有立法會議員利用「公事探訪」的方式，拜訪他們，知道年輕政治犯關心社會，議員們會把從網路搜集而來的新聞資訊做成簡報帶進去，讓年輕人不需要仰賴監所內一面倒親政府的《無綫新聞》（TVB News）。如今，隨反送中運動進入的政治犯又更多，有經驗的立法會議員如朱凱迪進入拘留所也更頻繁，他說，年輕人待在拘留所等待漫長的司法訴訟程序，需要大量律師與他們討論案情，提供專業意見。「但在這之後，他們在面對漫漫牢獄的長夜，需要的仍是心理上的陪伴。」

除了牢獄之災的年輕人，長達半年以上，在催淚彈、橡膠子彈、強烈水柱衝擊中，走入運動，經歷城市戰場而受影響的年輕人，更是不計其數。

年僅二十多歲的麥可嗓音低沉，眼神中有明顯的失落。從反送中運動開始他幾乎每戰必與，他十月在街頭抗爭被警方逮捕，於警署內遭到警察痛毆。遭到檢控的他，現在要定

1　香港在1967年5月發生、為期將近7個月的「六七暴動」中，英國香港皇家警察當時檢控了1936人。

時到警局報到。「受傷、被捕等事情，到頭來都要自己承受，很孤單。」處於具保釋的身分，無法再上街抗爭（因具保身分若再被逮捕，將不得保釋），十月後，麥可只能在家看網路上抗爭的直播畫面，讓他感到難受甚至出現輾轉難眠和嘔吐等身心症。面對刑期的壓力，麥可無法對家人吐露，因為家人長期來對他參與運動抱持否定。

對麥可和不少運動者來說，他們更大的悲傷來自家人的不理解。以麥可為例，他的父母是支持政府的藍絲，雙方關係處在長期的劍拔弩張。父母看到《無綫新聞》或《大公報》報導時會跟著罵示威者是「暴徒」，還會讚賞對示威者射擊實彈的警察。麥可曾離家住酒店，避免與父母無止境的爭吵，麥可說，從事運輸與清潔業的父母，每天規律地上下班「搵食」（討生活）、面對社會劇烈地變動，他們只求生活安穩，支持警方鎮壓抗爭者。「民主自由對他們來說太虛無飄渺，他們不瞭解我們為什麼犧牲。」

除了不理解子女的「藍黃家庭」之外，還有家長跟子女同樣站在支持反送中這一邊的「黃黃家庭」也出現問題。黃黃家庭的家長會擔心孩子抗議時站太前頭，阻止孩子上街；相反的，子女害怕家長擔心而少了溝通，最後讓家庭關係也出現疏離、間隙。

政治的動盪滲入家庭，不少受訪的示威者表達，家人的冷漠或不理解的擔憂，讓他們感到更孤獨而徬徨。

集體創傷，無人倖免

「現在是香港的集體創傷，每個人都失去了一點東西。」臨床心理學家阿悅認為，在這次的運動裡，無論是支持反送中或是撐政府的人們，全部都受到一定程度的影響。

根據香港中文大學從二〇一九年六月二十一日到七月二十一日所做的調查顯示，有四成民眾認為社會紛爭是影響精神健康的原因，跟二〇一八年相比，上升了百分之二十三，表示民眾認為反送中運動確實影響到民眾的心理健康。另外一份在十月底進行的「抗爭者精神健康」問卷調查中顯示，有百分之三六．七的人因為警方執法而出現PTSD（創傷後壓力症候群）的症狀，甚至經歷或目睹兩件以上暴力事件的人，則有百分之五十五的人出現PTSD。

面對如此的集體創傷，數十位臨床心理學家組織的公民組織「良心理政」發起了「心靈照顧站」的服務，讓受到運動波及的人可以免費尋求基本的心理諮商療程。身為良心理政成員之一的阿悅在半年時間裡，一對一面談了數十位受創的年輕心靈。「他們承受著無數的惡夢，那些回憶隨時會重回他們的腦海，讓他們的身體狀態再度回到遇到暴力時的緊繃。」阿悅說，來到諮商的人們常常崩潰痛哭，她能做的就是陪著他們走完這段痛苦的過程。

良心理政裡的臨床心理學家全是義工，上午在自己的診所、醫院裡上班，空閒時就到良心理政輪班提供諮商服務。「在看診的時候，我可以感受到這些年輕人累積的情緒。」阿悅說，因為他們必須大量接下抗爭者心裡的悲痛，所以必須適時給自己放個假、透透氣，否則就算是專業的心理學家，有可能也無法承受。

心靈照顧站至今已提供超過五百人的服務，但服務的初衷是為了幫助緊急需要心理支援的人而設置，所以規定只能為每一位個案提供四次心理諮商。但警民衝突升溫，導致需要幫助的人劇增，這也讓良心理政人手短缺。

「我們這種義務的心理學家人數不夠，這是很大的問題。」良心理政創辦人同樣也是心理學家的葉劍青指出，就算有「六一二人道救援基金」這樣規模較大的公民組織，能夠以公眾募款的方式提供每人十次諮商療程，但能夠幫到的人數目前也不到百位。而且有的心理治療可能要為期一到兩年，所以只靠公民組織協助不是長久之計，最後仍要回歸到公共社福系統中。

「香港正在面對一次大規模的人道危機，」葉劍青如此描述香港社會的心理狀態。

抗爭者怕被「篤灰」，不敢相信社福體系

雖然社會上的心理創傷理想上要回歸到公共的社福體系中，但目前的氣氛，港府與港警和公立醫院合作密切，讓大多數運動者抗拒前往，即便受了傷也不敢到公立醫院就醫，更別說要掏心掏肺把祕密說出來的心理諮商，運動者擔心一旦說出口有可能被醫院的諮商師「篤灰」（出賣），供出他們曾在哪裡破壞過商店、哪幾天丟過汽油彈等等的紀錄，這個病歷紀錄反而可能成為他們被定罪的證據。

這都讓抗爭者不願意相信任何諮商中心，寧願把祕密埋在心中。

從反送中運動開始，幾乎每週都會上前線勇武衝擊抗爭的「衝衝子」Curry，將近半年在街頭跟同伴衝鋒陷陣，都不覺得自己的心理狀況出現問題。但在他被圍困在理工大學一個禮拜後，才警覺到自己已經不知不覺變了一個人。

理工大學的抗爭現場，總共與警察僵持了十六日，Curry在入內一週後決定逃離理大。他與幾位年輕人佝僂著身子、雙腳以半蹲的姿勢在狹窄的下水道中前進。下水道裡，有著大量的蟑螂和老鼠，為了保持平衡，他們雙手扶著汙穢的牆壁，身體有一半泡在腥臭的汙水裡。他說，在令人感到窒息的空間裡，除了稀疏的水聲以及蟑螂老鼠亂竄的聲響外，只

有遁逃者急促的心跳聲。

「我一直不敢走下水道離開的原因，就是必須確定我不會死在裡面，我才敢走。」Curry在理大思考下一步的抉擇時，他都在想，這樣做會不會被逮捕？或是會不會死？如此高壓的環境讓這位年僅二十多歲的年輕人急速長大，但也讓他原本的個性在短時間內出現很大的轉變。

在理大的每一天，因為無處可逃，又害怕警察衝進學校抓人，高壓讓他不斷與運動的「手足」發生爭吵，甚至爭論該如何逃離包圍時，他會以「垃圾」這樣的字眼辱罵手足。

「我以前不是這樣子的，」Curry說。

在反送中運動發生之前，Curry的生活就是週間上班、下班回家，週末在家裡玩「英雄聯盟」電玩或是跟女友窩在一起。但在運動發生之後，他跟朋友一起組了一個名為「滅煙辦」[2]的前線勇武小隊，而Curry在運動裡都是衝得最前的其中一位。「我會要求大家跟我做得一樣多、跑得跟我一樣前。」Curry說，他後來發現自己開始情緒勒索隊友，要隊友們做一些他們不想做的事。

發現自己的改變之後，Curry傳了訊息問了手足們對自己的印象。而他得到的答案都是「固執」或「不聽他人意見」等負面觀感。這讓他下定決心，找了與良心理政有類似功能的心理支援組織幫忙。

他開始去上心理諮商的療程，因為他不喜歡現在的自己。

在走過運動半年後Curry才發現自己需要幫助，但高強度運動裡有很多人並沒有病識感。「隱藏在心裡的傷痕就像一顆炸彈，爆炸的時候會傷到自己，也會傷到旁邊的人，」阿悅說，社會上有很多像Curry一樣的人，他們並不知道自己生病了，或是知道，但不願

2　抗爭者會將催淚彈撿起，放入裝水的尼龍袋中，讓催淚彈失去效用。

意尋求幫助、正視問題。

為了改變這個狀況，葉劍青與其他臨床心理學家發起了一個名為「創傷同學會」的運動，透過一些文宣和課程教學，讓民眾可以檢查自己或是身邊的人是不是受到心理創傷所苦，需不需要幫助。葉劍青指出，現在跟一九六七年的六七暴動很不一樣，因為當時人們對於心理創傷並沒有研究，心理學與臨床心理學並不成熟。「當時很多創傷都被隱藏起來了。」而創傷同學會要做的，就是幫助人們面對自己的脆弱，不需要再假裝自己沒事。

除了與這一代的年輕人站在一起之外，也要讓被關在牢裡與拘留所裡的政治犯們曉得他們並沒有被遺忘。朱凱迪說他與民主派的立法會議員在耶誕節前夕號召民眾，一起寫耶誕卡片寄給在荔枝角拘留所的手足們。「現在一個人可以收到超過一百張，這其實對在裡面的人來說，是很大支持的力量。」朱凱迪說。

政治問題，仍須政治解決

面對這次的社會動盪，大批的年輕政治犯的心理狀態，不會是幾個公民組織NGO或是臨床心理學家可以解決。「政治問題仍須政治解決。」阿悅認同這個在反送中運動中常被提到的口號。她認為這句話，同樣也適用在解決香港社會心理健康的問題。

現在仍是每天有警察過度執法不用負責，特區政府官員開記者會說謊話不用下台等狀況出現。「人們的憤怒來源是因為社會上出現了不公義。」阿悅指出，原本長久以來被人們視為圭臬的價值都在一夕之間被推翻了，而人們的焦慮以及不安隨之而來。

因為這些不確定的因素，久而久之，人民就對香港政治上的問責制度失去信心。倘若政府一直對這頭房間內的大象視若無睹，那麼就算是全香港人都接受心理諮商，香港的問題也不會解決。阿悅認為，政府必須讓步、必須滿足示威者提出的訴求，問題才有可能解決。

朱凱迪則認為，現在政府部分人士也開始意識到，將反對者丟進大牢裡不會讓社會變得平靜。二〇一六年旺角魚蛋革命時，判了梁天琦等人六年不等的暴動罪刑期，換來的只是更大規模的反送中運動。朱凱迪跟葉劍青都認同，要消除這個沉積了的怨恨，必須要釋放反送中運動裡全部的政治犯。這些二、三十歲的年輕人在關了幾年出來之後，不公義並沒有被平反，憤怒並不會消逝。

葉劍青則認為，要幫助香港社會解決這些看不見的心理創傷，繼續堅持五大訴求裡的「撤銷被捕示威者控罪」（撤銷對示威者檢控）[3]是最重要的，但若無法達到這個要求，那麼打好法律上的攻防戰，贏得司法戰爭讓被捕的示威者無罪釋放則是另一種辦法。而葉劍青對香港的未來並不樂觀，「現在是二〇四七提早實現了（指中共對一國兩制五十年不變的承諾提早結束）」，他認為最後一個最壞的可能也必須要考慮，就是他們必須幫助政治犯做好要去坐牢的心理準備，當既定事實沒辦法改變時，只能改變自己面對現實的態度。

我們在與麥克的訪談結束之前問了他對香港的未來的看法，問他抗爭有可能結束嗎？「死掉的人、被捕的人怎麼辦？我們要對得起他們，抗爭還不能結束。」麥可的回答回應了朱凱迪、葉劍青還有阿悅的看法，這一代年輕人堅持著：五大訴求、缺一不可。

3　反送中運動裡的五大訴求分別是：全面撤回《逃犯條例》修訂草案；撤回示威「暴動」定義；釋放被捕者，撤銷其控罪；成立獨立調查委員會；實現「真雙普選」。

主編跋

兩場選舉，一個意志

李雪莉——文

過去五十天之內，香港與台灣分別經歷了一場重要的選舉。

香港迎來區議會選舉，台灣則是總統大選與立委選舉，結果都叫彼此震驚：香港出現史無前例高投票率，黃絲支持的非建制派拿下超過八成席次，徹底翻轉黃藍的版圖。而台灣總統大選，蔡英文則拿下選舉史上最高的總統得票紀錄。

這個結果不能單單詮釋為選民對候選人本身的支持，它展現的其實是台、港人民的意志，相當高的程度更是對中共威權獨裁體制的不信任投票。

此書付梓前夕，台灣正經歷高張力的選舉氣氛，頭一回，我們在選舉裡看到大量的香港符碼，也在香港看見台灣符碼：在香港葵芳區，出現一萬六千多張便利貼拚湊而成的蔡英文臉孔連儂牆(但隔日被撕毀)；在台北、台中的選舉造勢晚會裡，我們看見「時代革命，光復香港」的旗幟揮舞；戴著豬嘴和頭盔等全身配備、象徵反送中示威者的年輕人，擠在人群中跟著台灣民眾的情緒起伏；香港朋友們隔海催票、屏息關注台灣的開票過程，史無前例地，這裡與那裡，共享命運。

在我身邊就有不少人為了自己，也為了受苦的香港人，投下手中的那一票。選舉之夜，漫畫家柳廣成畫下一幅畫作，這位二十九歲的年輕人寫道：「我不是什麼競選團隊，我在香港，只是隔壁岸上的鄰居。但卻有感而發，很想這樣謝謝你們的投票……這一票，是我們即使用盡鮮血生命淚水都得不到的。」

隔壁鄰居的客廳已被佔據，隔著一個房門的我們，能做些什麼？

繪製：香港漫畫家　柳廣成

除了要守住台灣的民主和自由，面對擴張的中國帝國主義的威脅，以及一個不確定其善意的政權，台灣有必要更全面認識香港，同時在法律和行政上積極提出人道救援的機制，照顧香港的政治受難者。

做為一個擁有主權的台灣，我們和香港在東亞區域政治上密切相連，對香港的關注不該只是選舉符碼的運用。在彼岸有一群在絕望中持續抵抗的朋友，一群支持台灣的朋友，我們不能遺忘。

記於二〇二〇年一月十二日

烈火黑潮

城市戰地裡的香港人

FIERY TIDES

The Hong Kong Anti-Extradition Movement and Its Impacts

策劃・主編——李雪莉

文字——李雪莉、楊智強、陳怡靜、洪琴宣、曹馥年、王曉玟、雨文、劉細良、許菁芳、楊不歡、路嶼、何桂藍、陳星穎、Shu Huang、Jim Huang

導讀——吳叡人

攝影——余志偉、陳朗熹、劉貳龍、吳逸驊、蘇威銘

海報・插圖——柳廣成

圖片故事

百萬港人 · 國際關注。
港府強力推動《逃犯條例》修例
引發香港人不滿，超過103萬名港人
身穿白衣走上街頭，要求港府撤回修例。
（2019年6月9日，攝影／陳朗熹）

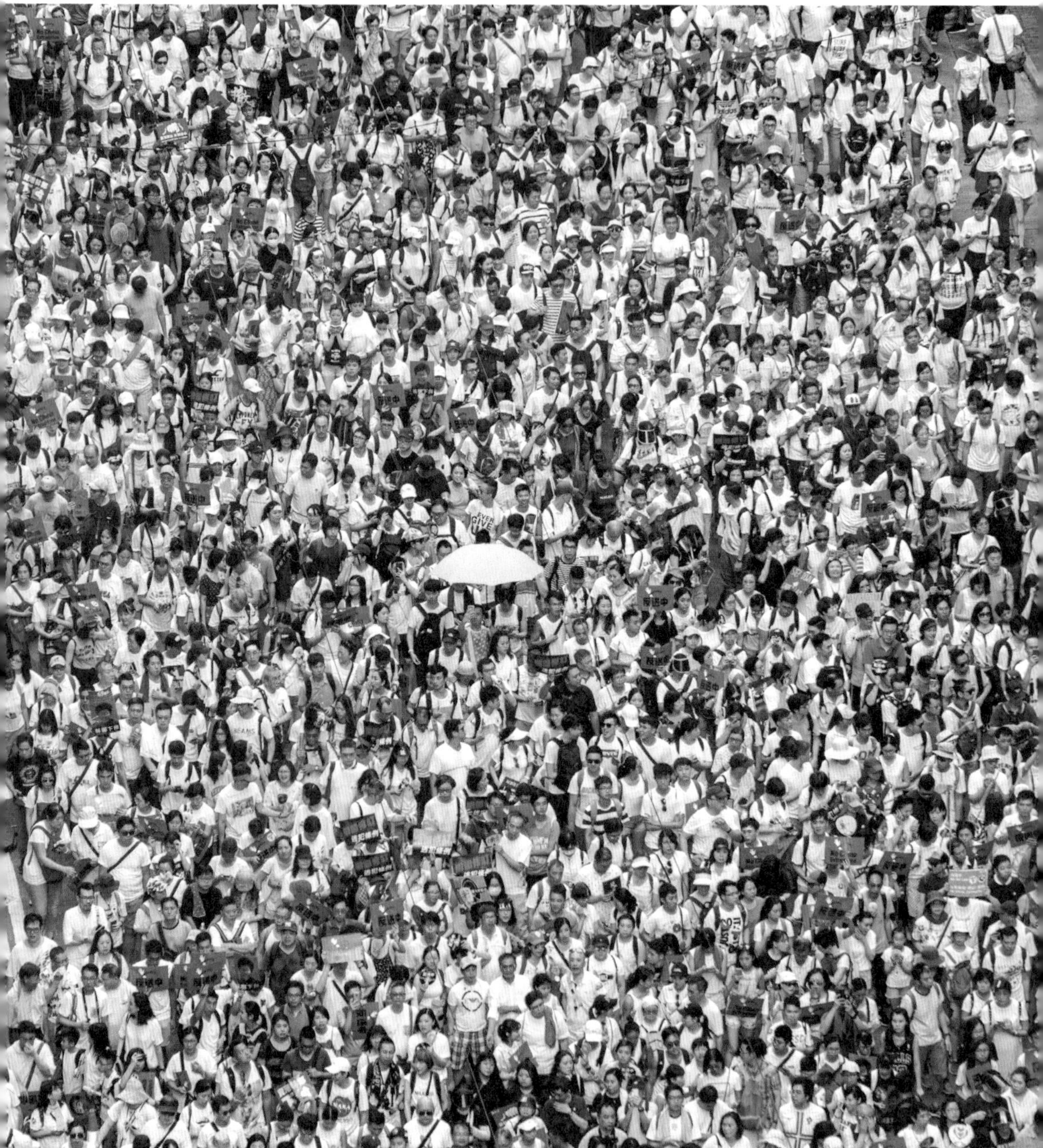

示威者包圍立法會欲阻擋修例二讀，下午3時48分左右，
港警便發出多波催淚彈、布袋彈等。這也是反送中運動第一次發射催淚彈。
（2019年6月12日，攝影／陳朗熹）

運動延燒超過兩個月，催淚彈已是香港日常，
示威者裝備也有明顯升級，觀塘遊行再度爆發激烈衝突。
（2019年8月24日，攝影／陳朗熹）

反送中首位犧牲者梁凌杰墜樓身亡，有民眾穿上黃色雨衣悼念死者。
隔日有200萬人上街遊行。
（2019年6月15日，攝影／蘇威銘）

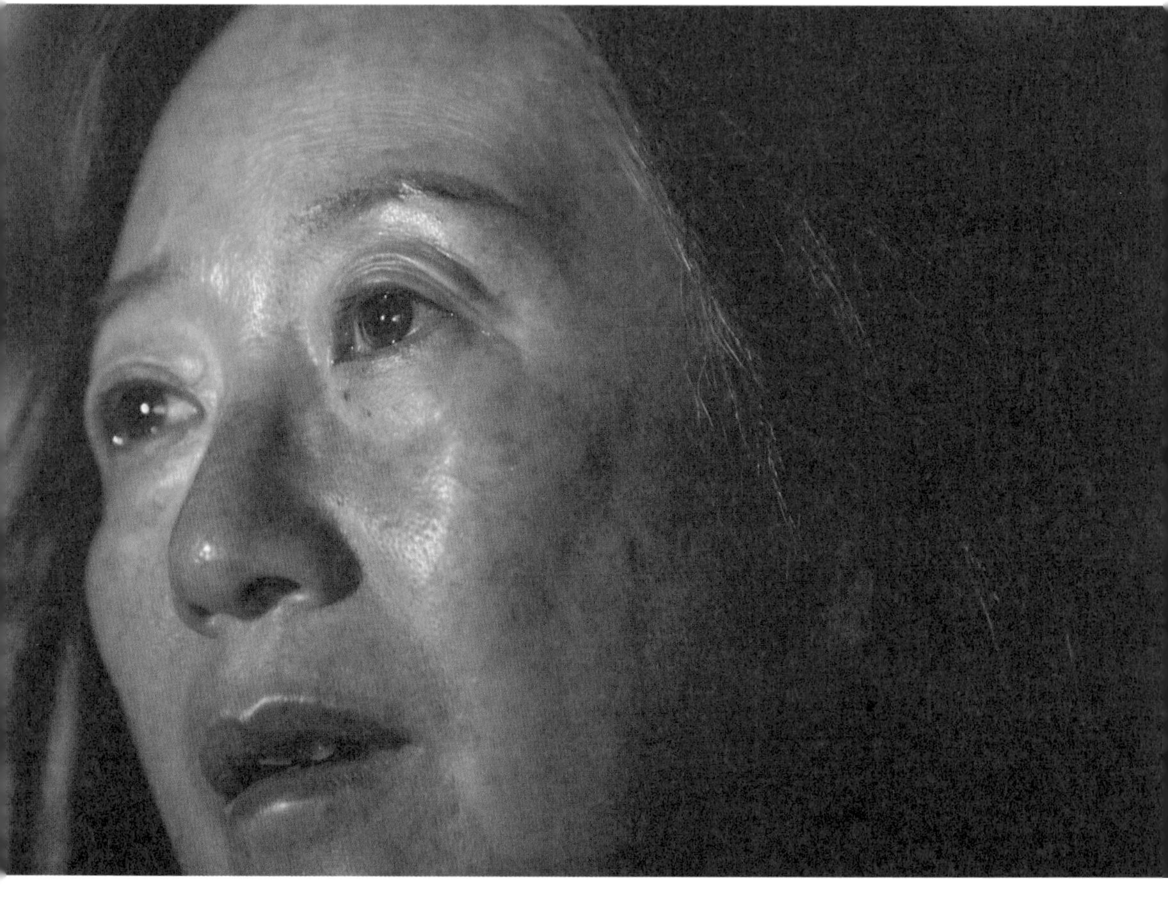

香港媽媽反送中集氣大會，6千多位父母以「孩子，你不是暴徒」等溫暖口號力挺年輕人。（2019年6月14日，攝影／陳朗熹）

港人發起「大三罷」行動，原訂香港七區集會，後演變成遍地佔領，爆發警民衝突。
（2019年8月5日，攝影／余志偉）

2019年的香港七一遊行是最不平靜的一年，抗爭從日到夜，街頭成為戰場。
（2019年7月1日，攝影／陳朗熹）

香港史上首度有抗爭者佔領立法會，下午時分，抗爭者以籠車衝擊立法會大門。
（2019年7月1日，攝影／陳朗熹）

抗爭者衝入立法會後，拉起「沒有暴徒祇有暴政」布條，宣讀宣言並在港徽噴上黑漆。
（2019年7月1日，攝影／陳朗熹）

示威已成為香港日常。遊行開始前，一名裝備齊全的街坊從門後探頭查看街上情況。（2019年7月27日，攝影／陳朗熹）

中國十一國慶前夕，全球發起「反極權大遊行」，
香港歌手何韻詩來台參加遊行，遭親中人士潑紅漆。
（2019年9月29日，攝影／吳逸驊）

元朗遊行警民衝突。
（2019年7月27日，攝影／陳朗熹）

包圍灣仔警署的示威者。
（2019年6月21日，攝影／蘇威銘）

6月12日包圍立法會行動後，香港特首林鄭月娥6月15日宣布暫緩修例，
但與民間要求「全面撤回」不符，抗爭繼續。
（2019年6月15日，攝影／陳朗熹）

開學了！全港近200校學生發起大罷課。年輕中學生戴口罩組人鏈，在校外表達訴求。
（2019年9月9日，攝影／陳朗熹）

中秋節當天，港人手牽手組起人鏈登山，隊伍綿延到獅子山上。
（2019年9月13日，攝影／陳朗熹）

香港特首林鄭月娥宣布暫緩修例後，仍有200萬人走上街頭，
並悼念反送中運動首位犧牲者梁凌杰。
（2019年6月16日，攝影／蘇威銘）

831遊行前夕，港府大動作拘捕民主派人士，造成原訂遊行取消，
但仍有大批民眾自發上街，並以雷射筆射出光束、試圖影響港警驅離群眾。
當晚太子站發生嚴重警暴。
（2019年8月31日，攝影／陳朗熹）

網民發起「機場交通壓力測試」，又稱「和你塞」運動，試圖癱瘓香港機場主要聯外道路。（2019年9月1日，攝影／陳朗熹）

民陣舉辦國際人權日遊行，
示威者戴著反送中標誌性的佩佩蛙（Pepe the Frog）與連登豬面具上街。
（2019年12月8日，攝影／陳朗熹）

荃葵青遊行後爆發衝突，港警舉起真槍，
有傳道人下跪求警勿開槍，卻被警察槍指並踢倒在地。
（2019年8月25日，攝影／陳朗熹）

沙田遊行後，港警衝進新城市廣場拘捕示威者，造成多人受傷。
（2019年7月14日，攝影／陳朗熹）

催淚彈已是香港日常，港警發出催淚彈驅離群眾，有示威者則在混亂中上前以水澆熄彈頭。
（2019年8月5日，攝影／劉貳龍）

在中文大學的畢業典禮上，畢業生臉戴面具向天空拋起學士帽拍照紀念。
（2019年11月7日，攝影／劉貳龍）

香港科技大學學生周梓樂因不明原因墜樓不治過世，
近千位民眾來到其墜樓的將軍澳尚德停車場，以白色蠟燭悼念生前為基督徒的周梓樂。
（2019年11月8日，攝影／陳朗熹）

留守在校園內，找時間休息的示威者。
（2019年11月13日，攝影／劉武龍）

防暴警察闖入香港中文大學，在校內發射催淚彈並且逮捕學生。
（2019年11月13日，攝影／陳朗熹）

反送中運動的高點，於香港中文大學爆發。香港的大學校園裡從未見過這般如戰場的畫面。（2019年11月12日，攝影／陳朗熹）

香港理工大學爆發衝突。警方派出裝甲車衝向示威者構築的路障，
示威者將汽油彈投擲到裝甲車上，整輛裝甲車起火。
（2019年11月17日，攝影／劉貳龍）

從火線對抗逐漸轉為延續13天的香港理工大學圍城戰。
少數抗爭者曾以繩索垂吊方式試圖逃走，但此法被警方識破。
（2019年11月18日，攝影／劉貳龍）

在理工大學裡，退無可退的示威者嘗試從地下道離開。
（2019年11月17日，攝影／劉貳龍）

香港理工大學。防暴警察出動水砲車，對示威者發射藍色與無色的水砲。
（2019年11月17日，攝影／陳朗熹）

香港理工大學被港警包圍13天，整起事件中共有1377人遭到拘捕，318名未成年者被登記。
（2019年11月18日，攝影／劉貳龍）

「黑裝修、紅裝飾、藍罷買、黃幫襯」
在抗爭前線，中資企業集團往往是主要被破壞「裝修」的對象。
（2020年1月1日，攝影／陳朗熹）

區選勝利 · 由藍轉黃
反送中運動後的第一場選舉，四年一度的區議會選舉。港人對港府投下不信任票。
（2019年11月24日，攝影／劉貳龍）

區選取得階段性勝利，但民意訴求仍未停止，
在世界國際人權日前，黑潮再現，估計有80萬人走上街頭。
（2019年12月8日，攝影／陳朗熹）

香港政研會發起「一片旗海70年」快閃唱中國國歌活動，
力抗網民發起的「929全球反極權大遊行」。
（2019年9月29日，攝影／陳朗熹）

六福珠寶
六福

新年第一天，
103萬名港人再度走上街頭，
重申「五大訴求，缺一不可」。
這也是反送中以來，
第三次超過百萬人參與的遊行。
（2020年1月1日，攝影／陳朗熹）

香港反送中，你需要知道的23個關鍵詞

洪琴宣———整理

五大訴求

2019年7月1日，反送中示威者佔領立法會，現場宣讀《香港人抗爭宣言》，定調反送中五大訴求為：

一、全面撤回《逃犯條例》修訂議案
二、收回示威暴動定義
三、撤銷被捕示威者控罪
四、徹底追究警暴，成立獨立調查委員會
五、實行雙真普選

攬炒

粵語「攬炒」意即玉石俱焚、同歸於盡。在反送中運動中，這個口號被示威者廣泛傳用。

民調專家、香港中文大學新聞與傳播學院院長李立峯分析，「攬炒」源自於香港本土派的「焦土政策」，在反送中運動中得到強化。背後，是示威者對「香港已死」的焦慮，在中國壓力、警力濫暴之下，示威者相信若運動無法成功，香港將完全死亡，最差就是同歸於盡。

無大台

相較於傘運中有學聯、學民思潮等主要領導組織，反送中運動中不存在明確的領導者，稱為「無大台」。示威者運用網路上「人人是大台」的特性，以個人為單位號召、響應行動，無臉孔、去中心化行動模式成為一大特色。

Be Water

李小龍的名言「Be water, my friend.」在反送中運動中成為主流口號。汲取雨傘運動經驗，示威者不再追求長期佔領，以一日或一夜為單位快閃示威，快速集結、亦能快速散去，也不再固定區域，保持如水一樣的可塑性，成為此次運動一大特色。

不割蓆，不篤灰

意指不劃清界線、不指證罪魁禍首。反送中運動中，主張和平示威的「和理非」以及主張前線激烈抗爭的「勇武派」兩種路線分進合擊、互相配合，希望雙方不公開互相指責，讓政府有分化示威者的機會，也因此有「兄弟爬山、各自努力」的延伸說法。

和理非

「和平、理性、非暴力」抗爭者的簡稱，相對於主張武力抗爭的「勇武派」，在反送中運動中主張以和平示威表達訴求。

勇武派

意指主張武力抗爭的示威者。過去，香港社運界以「和理非」為主要抗爭方式，反送中運動出現大量以破壞設施、放火方式抗爭的「勇武派」。和理非與勇武派在此次運動以「不割蓆、不篤灰」方式達到共識。

巴絲打（手足）

「巴絲打」源自於香港網路文化，用來稱呼成員，亦即brother and sister。在反送中的連登或Telegram群組，示威者以「巴打」（brother）、「絲打」（sister）稱呼彼此，「手足」亦成為成員之間的代稱。

藍絲「藍絲」一詞源自於傘運時期，一群支持警察嚴正執法的人發動「藍絲帶運動」，反制佔領中環行動。「藍絲」後來成為對於支持警方、港府立場者的通稱，在反送中運動中，多次與示威者發生衝突。

黃絲「黃絲」源於2014年香港民間人權陣線為了爭取真普選發起的「黃絲帶運動」，在傘運中被視為支持示威者的標誌，在反送中運動中與「藍絲」相對，成為支持香港民主運動立場者的通稱。

掟磚「掟磚」即丟擲磚頭。磚頭的意義在香港的語境裡，是抗議者對抗警方的工具。2016年旺角警民衝突，第一次有示威者向警方丟出磚頭。到了反送中運動，成為示威者建立防禦工事以及投擲的代表性抗爭物。

裝修反送中運動中，示威者針對中資企業，以及撐警、親中或是和黑社會關聯的店家，以砸店表達訴求，稱為「裝修」。受波及的店家包含美心集團、吉野家、中國銀行、華為等，港鐵也因多次配合警方圍捕行動關閉，而被示威者視為破壞目標。

黨鐵香港鐵路公司（港鐵）過去是香港主要大眾運輸工具。但反送中運動時，因多件代表性事件發生在港鐵，特別是2019年8月31日太子站事件，列車並未發車，讓港警衝進月台和車廂拘捕示威者，引發激烈衝突，後又未公布監視器畫面。香港民眾對港鐵產生不信任，稱其「黨鐵」，發起拒搭運動，抗爭中亦見示威者破壞港鐵。

滅煙 由於港警大量使用催淚彈清場，護目鏡、口罩、防毒面具（豬嘴）等能防範刺激性氣體的工具，成為反送中示威者標準配備。示威者更發展出技術，以倒水、蓋交通錐的方式撲滅催淚彈，稱為「滅煙」。

火魔法師 反送中的示威者年齡層多在30歲以下，他們將多種網路、遊戲用語套用在運動中，如以「火魔法師」代稱投擲汽油彈、石油罐的抗爭者；「結界師」稱呼用鐵鏈將警察封鎖在建築物內的示威者；還有「醫療兵」、「物資兵」等等說法。

雷射筆 雷射筆是示威者干擾警方、遮擋監視器的工具之一。反送中運動期間，香港浸會大學學生方仲賢因購買觀星用雷射筆，遭警方以持有攻擊性武器為由濫捕，引發爭議。至此之後雷射筆被大量使用於運動中，多場集會皆出現示威者以雷射筆照射建物的場景。

人鏈 「人鏈」是以手牽手方式表示團結的一種示威方式。反送中運動中這類人鏈活動多次出現，包含8月23日綿延44公里長的「香港之路」，9月亦有多所中學學生以人鏈方式罷課。

義載（接放學、家長車）反送中運動中，出現一種協助示威者的方式「義載」，由市民提供私家車，在警方封鎖交通時，載送示威者撤離。由於司機往往以「家長接送學生」為藉口規避盤查，因此又被稱為「接放學」、「家長車」。

和你___ 反送中運動裡大量使用的行動文宣名稱，取自「和理非」諧音。首次應是出現在2019年7月26日香港民間人士在香港國際機場發起的「和你飛」行動，號召民眾塞爆機場，吸引國際關注。而後再發展出「和你塞」、「和你唱」、「和你lunch」、「和你shop」……等。

連儂牆

「連儂牆」取自「藍儂牆（Lennon Wall）」，過去是捷克群眾以塗鴉發洩對共產政權不滿的一道牆。傘運期間，示威者複製這一模式，首度在金鐘佔領區的牆面上以便條紙張貼訊息，表達對運動的支持，稱為「連儂牆」。反送中期間，「連儂牆」遍地開花，更顛覆以便條紙為主的形式，張貼海報、大型藝術作品，成為反送中運動最鮮明的視覺文化。

#ProtestToo

反送中期間，爆發多起示威者指控警方性侵、或侵犯身體隱私、脫衣搜身、性騷擾等事件，根據香港關注婦女性暴力協會公布的《「反送中運動」的性暴力經驗調查》，有67人表示曾在運動期間遭受性暴力，有32宗的施暴者牽涉執法人員。香港民間以#ProtestToo為口號，發起反送中版的#MeToo運動。

爆眼少女

2019年8月11日，一位女急救員在尖沙咀警署附近的示威中，被警方以布袋彈擊中右眼重傷，稱為「爆眼少女事件」。民眾後來以「手遮擋右眼」的方式聲援，這個手勢至此成為反送中運動的代表性象徵之一。

願榮光歸香港

《願榮光歸香港》是一首香港連登網友為反送中共同創作的原創歌曲，9月11日被改編成管弦樂團與合唱團版，MV上傳到YouTube後一夕爆紅，成為反送中運動代表性歌曲。

反送中大事記

洪琴宣——整理

2018

2.17 潘曉穎命案，引發《逃犯條例》修訂討論——香港人陳同佳在台灣旅遊期間，殺害同行女友潘曉穎後，逃回香港。由於台港之間並無司法互助或移交協議，香港無法引渡陳同佳至台灣受審；而陳同佳是香港永久居民，亦無法驅逐出境，引發修訂《逃犯條例》之討論。

2019

2.13 港府宣布修訂《逃犯條例》——香港政府正式宣佈修改《逃犯條例》和《刑事事宜相互法律協助條例》，移除原本規定中對中國、澳門、台灣的引渡限制，使香港可以利用「一次性」、「專案」或「特設」的協議，把疑犯移交至中國各地，因此被稱為《送中條例》。但由於對程序正義、人權的保障不足，引發爭議。

3.31 反送中運動首次遊行——香港泛民派發起反修法遊行，約有1萬2千人參加。

4.3 《逃犯條例》修訂草案一讀通過

4.28 428反送中遊行——香港民間人權陣線發起「反送中，抗惡法」遊行，共有13萬人上街要求政府撤回《逃犯條例》修例。

6.9 全港抗爭起點，69大遊行103萬人同行——香港立法會計劃6月12日要二讀《逃犯條例》修訂草案，前一個周日引爆103萬人上街遊行，反對修法。然而港府晚間依然宣布按原訂時程二讀，於是立法會周圍爆發警民衝突，警方用胡椒噴霧、警棍驅離人群。這是反送中運動第一次爆發衝突事件，也是後續全港抗爭的起點。

6.12 **警暴爭議開端，612和平示威遭催淚彈清場**——二讀當天，上萬人包圍立法會和平示威，要求停止二讀、撤回修例。港警首度祭出催淚彈、布袋彈、橡膠子彈、海綿彈對付示威者，引爆執法過當爭議。雖然612示威成功令二讀延遲，但遭警方定義為「暴動」，「撤回612暴動定義」因此成為反送中五大訴求之一。

6.15 香港政府回應 **港府宣布暫緩修例**——香港特首林鄭月娥宣布暫緩修例、重新展開諮詢，但拒絕收回反送中運動的「暴動」定義，並肯定警方執法的正當性。

6.16 **香港史上人數最多，616遊行200萬人參與**——6月15日，反送中運動出現第一位犧牲者，身著黃色雨衣的示威者梁凌杰在懸掛標語後，於太古廣場墜樓身亡。隔日激起200萬人參與香港民間人權陣線發起的大遊行，打破香港史上遊行人數紀錄。遊行中首度提出五大訴求，包含撤回送中惡法、不要檢控示威者、反對暴動定義、追究開槍責任、林鄭月娥下台。

6.18 香港政府回應 **港府稱停止修例**——林鄭月娥召開記者會向市民致歉，宣布會停止草案工作，未來不會有二讀的時間表，但仍不提「撤回」二字。

6.25 國際支持 **反送中廣告登世界各大報**——G20前夕，港人發起募資，在台灣、日本、韓國、美國、英國等9國主要大報上，刊登反送中廣告，首度向國際社會發聲尋求支持。

7.1 **佔領立法會，喊出五大訴求**——7月1日香港主權移交紀念日，民眾上街遊行，並定調主題為「撤回惡法，林鄭下台」。示威者首度佔領立法會會議廳，並宣讀《香港人抗爭宣言》，定調未來反送中五大訴求為：撤回修例、收回暴動定義、撤銷對示威者的控罪、成立獨立調查委員會追究警隊濫權、實行雙真普選。

7.9 香港政府回應 **港府指《逃犯條例》修訂壽終正寢**——林鄭月娥在行政會議針對《逃犯條例》發表談話，但未提「撤回」兩字，僅承認修例失敗、修訂工作已壽終正寢。

7.21 **元朗事件，引爆警黑勾結爭議**——元朗西鐵車站出現疑似黑道的白衣人，持棍棒無差別襲擊市民和示威者，造成至少45傷，1人一度命危。這是反送中事件最關鍵的暴力事件之一，白衣人暴行持續數小時，但警方處理相對消極，引發香港社會對「警黑勾結」的質疑。

7.29 中國政府回應 **中國港澳辦首度回應反送中事件**——中國國務院港澳事務辦公室首度表明態度，支持香港特首以及警方執法，並警告反送中運動中的暴力行為嚴重觸碰了一國兩制的底線，不能容忍。

8.5 **全港大三罷**——示威者發起大規模不合作運動，學界、航空業、社工、金融銀行界、文化藝術界聯合發起罷市、罷工、罷學，癱瘓港鐵、地方交通，並演變成全港的佔領活動。

8.11 **爆眼少女事件，引爆癱瘓機場運動**——香港警方首度朝地鐵站內射擊催淚彈、近距離向民眾射擊鎮暴子彈，出現嚴重違反國際執法規範的行為。衝突中，一位女急救員被布袋彈擊中右眼重傷，被稱為「爆眼少女事件」，引發後續「黑警還眼」運動，癱瘓香港機場。

8.12 中國政府回應 **中國港澳辦稱「香港出現恐怖主義」**——港澳辦舉行記者會，首度將反送中與恐怖主義掛鉤，宣稱示威者「已經構成嚴重暴力犯罪，並開始出現恐怖主義的苗頭」。

8.18 **170萬人和平集會，證明民意不散**——反送中運動經歷多場衝突，818被視為觀察香港民意是否逆轉的關鍵日子，結果170萬港人自主上街舉行流水式和平集會，顯示民意不散。

8.30 **830大抓捕，民主派人士遭大規模逮捕**——831大遊行前夕，港警大規模逮捕學運領袖、及多位立法會議員，包含香港眾志祕書長黃之鋒、香港眾志成員周庭，以及4名曾參與反送中運動的立法會議員，被以「煽惑」、「妨礙公務」等罪名抓捕。

8.31 **太子事件，警方無差別攻擊市民**——831遊行中，港鐵太子站發生兩批意見不同乘客口角及動武的事件，鎮暴警察與速龍小組衝入站中，手持警棍無差別毆打乘客，更對著無反抗的示威者近距離噴灑胡椒噴霧，當場拘捕40人。警方稱是「適當武力」。但這是反送中運動中最嚴重的警方暴力事件之一，被媒體形容為「屍殺列車」，造成香港社會極大反彈。太子事件後，示威者針對港鐵的拒絕消費和破壞行動都大幅升級。

9.2 **全港開學日大罷課**——開學日當天，全港200所中學、11所大專院校學生發起反送中抗爭以來最大型的罷課運動，要求港府回應五大訴求。

9.3 中國政府回應 **中國港澳辦首度拒絕「真普選」訴求**——港澳辦首度引用《基本法》、明確拒絕示威者五大訴求之一的「真普選」訴求，並稱運動已帶有「顏色革命」特徵，指有外國政府介入操縱。

9.4 香港政府回應 **港府宣佈撤回修例**——反送中運動密集行動3個月後，港府首次正面針對抗議者五大訴求進行回應，宣布「撤回」修例，但拒絕其餘四項訴求。示威者普遍對此結果不滿，抗爭主軸維持「五大訴求，缺一不可」。

9.18 國際支持 **黃之鋒、何韻詩赴美國國會尋求聲援**——黃之鋒、何韻詩赴美，在美國國會審議《香港人權與民主法案》的聽證會上發言。何韻詩在會上控訴香港警方濫權行為，呼籲美方通過法案支持香港。

9.29 國際支持 **全球反極權大遊行**——中國十一國慶前夕，包含台灣在內，全球24個國家、65個城市一起發動「反極權大遊行」聲援香港反送中。

10.1 **國殤遊行，港警首度實彈傷人**——中國國慶日當天，逾10萬港人上街參加「國殤遊行」，首度爆發港警實彈傷人事件，示威者胸口遭手槍近距離擊中，一度命危。

10.4 **港府訂立《禁止蒙面規例》，半世紀未動用的《緊急法》出閘**——林鄭月娥宣布引用《緊急情況規例條例》，訂定《禁止蒙面規例》，規定民眾若在集會中蒙面將被處監禁、罰款，外界視為香港進入準緊急狀態的關鍵聲明。後來高等法院判決蒙面禁令違憲，並頒布短期暫緩執行令。

10.11 **陳彥霖溺斃事件，引爆示威者「被自殺」疑雲**——曾參與反送中運動的15歲少女陳彥霖被發現全裸溺斃於油塘海面，警方調查後認定死因為「自殺」。隨後爆出遺體被快速火化、監視器畫面疑有替身演出等疑雲，引爆香港社會質疑示威者「被自殺」的聲浪。

11.4 **周梓樂墜樓事件，全港三罷悼念**——香港科技大學學生周梓樂，在示威時因不明原因墜樓，11月8日宣告不治死亡，輿論懷疑死因與防暴警察有關，發起「紀念日三罷」悼念，後演變為長達數日的罷工行動。

11.12 **香港中文大學事件，校園首度遭港警攻入**——以「二號橋事件」為導火線，港警進入香港中文大學內發射催淚彈、拘捕示威者，這是香港校園首度遭港警攻入，震驚社會。

11.14 中國政府回應 **習近平首度回應反送中運動**——反送中運動密集發展5個月後，中國國家主席習近平終於首度表態，將「止暴制亂、恢復秩序」設定為處理香港問題的方針。

11.16 **香港理工大學事件，港警圍城13日**——示威者與學生佔領香港理工大學，與港警爆發長達13天的圍城戰，318位未成年人遭到登記，1,377人遭拘捕，佔當時反送中運動被拘捕總人數的近四分之一。

11.24 **香港區議會選舉，泛民派大勝展現民意**——四年一度的香港區議會選舉中，在反送中運動中活躍的泛民派，大勝親中的建制派，被視為解讀香港民意的關鍵指標。

11.28 國際支持 **美國總統川普簽署《香港人權與民主法案》**——川普簽署《香港人權與民主法案》及《保護香港法案》，授權美國政府制裁在港侵犯人權的中國及香港官員、放寬港人簽證待遇、限制向香港出口催淚彈和人群管制工具，以此表達對反送中運動的支持。

12.8 **國際人權日遊行**——國際人權日前夕，民陣發起香港區議會選舉結束後的首場大型集會，約80萬人參加，證明反送中運動經過半年後依然人氣不散。

12.20 中國政府回應 **習近平會見林鄭月娥**——澳門主權移交20週年前夕，習近平參加澳門回歸暨第五屆特區政府就職典禮時，與林鄭月娥會面。席間稱讚她對反送中運動的處理方針，破除了中共中央要將林鄭月娥換下的傳言。

2020

1.1 **元旦大遊行**——2020年第一天，103萬人參加民陣舉辦的「元旦大遊行」，是反送中運動開始以來第三次超過百萬人的大遊行。但合法遊行卻遭警方以「制止騷亂」為由要求強行終止，約400人遭逮捕。區議會選舉之後，普遍認為港人抗爭熱度降低，但這場2020的首次遊行卻證明並非如此。

報導者團隊
策劃·主編　李雪莉
文　　字　李雪莉、楊智強、陳怡靜、洪琴宣、曹馥年、王曉玟、
　　　　　雨文、劉細良、許菁芳、楊不歡、路嶼、何桂藍、陳星穎、
　　　　　Shu Huang、Jim Huang
攝　　影　余志偉、陳朗熹、劉貳龍、吳逸驊、蘇威銘
海報·插圖　柳廣成

左岸團隊
總 編 輯　黃秀如
特約編輯　王湘瑋
行銷企劃　蔡竣宇
美術設計　黃暐鵬
社　　長　郭重興
發 行 人　曾大福
出　　版　左岸文化／遠足文化事業股份有限公司
發　　行　遠足文化事業股份有限公司
　　　　　231新北市新店區民權路108-2號9樓
　　　　　團購專線　讀書共和國業務部02-22181417分機1124、1135
電　　話　（02）2218-1417
傳　　真　（02）2218-8057
客服專線　0800-221-029
E-Mail　rivegauche2002@gmail.com
左岸臉書　facebook.com/RiveGauchePublishingHouse
法律顧問　華洋國際專利商標事務所　蘇文生律師
印　　刷　呈靖彩藝有限公司
初版一刷　2020年1月
初版六刷　2023年6月
定　　價　550元
I S B N　978-986-98656-0-9

左岸時事 302

烈火黑潮
城市戰地裡的香港人
FIERY TIDES
The Hong Kong Anti-Extradition Movement and Its Impacts

烈火黑潮：城市戰地裡的香港人
李雪莉策劃．主編．－初版．
－新北市：左岸文化出版：
遠足文化發行，2020.01
（左岸時事；302）
ISBN 978-986-98656-0-9（平裝）
1. 社會運動 2. 政治運動
3. 香港特別行政區
541.45　　108023355